大理大学民族学重点建设学科成果

“遗产化”下大理古城商铺发展变迁研究

Fazhan Bianqian Yanjiu

彭凤 / 著

图书在版编目（CIP）数据

“遗产化”下大理古城商铺发展变迁研究 / 彭凤著 . —北京：中央民族大学出版社，2023.11

ISBN 978-7-5660-2260-8

Ⅰ . ①遗… Ⅱ . ①彭… Ⅲ . ①商业经济—经济发展—研究—大理白族自治州 Ⅳ . ① F727.742

中国国家版本馆 CIP 数据核字（2023）第 232772 号

“遗产化”下大理古城商铺发展变迁研究

著　　者　彭　凤

责任编辑　黄修义

封面设计　舒刚卫

出版发行　中央民族大学出版社

北京市海淀区中关村南大街 27 号　　邮编：100081

电话：（010）68472815（发行部）　传真：（010）68933757（发行部）

（010）68932218（总编室）　（010）68932447（办公室）

经 销 者　全国各地新华书店

印 刷 厂　北京鑫宇图源印刷科技有限公司

开　　本　787×1092　1/16　　印张：17

字　　数　252 千字

版　　次　2023 年 11 月第 1 版　2023 年 11 月第 1 次印刷

书　　号　ISBN 978-7-5660-2260-8

定　　价　80.00 元

前　言

大理古城位于云南省西部，一直是多民族交往交流交融、各民族共存发展的空间，至今保持着明清时的城市形态和完整的街区布局。在旅游开发和市场化活动的影响下，这座历史文化名城成为旅游者与世居居民共享的活动空间，传统商业氛围被打破，商业文化出现变迁发展。

商铺是商业聚集发展到一定程度的产物，它的聚集程度是城市经济发展水平的重要标志。对于古城镇而言，传统商铺是城市形态和历史街区的重要组成部分，它具有的时代特征是不同时期城镇功能的反映。不同历史时期，古城镇的商铺在国家与地方社会的变迁中，它们的分布、类型、形态和经营对象等发生着变化，影响着地方社会的经济生活。当代，传统商铺形态与商铺聚集所形成的商业文化氛围成为古城镇“遗产化”与“旅游化”发展的资本，但旅游开发中出现的过度“商业化”和“做遗产”等现象不利于传统商业文化的传承与延续，不利于古城镇遗产特质的表达，不利于地方社会商业活动的良性发展。

本书以大理古城为研究空间，在古城形成、发展中探讨商铺的产生、发展以及相关商业文化现象的变迁，并结合经营主体的作用，总结商铺变迁发展的阶段特点和作用机制等。行文时以城市历史记忆理论为出发点，将商铺作为商业记忆符号进行线索梳理，并以“城市历史记忆—商业记忆符号—商业记忆主体”作为脉络，全书由三大部分组成：

第一部分以大理古城为空间背景，在大理古城这一特殊历史文化空间的形成和发展中，从城市历史记忆、街区记忆中寻找商业文化记忆的线索，梳理不同历史时期古城的发展对商铺的空间分布和有形空间形态的影响。

第二部分将大理古城商铺的产生、发展及变迁分为四个阶段：

第一阶段以大理商业文化的产生发展为经济背景，依托苍洱坝区的地缘结构所形成的经济空间，对区域范围内商业文化萌芽的产生、明代以前小商品经济发展的影响进行分析，从商业往来惯例和市集的形成、商人与商品的聚集等分析城市商业集聚功能的形成和商铺的出现。

第二阶段明代大理府城建成后，为商铺的产生阶段。明代的经济政策、大规模商业移民，促进市集发展和商铺的产生。受大理府城“南重北轻”“西重东轻”的军事政治功能影响，商铺数量少、分布有限，并形成随城民聚居、流动而分布的摊铺文化。

第三阶段为清代和民国时期，大理古城商铺进入发展、繁盛和短暂衰落阶段。清代大理府城的发展延续明制，随着府城经济功能逐渐凸显，商铺开始沿主街分布，行业街市出现、传统商俗形成，商铺发展出现近代化特征。民国时期，商铺的传统经营类型变化，除商品类店铺外，服务型商铺增加，商铺在民众生活中的影响扩大；同业公会、商会等行业组织和管理机构进一步发展，商俗较前代更具文化内涵。

第四阶段为中华人民共和国成立以后至今，是大理古城商铺发展的新阶段。改革开放前，商铺的性质发生改变，经营中体现高度统一的社会主义商业特征；改革开放后，随着古城功能转型，在古城“旅游化”和“遗产化”发展中，商铺的经营类型根据经营对象发生变化，其中的旅游经营商铺表现出新的发展特征。

第三部分从商业文化记忆主体的角度，探讨各历史时期商人群体和当代商铺经营主体的作用。历史时期的外籍商人，尤其是行商群体，对城市商业发展、对当地“重仕轻商”社会习俗的改变、对本地人从商的选择和商铺货源的提供等方面有重要作用。铺户群体在经营类型的选择中，对市场把握的能力逐步增强，并注重商业文化发展，形成一定的经营理念和商业习俗。当代，商户自主能力和经营选择能力增强，他们在经营中的文化表达、对地方感的诠释出现“旅游化”发展的特点。

大理古城商铺在不同时期具有不同的时代特征，商铺的物质形态和商业文化内涵在发展中出现不同程度的变迁。在古城的历史记忆中，商铺的发展变迁表现出经济行为社会化、地方化的发展过程。在当代多元的商业市场结构中，商铺出现“旅游化”的发展特征和多样的“遗产”表达方式，成为历史与现实、传统与现代等多重商业文化符号的统一和记忆共享的载体。

目　录

第一章　导　论

第一节　研究背景与研究意义

一、研究背景

（一）研究背景

1.“遗产运动”中的“遗产化”发展趋势

在文化全球化的背景下，联合国成为保护世界遗产的倡导者。随着1985年和2004年中国分别加入联合国教科文组织（United Nations Educational，Scientific and Cultural Organization，UNESCO）的《保护世界文化和自然遗产公约》《保护非物质文化遗产公约》（以下简称“两大《公约》”），“自然遗产”（Natural Heritage）、“文化遗产”（Cultural Heritage）、“世界遗产”（World Heritage）、“非物质文化遗产”（Intangible Heritage）等概念在国内传播，申报世界遗产成为“实现全球化诉求、拉动地方经济”[①]、弘扬民族文化的“理想”途径。在较强的政策导向下，国内“遗产运动”从“文物保护”走向“文化遗产保护”，从有形遗产保护过渡到无

① 龚坚：《喧嚣的新村：遗产运动与村落政治》，北京：北京大学出版社，2013年，第3页。

形文化遗产的文化保护，包括政府层面"遗产保护"法律法规的健全、各类遗产的遴/评选、文化遗产事业及产业化的发展，地方层面地方性遗产保护法规的出台、各类遗产申报的组织、"申遗后"的管理保护等方面，遗产成为过去、现在、未来所交织的时空网络节点。

国家话语下的"遗产运动"引发学界的关注。"遗产保护"的理论研究经历了从点到面的系统化过程，如围绕着两大《公约》内容进行解读，文化遗产"原真性"（Authenticity）的文化内容、"完整性"（Integrity）价值，以个案研究为主的实践研究等，"自上而下"的"遗产运动"落脚于代表某种文化表征的遗产本身。多样的研究范式中，遗产的开发、利用、恢复、重构甚至建构等被置于文化生产与消费的过程中，遗产地进入"遗产化"的发展阶段。一方面，"遗产化"的过程研究、遗产文化商品化的影响、遗产价值的判断、如何做到真正的"遗产化"等问题进入研究视野。另一方面，"遗产化"过程中"使地方文化、自然生态、乡土社会等面临着种种的变迁甚至重构"[①]，引起人们的关注和反思。

2. 古城镇保护中的过度商业化问题

古城镇作为特殊的历史文化空间，除政治性、经济性和集聚功能外，具有物质性与非物质性的多层内在价值。中国拥有数千座古城镇，它们的历史文化特殊性在当代社会中被置于"旅游开发与保护"双重矛盾中。古城镇旅游开始于20世纪80年代[②]，1997年平遥古城和丽江古城被列入《世界遗产名录》，两座古城在"申遗"成功后所带来的种种"示范效应"[③]，引发"申遗"热潮。古城镇成为地方社会文化"遗产化"进程中的一项重要资本，如何将文化资本向经济资本转换，实现利益最大化成为古城镇不同开发主体的目标。古城镇在旅游开发中向纵深化发展，一方面，通过传

---

① 龚坚：《喧嚣的新村：遗产运动与村落政治》，北京：北京大学出版社，2013年，第6页。

② 李倩、吴小根、汤澍：《古镇旅游开发及其商业化现象初探》，《旅游学刊》2006年第12期，第53页。

③ 示范效应：包含两层意思。一为旅游者进入旅游地后，传统文化持有者因受外来文化的影响而效仿；二为通过旅游发展，旅游地在取得经济、社会、生态效益后，对周边地区和同类旅游地的刺激和旅游开发模仿行为。

统风貌和历史格局的保存、历史建筑的保护、传统社会文化氛围的营造，它们拥有了文化与经济的双重属性。另一方面，古城镇的经济功能被无限放大，商业化倾向越来越明显。由于过度开发，传统街区受到“现代商业文化的侵蚀、大批居民外迁”[①]、商业街区范围被不断扩大，古城镇成为同质旅游商品的集散地和旅游者聚集区，这种现象在中国知名古城镇的开发中比比皆是，“过度商业化”是当代古城镇保护中凸显的难题之一。

3. 民族地区文化发展与保护路径选择的现实需求

社会学、人类学重视本土社会、民族社会的研究，面对民族文化发展与保护，研究者逐渐从客位语境下的提倡与保护，过渡到主位语境下的文化生态化整体建设，从文化形态到社会心理，旨在解决民族文化的延续与传承问题。民族文化发展与保护研究具有“本土化”的研究倾向，在借鉴国外经验、总结与推广国内成功经验的过程中，从文化本身及所处的外在环境，结合“人地关系、古今关系、族群关系、政治经济关系”[②]等，分析民族价值观、地域归属感、文化认同观、文化传承心理……积极探寻能满足现实需求的发展途径。在民族文化变迁中，社会价值体系的作用逐渐外显，如何在传统与现代之间找到平衡点成为民族社会发展的关键。

（二）问题的提出

迄今为止中国仅有平遥、丽江两座古城被冠以“世界文化遗产”头衔，还有数百座古城镇朝着“遗产化”的方向发展，旅游开发成为目前古城镇保护中延续城镇历史感、获取保护政策和专项资金支持、增强民众文化认同的主要方式之一，也是古城镇的经济与传统商业集聚功能在现实社会中的延续。伴随旅游“商业化”发展趋势，研究古城镇经济关系与文化空间的联系、古城镇发展的适度商业化模式和良性发展途径，发掘传统商业活

---

① 李倩、吴小根、汤澍：《古镇旅游开发及其商业化现象初探》，《旅游学刊》2006年第12期，第54页。

② 庄孔韶：《文化遗产保护的观念与实践的保护》，《浙江大学学报》（人文社会科学版）2009年第5期，第32页。

动的来源、历史，具有普遍性与特殊意义。

尤其在"遗产化"的进程中，旅游商业化的发展氛围影响到人们对古城镇历史文化价值的认知，以及对这种价值认知的延续。传统商铺的文化价值、传统商业文化的"遗产化"发展利于实现商业活动传统与现实的统一。以传统商铺为物质空间形态，在强调遗产文化历时与共时性特点的同时，时空维度下有形遗产和无形遗产所处的文化价值体系中，"人"与"遗产"的互动关系、"遗产运动"中商业文化主体的作用、不同利益群体的诉求、经济筛选在遗产传承中的作用、多元文化背景下的地方归属感及文化选择过程等都值得探讨。传统商铺研究有利于完善古城镇"遗产"研究的系统性和完整性。

二、研究范围及研究对象的选择

（一）研究空间范围的选择

大理白族自治州位于云南省西部，东邻楚雄彝族自治州，南接普洱市和临沧市，西与保山市、怒江傈僳族自治州相连，北接丽江市，是通往滇西、滇西北、滇西南的必经之地，具有极其重要的交通区位优势，是"蜀身毒道"和"茶马古道"的重要中转站。大理历史悠久，早在4000多年前就有人类活动的遗迹[①]。唐宋年间，大理曾是云南的政治、经济、文化中心，时间长达500多年。苍山洱海环抱的平坝地区成为当时少数民族地方政权中心的首选之地，南诏前期的太和城和大厘城、南诏后期和大理国时的羊苴咩城等国都[②]均建于此，大理国旧都——羊苴咩城从元朝至明

---

① 大理境内发现的新石器时代文化遗存多达100余处，经对土器物的测定，其年代距今约4000年。转引自赵怀仁等:《大理上下四千年》，北京：民族出版社，2006年，第6页。

② 太和城史籍中又作"大和城"；大厘城史籍中又作"大鳌城"；"羊苴咩城"为《新唐书》的写法，《旧唐书》作"阳苴咩城"、《蛮书》作"阳苴哶城"等，文中除史料引用外，三城名称均按《新唐书》写法。

初为云南大理路段氏总管府的治所，明初在其基础上修建的大理府城，明清时期为大理府府治和太和县县治所在地。从王都到地方治所，一直为"滇西重镇，地势险要，易守难攻，历为兵家必争之地。城之得失，事关云南之大局"[①]，至今仍发挥着古城镇的特殊功能。

大理古城是中西文化和多元民族文化的汇集地，至今仍保存的城楼、城墙遗址、棋盘式的街区格局、传统民居建筑以及和谐的人居环境，1982年被列为国务院公布的首批二十四座国家级历史文化名城之一，2014年被评为AAAA级景区，经历了名城保护、景区化发展的阶段，并朝着"遗产化"的方向发展，大理古城是中国古城镇开发的缩影。

在"遗产化"的过程中，大理古城与国内其他知名古城镇一样，出现"商业化"发展趋势。选择大理古城作为研究空间，一方面，旨在分析古城镇传统商业文化与商业化趋势的联系与矛盾，丰富古城镇经济史的民族志研究内容；另一方面，作为一名在大理古城出生、长大至今仍生活其中的当地人，目睹了古城四十多年的变化，面对大理古城开发中出现的"旅游化""旅游商业化"等问题，面对古城的保护性开发和可持续发展，将此作为本书研究的调查点，以期为解决现存问题提供一定的理论依据，突破古城发展中的瓶颈。期望通过本书的写作，关注古城的发展和表达对家乡的热爱之情，既能发挥家乡研究者的优势，又能通过研究分析以做学问的学术态度客观看待古城的种种变迁问题。

（二）研究对象的选择

大理古城因所处的特殊地理位置，自古形成南北通衢的历史街区。随着大理古城知名度的提高、旅游者的涌入，城内商业街区范围不断被扩大，形成了本地居民与旅游者、各民族商家与外来经营者共处的人文环境。城内的商铺随着城镇功能的转型，在形态、格局、类型、数量等方面都发生着变化，商铺成为反映现实发展的有形载体。

---

① 张增祺：《云南建筑史》，昆明：云南美术出版社，1999年，第254页。

在当代语境下，传统商铺在城镇“商业化”“遗产化”发展中的作用，商户在利益诉求中寻求文化认同，并通过商业文化选择对历史街区商业氛围形成和发展产生的影响，古城“适度商业化”发展的“度”的标准与传统商业活动的关系……这些问题都值得关注。一方面，大理古城商铺成为各民族传统商业文化的当代表达，这种表达为民族文化的发展与保护提供了新思路。如在调查中发现，展示白族传统手工艺的店铺，如银器打造、扎染，摒弃了“前店后厂”的传统作坊模式，直接将手工艺制作过程展示在游客面前，从“产品”展示到“技艺”展示，通过“技艺”增加“产品”的价值含量，加之店铺的设计、店名的选择、同类商铺的聚集等，为传统民族文化发展提供了生存和发展的空间。另一方面，外来商业文化的强势植入，古城中出现大量同质旅游商品，为解决传统商铺在外来文化侵蚀下如何保持传统、寻求发展，如何在古城“遗产化”发展中与外来文化“共生”等问题，本书将商铺与经营者置于宏观经济发展背景中，探讨种种现象的变迁规律与内在联系。

三、研究目的和意义

（一）研究目的

1.大理古城历史文化表征的整理与发掘。作为“本质遗产（heritage in essence）”[①] 的大理古城，当代语境下的商业特征与经济发展史、传统商业文化以及特有商人群体的经营选择密不可分，本书通过对历史与现实的商业文化场景的“描写”，重新梳理古城的商业发展史，并通过现代意义的解读，整理与发掘古城不同历史时期具有的文化表征，突出古城遗产表述的历史文化性。

2.大理商业文化的再认识。关于大理经济活动的研究多集中在历史时

① 燕海鸣:《“遗产化”中的话语与记忆》,《中国社会科学报》2011年8月16日，第12版。

期曾经繁荣一时的商业活动，如商帮文化等，现代意义的民族商业文化特性往往被忽视，这种民族特性在城镇文化中的作用日益凸显，通过对聚居或聚集大理古城不同商人群体的关注，以诠释传统商业意识通过特有的商铺文化形式实现的现代意义表达。

3.通过“城镇－商铺－人”来探讨商业文化“空间－符号－主体”的深层次关系。本书的研究顺序是通过文化空间的变迁研究文化符号，在文化符号的嬗变中进一步聚焦于文化主体，通过分析文化主体的价值特征对文化空间性能的影响、对文化符号的外在表达的制约，突出文化主体对社会商业文化发展的重要作用。

（二）研究意义

对大理古城的商铺进行研究，有以下三个方面的理论和现实意义：

1.将城镇史与经济史相结合，将传统商业活动的发展变迁置于城镇发展史中，反映不同历史时期社会经济风貌的同时，分析不同社会历史背景对民族地区商业活动的制约与影响，从“历史场景”到现实场景，完善城市记忆史学研究的内容。

2.针对古城镇“遗产化”道路上“商业化”行为泛滥、“他者化”现象突出、民族文化“去主体化”倾向严重，将“遗产运动”中被边缘化的文化主体置于特定历史背景、地理环境和多元文化背景中探讨传统商业文化的延续，突出商业文化的“民族性”“生态性”“主体性”，突出文化变迁机制中主体研究的意义。

3.将商铺作为城市历史记忆符号，从城市记忆的社会影响分析到有形载体的变迁，分析多维时空下商户与城市的互动关系，从微观的象征符号入手呈现宏观的历史变迁。从文本到情景，在熟悉中寻找陌生，“将民族志‘文本’（Text）置于特定的场域（Context），对于文本背后的符号（Symbol）、话语（Discourse）及意义等进行解读……”[①]，丰富民族志

① 龚坚：《当前人类学视野中遗产研究的三种范式》，《东南文化》2010年第5期，第20页。

的田野研究内容，完善民族志社会记忆研究的系统性。

第二节　研究思路与研究方法

一、研究思路

本书以古城镇的历史发展变迁作为研究背景，将大理古城作为一个特定的历史文化空间，在多元的城市历史记忆符号中选取传统商铺这一研究对象，从社会历史记忆的角度探讨不同历史背景中商铺文化表征的变迁。在现代与传统的反差中，从文化记忆视角分析商人群体的社会文化选择差异，以及这种差异对城市遗产建设的影响，从古城商业化发展的表象研究探讨传统经济活动的深层次关系，在“人”与城市的互动关系中探讨城市传统商业文化与民族文化的理性回归。

在写作中，一方面将注重各类文献古籍中国家与地方民族的关系、民族间的经济交换关系、风俗仪式等的记载，注重历史时期的游记、民间传说等文学作品和口述史对古城发展各阶段社会生活风貌的反映，关注“微观民族志”的研究。另一方面，在构思与撰写中将传统商铺文化置于历史发展主线、交通发展、城市功能变迁、特殊历史事件等不同背景中进行阐述。

本书本着历史研究为现实服务的目的，在历史中反映现实，在现实中折射历史，论述主线清晰，用历史与现实叠写的方式，从古城与商业文化的内在逻辑关系和外在表征联系，对相关概念展开论述，从而回归选题的初衷。

二、研究方法

具体的研究中采用文献分析、田野调查、对比与统计分析等方法。

（一）文献分析法

研究从历史学、文献学的角度，搜集大理古城和城中各民族的历史、经济、地理、宗教、文学等方面的古籍资料、外文资料，通过“文本”整理分析，对相关信息进行梳理，“将文献与口述史结合作为社会记忆，尝试发掘产生此记忆与叙事的‘情境’”[①]。文中的文献分析用于大理的城市起源与建设、城市空间变迁、古城的建成与发展、街区和建筑形态等变化过程的阐述，同时，再现不同时期商铺发展的有形形态和无形文化及商业文化氛围的变迁，突出不同时期城市经济发展背景、商业发展背景下的商铺发展。

（二）田野调查法

从人类学的角度，本书通过田野调查法，一方面就当代大理古城商铺的发展现状进行实地调研，以古城商业活动较为集中的五条主要街道为调研地点，逐一统计经营类型和店铺经营特点，为商铺经营类型归类、数量统计和不同街区经营特点的总结提供一手资料。另一方面，为了解大理古城中商人群体民族意识、地方归属感、文化选择过程、文化选择方式、经济筛选所起的作用等内容，采用参与观察与深度访谈法，获得基础的分析资料，进一步总结不同商人群体对地方社会的认知及商业文化选择的群体性心理过程。深度访谈主要针对政府部门、商人群体、当地居民、游客等，参与观察则通过重点选择有代表性的商铺，参与到经营者的日常生活和经济活动中去了解、体会。

① 张原等：《反思历史与关怀现实的学者——历史学家王明珂专访》，《西南民族大学学报》（人文社科版）2008年第1期，第52页。

（三）对比分析法与统计分析法

全书采用共时与历时的对比分析，将古城商铺及文化特征放在同一时期，通过横向比较，突出商铺发展不同阶段的共时性特征，分析在不同利益需求下的民族关系、文化认同的形成过程及特征。同时，通过纵向比较，在同一空间的不同时间节点上发掘同一种商业文化及商铺文化的历时性特征，进一步总结变迁规律。

研究通过实地调研和文献查阅，对现代语境中的商铺类型、数量、分布等进行资料统计、整理，并结合地方志、档案资料，分析商铺文化现象的共性与规律，为深层次文化内涵的发掘提供量化分析材料。

此外，从研究过程中，本书将主位研究（emic approach）与客位研究（etic approach）相结合，一方面从大理当地人的角度，用当地人的思维、语言、生活环境等本土元素，理解、分析地方文化，另一方面则从研究者的角度，依据所掌握的理论、观点等开展的一种“他者”文化分析方法。两种方法相结合将贯穿书籍写作的始终，既提高文化参与者的地位，又对相关现象作客观分析。

研究还用流动、动态的思路看待社会现实的发展，涉及特殊历史事件对传统商铺及商人群体的影响，对相关文化现象及延续过程、文化选择等进行动态逻辑分析。

三、创新与不足

（一）创新

1.研究对象的选择。古城镇具有遗产的本质属性，大理古城的研究中多以史学研究、城镇建筑研究、地理学研究为主，经济史的研究主要将社会经济发展放在历史背景中，宏观研究居多。本书选择传统商铺为研究对象，将这一微观商业文化载体的发展变迁置于城镇发展史中，通过传统商铺的变迁折射城镇发展史，在微观经济现象的研究中，反映不同历史时期社会风貌，突出古城经济与文化的双重属性，既关注历史又积极寻求解决现存问题的路径。

2. 书籍的写作结构。写作时对理论框架体系进行构建，城市历史记忆是全书的理论出发点，大理古城作为研究空间，承载着历史变迁中不同的社会记忆，在诸多的历史记忆符号中，传统商铺成为反映历史与现实、传统与现代结合的记忆元素与代表符号。本书将“城市记忆－记忆符号－记忆主体”作为行文结构，以论述文化空间、文化符号与文化主体的相互关系。在城市、街区、商铺有形形态的分析中，将城市历史记忆、街区记忆、商铺文化记忆贯穿整个论述过程。同时，关注相应群体的生存状态、心理特征，在社会历史与经济活动的发展中进行文化主体性研究，突出商业活动主体的作用，完善城市记忆的史学研究、记忆主体研究等内容。

3. 商铺发展阶段的划分。本书通过历史再现和商业现象、经济规律的研究，结合大理古城商铺不同历史时期不同的经营特点、功能、服务对象和经营主体，将商铺的产生发展划分为萌芽期、产生期、发展繁盛期和发展新时期四个阶段，突出各个时期的商铺经营形态、经营文化等特点，进一步梳理商铺变迁的过程、特点和变迁机制。

（二）研究的不足

1. 史学表述与史料运用的不足。本书在写作中涉及大理古城城镇发展史、城镇经济史的内容，史学基础薄弱难免在写作表述与论述中存在不足。如选择商铺这一研究对象，切入点小，从宏观经济史中发掘这一微观商业载体的记述比较困难；又如大理经济史，就掌握的文献资料来看，大理宏观经济史记载较多，微观分析往往只集中于白族商帮文化等关注度较高的商业活动中，这不利于特定空间范围内传统商铺文化的“历史场景”描述。

2. 写作框架体系的构建问题。书籍对论述结构进行尝试，尤其在解决古城镇与传统商铺文化的关系时，相关概念的不完善，对写作挑战较大；

在发掘现实中某些普遍现象的内在规律时，将这种普遍性上升到理论高度，从现象到本质的分析不足和部分总结不到位等。本书将以此为基点，就相关问题的深度、理论高度、解决现实问题的适用性等作为研究方向，加强相关问题的深度探讨，对解决现实问题的适用性等做后续研究。

第三节　研究基础与文献回顾

研究基础涉及研究对象、研究空间、研究主线和基础理论四大部分。在研究回顾和文献梳理中，针对研究对象，主要对商铺的名称来源、界定和研究文献进行梳理；针对研究空间，关注大理古城历史、城市经济等方面的发展；对研究主线，着重分析城市历史记忆空间、记忆符号等的关系，进一步搭建全书的行文脉络；对涉及的基础理论，采用概括和总结的方式，用于各种商业文化现象的分析。

一、商铺的界定与研究概括

（一）商铺的界定

商铺，又称店铺，或商店，在中国历史文献中有“店”“肆”“肆店”“市肆”等不同的名称表述。“店”的出现早于“铺”，“店”在汉代称“邸”，晋代开始有“店”的叫法，南朝以后多将“居物之处”称为“邸”，“沽卖之所”称为“店”[①]，或将经营店面“后面有存放货物的场所

① [唐]长孙无忌等:《唐律疏议》卷四《名例律》，北京：中华书局，1983年，第92页。

称为‘店’‘邸舍’”。“肆”有“作坊、店铺”的意思，在春秋时期为“百工成其事”的场所；后唐时期的马缟在《中华古今注》中对“肆店”做出解释：“肆，所以陈货鬻之物也；店，所以置货鬻之物也。肆，陈也；店，置也”①。具有商业意义的“铺”被广泛用于明清时期的店铺和商行，即“铺行”②。商铺的发展与“市”联系紧密，“市内店铺摊贩按经营商品的种类分别排列，称为‘列肆’，或市列、市肆”③。在现代商业的发展中，“商铺”“店铺”“商店”等名称被广泛使用，“商”强调行业性质，“铺”“店”是销售场所的基本形态，它们之间区别模糊，成为不同使用者在不同语境下的表述方式。

从商铺的功能来看，商铺最初的基本功能为“陈货”和“置货”，囤积货品以应市场需求，使商品交易更为便利。随着社会经济发展，商铺的功能被放大，从“置货售物以求利之所”成为“交易之所”④。商铺功能的变化使它出现多样类型，清人徐珂在《清稗类钞》中按经营商品划分商店类型，共分出十六种类型，分别为食料店、饮料店、燃料店、染料店、建筑用料店、衣饰店、妆饰店、织物店、玩物店、金类店、毛革类店、茧棉丝麻类店、畜牧渔捞及种植类店、文房具及书籍书画类店、竹木藤及其他制造类店和杂货店，种类甚多。

商铺有广义和狭义之分，广义的商铺是指分布于市集、街巷、主要交通沿线等，包括摊铺、店铺在内的所有商品销售场所和具有服务功能的铺面，有商品店铺、茶铺、酒馆等类型；狭义的商铺与城市沿街的固定铺面形态有关，限于销售商品的店铺。现代以来，国家在商业统计中，以广义的商铺为空间形态，按经营性质将商铺类型主要归纳为商品店铺、饮食业店铺和服务业店铺三大类。本书在论述中以广义的商铺为主，历史时期商铺的初期形态——摊铺等形式也在分析范围之中。

---

① [后唐]马缟集：《中华古今注》卷上《肆店》，北京：中华书局，1985年，第2页。

② [明]顾起元：《客座赘语》卷二《铺行》，北京：中华书局，1987年，第66页。

③ 中国历史大辞典编撰委员会编：《中国历史大辞典》，上海：上海辞书出版社，2000年，第843页。

④ [清]徐珂编：《清稗类钞》，北京：中华书局，1984年，第五册，第2279页。

（二）国内传统商铺的研究概括

综合国内传统商铺的研究，主要涉及三个方面的内容：

1.以商铺为对象的研究，这类研究较少且角度多。如李相五①对中国餐饮业老字号的形成、兴衰发展过程、面临的时代发展困境，从民族文化保护的角度，探讨它们在中国商业史和饮食文化中的作用和意义。王晓彦②、华文杰③分别从市场营销、历史地理的角度研究当代商铺的发展，研究中突出学科特点，从不同的研究思路中反映商铺的发展。

2.以商铺经营主体为对象的研究，多在经营主体的选择意识、行为过程中反映商铺的发展。这类研究主要为不同历史时期的铺行、牙行等铺户主体，张玲④从社会身份、铺户所的变迁、交引铺户等研究宋代铺户；唐文基⑤、许敏⑥、胡海峰⑦等关注明代铺户的内涵、来历、分布、身份及与其相关的买办制度、徭役等问题；此外，近代以来晋商、徽商等商人的活动关注度高，但集中于商业发达地区，多以行商为主。

3.以市集、市场为载体的研究，通过对集市、集镇、市场等整体商业环境的研究，在不同商业环境中体现商铺等基本元素的发展。这类研究体现传统商铺所处的经济环境和商业发展氛围，以及商铺产生和发展中受到

---

① 李相五：《中国餐饮业老字号的民族文化研究》，博士学位论文，中央民族大学民族学与社会学学院，2006年。

② 王晓彦：《店铺认同与店铺印象的一致性研究——基于营销沟通的视角》，博士学位论文，吉林大学商学院，2011年。

③ 华文杰：《1987－1999澳门报刊广告中店铺的历史地理研究》，硕士学位论文，暨南大学，2013年。

④ 张玲：《宋代铺户问题研究》，博士学位论文，华东师范大学人文学院，2012年。

⑤ 唐文基：《明代的铺户及其买办制度》，《历史研究》1983年第5期，第140－150页。

⑥ 许敏：《明代铺户的几个问题》，《明史研究论丛》第二辑，1983年6月，第178－196页。

⑦ 胡海峰：《徭役与城市控制：明代北京“铺户”内涵再探》，《学术研究》2014年第11期，第120－128页。

的商业刺激与带动作用。如李正华[①] 研究近代华北乡村集市、龙建民[②] 研究彝族地区集会到集场的发展以讨论市场起源问题等研究都涉及摊、摊铺、摊贩等商铺初级形态的产生与变迁；刘云明[③] 、牛鸿斌[④] 等在研究近代云南市场、云南集镇形成中，间接分析集市文化、商业环境对商铺形态、分布、经营类型等方面的影响。

此外，反映中国城市发展的著作也涉及商铺、商铺行业组织、商业机构等的研究，如美国学者施坚雅（G. William Skinner）主编的《中国帝国晚期的城市》，在对中国明清时期城市社会、社会体系及结构的研究中，涉及明末和清代商铺行会组织的结构、经济与互助活动、行业管理特点等研究。同时，不同历史时期的税收政策、工商人口分布等方面的研究也与商铺的发展相关。

总的来看，对传统商铺的研究，研究对象的选择中直接反映商铺历史发展变迁的较少，采用的研究方法中历时性与共时性相结合的研究较少，研究区域范围中民族地区古城镇的研究少，不同时空背景下将商铺的物质形态、文化形态和主体研究相结合的研究有待进一步完善。

二、遗产视域下的大理古城研究

（一）古城镇遗产的研究

国内外研究者对古城镇遗产的认知大多基于联合国教科文组织《保护世界文化和自然遗产公约》，对于被列入《世界遗产名录》的历史中心（Historic Centre）、历史城镇和村落（Historic City、Historic Town、

① 李正华：《乡村集市与近代社会——20世纪前半期华北乡村集市研究》，北京：当代中国出版社，1998年。

② 龙建民：《市场起源论》，昆明：云南人民出版社，1988年。

③ 刘云明：《清代云南市场研究》，昆明：云南大学出版社，1996年。

④ 牛鸿斌、王文成：《云南集镇》，昆明：云南民族出版社，2001年。

Historical Village）、老城镇（Ancient City、Old Town）等，从多学科的角度展开研究，体现古城镇遗产“原真性”和“完整性”的历史文化传承、历史感延续等成为保护性研究的主线。

国内的古城镇遗产研究始于1997年平遥和丽江两座古城被列为“世界文化遗产”后。这两座古城的研究多为“申遗”后旅游开发背景下的古城保护、文化变迁、游客感知、旅游方式等，多为其他历史城镇申报世界遗产提供经验和借鉴，两座古城的发展成为国内古城镇发展的“风向标”。以两座古城的社会文化为研究对象的历时性研究，如台湾学者王舒乙（Shu-Yi Wang）的《传统、记忆、地方文化：平遥古城的延续与变迁》（*Tradition, Memory and the Culture of Place: Continuity and Change in the Ancient City of Pingyao*），再现平遥古城的历史、“申遗”后的旅游影响及地方认同感；于洪的博士论文《丽江古城形成发展与纳西族文化变迁》，在文化变迁理论下探讨纳西族“和而不同”的文化特色。

随着国人对古城镇遗产价值体系的构建，古城镇遗产研究表现出从“认知遗产”到“本质遗产”的研究过程。古城镇研究范围逐渐扩大，出现了有别于传统研究的新视角。如古城的历史人类学研究，王铭铭教授1999年出版的《逝去的繁荣——一座老城的历史人类学考察》，书中再现了海港城市——泉州从3世纪到中华人民共和国成立1600多年间的兴衰过程，分析国家与社会的关系、民族主义的形成、对民间文化“压制性态度”的批判，以过去隐喻现在。作者希望从城镇空间变迁研究中树立历史人类学研究的“范例”，强调“不应轻易地强调历史的不连贯性，而应注视文化在历史过程中可能发挥的持续影响……”[①]，这是国内古城镇社会历史文化研究的新起点。

（二）国内外学术视野中的大理古城研究

西方学者对大理的关注，从现代意义上始于19世纪中后期对于南诏、

① 王铭铭：《逝去的繁荣——一座老城的历史人类学考察》，杭州：浙江人民出版社，1999年，第418页。

大理国历史的研究和20世纪日本学者对南诏国和大理国的历史、稻作民俗、白族社会生活等的关注。19世纪末西方探险家、传教士等对大理古城的记述较多，如1895年法国王子亨利·奥尔良（Henry Orlean）在云南探险旅行，他的游记中提到大理古城[①]；19世纪末，英国学者戴维斯（H. R. Davis）为英国在云南的铁路修筑项目进行可行性调研，在徒步调查中对大理府城社会风貌的记述[②]；1931年，美国记者埃德加·斯诺（Edgar Snow）在中国的南行经历中，途经大理古城[③] 等。近代对大理古城研究最有代表性的是澳大利亚人类学者菲茨杰拉德（C. P. Fitzgerald，费子智）。

1936－1938年，菲茨杰拉德作为利文荷尔大学的中国人类学特别研究员，通过在大理三年的工作和生活，在实地调查的基础上写成了《五华楼——关于云南大理民家的研究》（*The Tower of Five Glories*：*A Study of the Min Chia of Ta Li*，*Yunnan*）一书。全书分为十一章，涉及白族地区的自然地理、历史渊源、社会结构、物产资源、生产生活习俗、经济状况、宗教信仰、对外交往、民族关系等，再现20世纪30年代中国大理地区的社会风貌及白族的生存发展状态。其中，第三章“大理城”（The City of Great Principles）记述了整个城镇的建筑风貌、社会经济发展情况、所有店铺的调查分析和集市的概貌，再现了当时白族城镇的生活水平和开放程度，为后期研究提供了翔实的调研资料。

此后，20世纪90年代末至21世纪初，密歇根大学人类学系博士生纳佩思（Beth E. Notar）从博士论文的撰写到毕业后的科研中，一直关

---

① [法]亨利·奥尔良：《云南游记：从东京湾到印度》，龙云译，昆明：云南人民出版社，2001年。

② [英]H. R.戴维斯：《云南：联接印度和扬子江的锁链——19世纪一个英国人眼中的云南社会状况及民族风情》，李安泰等译，昆明：云南教育出版社，2000年。

③ [美]埃德加·斯诺：《南行漫记》，潘敬思、李希文、马澜译，北京：国际文化出版公司，1993年。

注（1999年①、2006年②、2008年③）大理旅游发展带来的社会变化，其中《欲望的置换：中国的旅游和大众文化》（*Displacing Desire*：*Travel and Popular Culture in China*）中调查了孤独星球杂志社（Lonely Planeteer）出版的导游书、20世纪50年代流行的电影和小说对外国游客到大理的旅游欲望的激发和当地人对旅游经济发展所带来的地方变化和无序的反应，对大理古城旅游发展带来的变化进行民族志反思；2008年她引入"世界大同主义""四海为家主义"（cosmopolitanism）概念，从旅游人类学的角度，分析在大理"洋人街"的"本地""四海为家者"（cosmopolitan）的特征，以及探讨如何为跨国游客和本国游客打造所谓"四海为家主义"的氛围。

国外研究者对大理古城的研究主要从社会生活、外来者与本地人之间的跨文化交流等现象进行分析，研究一般以翔实的民族志、长期的调查为基础，深入参与到古城的社会生活中，突出当地社会文化价值。

当代，国内学者对大理古城的研究内容繁多，从研究进程来看，经历了从史学研究到经济、旅游发展与影响、城市保护与建设、文化产业等应用研究，地理学、建筑学等自然科学介入其中，研究内容与社会发展结合程度高。

1.城市历史的研究

（1）城市历史的系统研究，大理城市史宏观研究的代表著作包括李昆声1980年出版的《大理城史话》④，这是当代对大理古城历史研究的第一部系统性著作；吴晓亮教授的系列研究不仅突出不同历史时期大理古城的社会经济特点，而且将大理古城置于洱海区域古代城市体系中进行系统性研究，以史料为基础分析地理环境对大理古都形成发展的影响，从地理环

---

① Beth E. Notar, Wild Histories: Popular Culture, Place and the Past in Southwest China, a Diss. of Ph. D., the University of Michigan, 1999.

② Beth E. Notar, *Displacing Desire*: *Travel and Popular Culture in China*, Honolulu: University of Hawai'i Press, 2006.

③ Beth E. Notar, Producing Cosmopolitanism at the Borderlands: Lonely Planeteers and "Local" Cosmopolitans in Southwest China, *Anthropological Quarterly*, Vol.81, No.3, 2008.

④ 李昆声：《大理城史话》，昆明：云南人民出版社，1980年。

境、洱海湖泊的变迁、苍洱之间地理环境差异等分析大理古都的变迁原因，并在社会经济发展背景中分析大理古都的孕育、形成、建设以及空间变迁过程，注重大理古城形成后的城市人口、城市空间和形态、城市经济和城市化等问题的细化研究[①]。此外，还涉及大理古城遗产价值和选址的研究，如阴吉就大理古城所处的山水特征、空间形态、城市选址、城市空间格局等遗产特征进行史料分析，并对古城价值和保护途径提出了自己的观点[②]；张崇礼侧重于大理古代城市选址及规划思想的分析，以及城市空间变迁的要因分析[③]。

（2）城市历史的微观分析，如杨延福对大理古城的名称进行考证[④]；吴棠结合史料描绘民国时期的大理街道风貌，重点再现古城南门、卫市口、五华楼、花园茶室、北门等社会状况[⑤]；谢道辛就20世纪以来大理的考古阶段和成果做了总结和分析，其中包括对苍洱地区古城遗址范围内的古建筑遗址进行抢救性清理发掘[⑥]；李艳林认为陆路运输起主导作用的交通演变，加上社会政治与经济等因素的影响，最终形成早期云南城市格局[⑦]；江从延论证了明代的卫所制与大理古城的关系[⑧]；曹洪刚分析明代大理府城的空间格局分布及其城乡关系特征，总结山地环境的制约力和山地城市具有的特点[⑨]。此外，还涉及城市历史地理方面的研究，沈明洁等通

① 吴晓亮：《大理史话》，昆明：云南人民出版社，2001年；吴晓亮：《洱海区域古代城市体系研究》，昆明：云南大学出版社，2004年。

② 阴吉：《大理古城的遗产特征、价值及保护》，见张崇礼、尚榆民编著：《大理民族文化遗产》，昆明：云南民族出版社，2005年，第102－132页。

③ 张崇礼：《大理古代城池的选址及规划思想》，见张崇礼、尚榆民编著：《大理民族文化遗产》，昆明：云南民族出版社，2005年，第182－190页。

④ 杨延福：《大理古城历代名称歧义求证》，《大理学院学报》2002年第2期，第3－9页。

⑤ 吴棠：《民国时期的大理街道风貌》，《大理文化》2002年第5期，第61－64页。

⑥ 谢道辛、李学龙：《二十世纪大理考古回眸》，见《大理民族文化研究论丛》第二辑，2006年11月，第248－258页。

⑦ 李艳林：《重构与变迁——近代云南城市发展研究（1856－1945年）》，博士学位论文，厦门大学，2008年。

⑧ 江从延：《明代的卫所与大理古城》，《大理文化》2012年第4期，第103－111页。

⑨ 曹洪刚：《明代大理山城空间格局研究》，《原生态民族文化学刊》2013年第4期，第84－88页。

过实地环境调查和系列历史及动态资料分析，研究洱海和大理城市之间人地关系的互动[①]；张腾从文物修复的视角，认为保护和提升大理古城的历史文化价值应遵循最小干预、修旧如旧、可辨识等原则，对建筑本身的历史、特征、结构等进行考证研究[②]。

2.城市经济研究

（1）城市经济史研究

学者杨聪的《大理经济史稿》[③]是大理经济史系统研究的代表，著作从历史发展的角度研究大理的经济发展，按经济部门分章论述，从经济结构的形成、演变和发展过程梳理出大理经济的地区特点和民族特点；秦树才运用史料分析明清时期洱海地区的商业市场、主要商品及流向、商人及商业活动形式和商业的作用[④]。

（2）现代城市经济研究

大理古城的微观经济分析，如马志宏对涉及大理古城100多家店铺的清真餐饮业进行经济学、文化功能分析[⑤]；祁春艳以大理古城180个商户为研究对象，从旅游信息管理的角度将商户作为信息需求主体，分析不同经营类型商户的信息需求特点、信息获取渠道和服务满意度等，并总结影响商户信息需求的因素[⑥]。此外，李宪钧运用经济学方法分析大理白族经济变化与经济关系，重点对近代大理白族农业经济、手工业、商业资本的产生和发展，中华人民共和国成立后大理白族经济的发展进行分析，并总

① 沈明洁、崔之久、易朝路：《洱海环境演变与大理城市发展的关系研究》，《云南地理环境研究》2005年第6期，第63－68页。

② 张腾：《从文物修复视角看大理古城特色小镇建设》，《文化产业》2020年第20期，第24－26页。

③ 杨聪编著：《大理经济发展史稿》，昆明：云南民族出版社，1986年。

④ 秦树才：《明清时期洱海地区商业述略》，《昆明师专学报》（哲学社会科学版）1989年第4期，第77－85页。

⑤ 马志宏：《大理清真餐饮业调查》，见杨怀中：《中国回商文化》（第二辑），银川：黄河出版传媒集团、宁夏人民出版社，2010年，第508－516页。

⑥ 祁春艳：《面向民族旅游城镇商户信息需求的信息保障策略研究 —— 以大理古城为例》，硕士学位论文，云南大学公共管理学院，2012年。

结白族经济的特征，理清了大理白族经济发展的脉络[①]。

（3）旅游及影响研究

第一，旅游开发影响研究。戴凡、保继刚最早关注大理古城旅游开发影响，以大理古城居民学英语态度、掌握英语的程度为例研究旅游社会影响[②]；杜海莉选取古城内护国路段——“洋人街”，研究中西文化交流的状况[③]；殷群分析了旅游发展对当地居民生活方式的影响，针对负面影响提出良性互动对策[④]。

第二，古城保护研究。许婵从文化生态学的视角探索大理古城保护研究[⑤]；饶峻姝等认为利益驱动的开发行为已严重危及大理古城生态环境的良性循环，需要构造一种有力的文化支持系统[⑥]；胡晓燕提出旅游城镇化进程中大理古城白族民居文化的传承与保护策略[⑦]；陈有君以大理古城为例，探讨旅游古城镇景观保护在旅游发展中的内涵、价值及其所面临的问题[⑧]；杜舒惠从遗产保护的角度分析了大理古城活化利用现状和存在问题，探讨古城可持续发展的路径[⑨]。

---

① 李宪钧：《大理白族经济发展研究》，硕士学位论文，中央民族大学中国少数民族经济研究所，2004年。

② 戴凡、保继刚：《旅游社会影响研究——以大理古城居民学英语态度为例》，《人文地理》1996年第2期，第37－42页。

③ 杜海莉：《文化认同——大理古城和西方文化的对话》，《河北职业技术学院学报》2008年第3期，第125－126、129页。

④ 殷群：《大理古城旅游发展对当地居民生活方式的影响》，《中国市场》2014年第51期，第184－185页。

⑤ 许婵：《基于文化生态学的历史文化名城保护研究——以大理古城为例》，《安徽农业科学》2008年第28期，第12465－12467页。

⑥ 饶峻姝、饶峻妮：《生态伦理视野下的大理古城建设》，《大理学院学报》2010年第3期，第9－11页。

⑦ 胡晓燕：《旅游城镇化进程中大理古城白族民居文化的传承与保护策略》，《中国民族博览》2017年第2期，第73－75页。

⑧ 陈有君：《旅游发展与大理古城景观保护》，《旅游纵览》2019年第1期，第185－186页。

⑨ 杜舒惠：《大理古城保护活化策略研究》，《中国民族博览》2021年第6期，第105－107页。

第三，旅游经济发展研究。梁微等关注生活方式型旅游企业[①]；余宏刚等调查分析大理古城旅游纪念品流动商贩现状[②]；李显正等根据大理古城内部的街景图像数据，利用计算机视觉、机器学习等技术分析古城总体商业同质化的空间特征[③]。

第四，旅游发展下的人类学观察。杨德爱运用旅游人类学的方法，在田野调查的基础上，以"旅游与被旅游"为焦点，以大理"洋人街"由来及变迁为基点，探讨旅游与被旅游之间的张力，通过旅游与被旅游理论的分析、想象和话语及现实之间的关系，进一步分析现实存在的种种文化现象[④]；张宁从饮食人类学的视角，就西方饮食文化对白族饮食文化的影响研究大理"洋人街"白族饮食文化的传承与流变[⑤]。

第五，旅游移民问题。杜春燕等关注大理古城旅游区劳工移民的文化适应问题[⑥]；郝飞研究大理旅居者的群体特征、文化认同和地方依恋[⑦]；马少吟等分析大理古城生活方式型旅游企业主从消费到生产的移民生存特征[⑧]；徐红罡等从旅游移民社会交往的角度调查分析大理古城生活方式型

---

① 梁微、徐红罡：《大理古城生活方式型旅游企业的动机和目标研究》，《旅游学刊》2010年第2期，第47－53页。

② 余宏刚、樊凯：《大理古城旅游纪念品流动商贩现状分析》，《旅游纵览》2014年第2期，第133－134、136页。

③ 李显正、赵振斌、刘阳等：《基于街景图像的古镇旅游地商业同质化空间测度——以大理古城为例》，《地理科学进展》2023年第1期，第104－115页。

④ 杨德爱：《旅游与被旅游——大理"洋人街"由来及变迁》，博士学位论文，中央民族大学民族学与社会学学院，2012年。

⑤ 张宁：《大理古城洋人街的白族饮食文化研究》，硕士学位论文，云南大学民族研究院，2015年。

⑥ 杜春燕等：《旅游区劳工移民的文化适应问题研究——以大理古城为例》，《大理学院学报》2010年第5期，第35－39页。

⑦ 郝飞：《"家与无家"：大理旅居者的文化认同与地方依恋》，硕士学位论文，华侨大学旅游学院，2015年。

⑧ 马少吟、徐红罡：《从消费到生产：大理古城生活方式型旅游企业主移民的生存特征》，《旅游学刊》2016年第5期，第81－88页。

旅游企业主的日常生活与社会交往[①]。同时，徐红罡等以流动性视角分析大理古城打工旅游者行为特征[②]，并以此为基础研究打工旅游者的流动力问题[③]。

第六，旅游新业态的研究。乐楠关注大理古城文化空间与创意产业的互动发展，认为在生活空间与消费空间不断解构与重构中实现空间生产[④]；程远等聚焦白族扎染工艺深挖大理古城文创产业的文化底蕴[⑤]；刘佳欣认为在文创产业中应进行白族图案再设计，以此带动大理古城景区新的经济增长[⑥]；钱镜帆等认为大理古城夜旅游产品创新开发能促进夜间旅游的转型升级和可持续发展[⑦]。

第七，旅游感知研究。林铁等运用模糊综合评判法和IPA方法对大理古城游客在建筑、文化、服务、基础设施、价格和情感感知等感知价值进行评价[⑧]；付娅以大理古城为研究案例，在调研基础上对提高旅游者的旅游涉入水平、地方依恋情感及幸福感进行了讨论[⑨]。

第八，语言标识研究。王永娟从文化变迁、旅游与文化、语言的社会

---

① 徐红罡、马少吟、姜辽：《生活方式型旅游企业主移民社会交往研究》，《旅游学刊》2017年第7期，第69－76页。

② 徐红罡、唐香姐：《流动性视角下打工旅游者行为特征研究 —— 以大理古城为例》，《人文地理》2015年第4期，第129－135页。

③ 唐香姐、徐红罡：《大理打工旅游者的流动力研究》，《旅游学刊》2019年第10期，第137－146页。

④ 乐楠：《大理古城文化空间与创意产业的互动发展》，硕士学位论文，云南大学文化发展研究院，2016年。

⑤ 程远、王坤茜、陈奕宇：《国家级非物质文化遗产大理白族扎染在大理古城文化创意产业中的应用》，《名作欣赏》2018年第32期，第175－176页。

⑥ 刘佳欣：《白族图案再设计在大理古城文创上的应用》，硕士学位论文，四川美术学院，2021年。

⑦ 钱镜帆、陈亚颦：《浅析大理古城夜旅游产品创新开发》，《边疆经济与文化》2022年第6期，第63－68页。

⑧ 林轶、田茂露：《历史文化名城旅游的游客感知价值及开发对策 —— 以大理古城为例》，《扬州大学学报》（人文社会科学版）2018年第2期，第74－82页。

⑨ 付娅：《旅游涉入、地方依恋与旅游幸福感的影响关系研究 —— 以大理古城游客为例》，硕士学位论文，云南师范大学旅游与地理科学学院，2018年。

功能与文化功能的角度，分析居民语言变化对旅游发展的影响[①]；何丽等探讨旅游开发背景下的语言文化传承问题[②]；杨隆杰针对大理古城道路指示系统存在的问题进行设计研究[③]。

3.其他研究

崔颖就大理古城城市与景观的形成、发展及其影响因素，提出风景营造的思路[④]；高瑜认为大理古城随着时空阶段的改变逐渐开启临界空间，洋人街、人民路先后成为文化与商业交汇的过渡地带[⑤]；张慧从“大理逆城镇化”现象出发，探讨外来大城市中产阶层逆向移居的动机和需求，并分析该现象对移民地带来的影响及未来的发展趋势[⑥]。

从搜集的资料来看，对大理古城的研究视角主要涉及历史学、文献学、经济学、人类学、民族学、旅游学、地理学、语言学、社会学等，以大理古城为空间载体，从不同的视角展开。

（三）研究总结

1.大理古城作为古城镇遗产，由于其独特的历史文化价值，受关注度高。20世纪80年代前史学研究占主导，旅游业起步后经济发展、社会影响问题备受关注。2000年后，史学、建筑学和景观学相结合的古城保护研究，生态学、民族学相结合文化环境保护研究，社会学、人类学相结合

① 王永娟：《旅游目的地居民语言变化对旅游发展的影响研究——以云南大理古城为例》，硕士学位论文，云南大学，2010年。

② 何丽：《旅游经济下的民族语言文化传承——以云南大理古城和丽江古城为例》，《云南民族大学学报》（哲学社会科学版）2012年第6期，第37－40页。

③ 杨隆杰：《大理古城道路指示系统现状调查与设计研究》，《大众文艺》2016年第18期，第99页。

④ 崔颖：《大理古城风景营造的历史经验研究》，硕士学位论文，西安建筑科技大学，2014年。

⑤ 高瑜：《临界空间的转变——云南大理古城的个案研究》，《西北民族研究》2017年第4期，第200－207页。

⑥ 张慧：《中产阶层逆城镇化生活方式研究——以大理现象为例》，《湖南师范大学社会科学学报》2018年第2期，第92－101页。

的旅游发展研究，表现出研究层次的多维度和研究内容的具体、细化，从古城本身的历史考证到将古城视为一个整体性的历史文化空间，其深层次的经济、文化活动有较高的研究价值。近十年来，随着古城旅游热度攀升，对新文化现象、新业态的探索成为主导。

2.研究涉及古文献研究、城镇史研究、经济史研究、旅游学研究等，从单一视角到多学科交叉研究，从历史文化、民族文化的视角提倡古城保护，将古籍考证与社会发展相结合，研究成果的实用性、适用性趋势明显。研究方法主要涉及文献分析法、实地调研、对比分析法，体现了“从书斋到田野”的过程，新理论、新方法的探讨也体现了为现实服务的目的。

3.经济史研究不足，某项经济活动的纵向研究不足。在不同经济背景下经济活动与文化的关系尚有较大的研究空间。古城街区研究中，以“洋人街”“复兴路”为代表的街区研究关注度高，多为旅游业兴起后的对比研究，古城传统商业发展变迁研究空间较大。

4.城市的集聚功能是人与城市关系的具体体现，在古城镇功能转型的背景下，民族社会主体研究的意义逐渐凸显。古城作为群体性的居住活动空间，在外来文化移植中，古城原住民与外来者等不同利益群体的社会选择分析、地方感的差异、文化变迁中认同感的形成等都是古城文化建构中文化主体性研究的重要内容。

三、城市历史记忆的研究视角

本书将城市历史记忆作为理论出发点，将大理古城作为研究空间，选取商铺作为研究对象。全书将城市记忆－记忆符号－记忆主体作为研究结构，同时，在城市、街区、商铺等有形形态的分析中，将城市历史记忆、街区记忆、商业文化记忆的社会特征、群体特征贯穿整个论述过程。

关于记忆（memory）的研究最早属于心理学、生理学的范畴。随着多学科的关注和研究的发展，记忆研究逐渐从“个体记忆”走向集体记忆，研究的“群体”性特征越来越明显。“社会记忆”（social memory）、“集体记忆”（collective memory）、“历史记忆”（historical memory）等概念层出不穷，哲学、社会学、历史学、语言学、行为学、档案学以及城市科学都结合学科自身的特点对“记忆”展开跨学科研究。

（一）国外的社会记忆及城市记忆研究

记忆研究的社会视角始于19世纪末20世纪初。从巴特莱特（Bartlett）对个人记忆群体动力的分析[①]、维高斯基（Vygotsky）指出记忆的叙事形式整体地受到文化的影响、库利（Coolly，C. H.）和米德（Mead，G. H.）对记忆的社会情境的理论化研究等[②]的分析中，社会记忆研究出现“集体性”特征。20世纪80年代，莫里斯·哈布瓦赫（Maurice Halbwachs）和保罗·康纳顿（Paul Connerton）成为社会记忆研究最有代表性的人物[③]，哈布瓦赫最早提出“集体记忆”的概念，他认为集体记忆是立足于现在对过去的一种建构，并通过社会交往在集体框架约束下实现，每一个集体记忆需要有一定时空边界的群体的支持[④]。康纳顿认为记忆不仅属于人的个体官能，而且存在社会记忆的现象[⑤]。德国学者阿斯曼（Jan Assmann）用“文化记忆”概念对康纳顿的“社会记忆”进行了升华，认为文化通过文化记忆载体而得到传承[⑥]。法国学者诺拉（Pierre Nora）将这些文化记忆载

① [英]弗雷德里克·C·巴特莱特：《记忆：一个实验的与社会的心理学研究》，黎炜译，杭州：浙江教育出版社，1998年。

② Jeffrey K.Olick and Joyce Robbins，Social Memory Studies：from “Collective Memory” to the Historical Sociology of Mnemonic Practices，*Annual Review of Sociology*，Vol. 24，1998，P105－40.

③ 高萍：《社会记忆理论研究综述》，《西北民族大学学报》（哲学社会科学版）2011年第3期，第112－120页。

④ [法]莫里斯·哈布瓦赫：《论集体记忆》，毕然、郭金华译，上海：上海人民出版社，2002年。

⑤ [美]保罗·康纳顿：《社会如何记忆》，纳日碧力戈译，上海：上海人民出版社，2000年。

⑥ Jan Assmann and John Czaplicka，Collective Memory and Cultural Identity，*New German Critique*，Vol. 65，1995.

体形象地称为“记忆的场”（sites of memory）[①]。空间研究成为时间维度之下记忆研究的重要内容。

城市空间作为社会记忆研究的容器，城市记忆（the memory of city）研究最初在城市化进程中产生，随着城市意象[②]（image）、城市形态（forms）等研究进入研究视野，国外最有代表性的研究如克里斯汀·博耶（M. Christine Boyer）探讨记忆与城市转型之间的复杂关系，认为城市的“集体记忆”在于历史的想象和建筑的文化发展[③]；高登等（Mary Rachel Gould）分析“集体记忆”对作为城市景观的城市纪念性建筑的影响[④]；曼彻斯特大学的克里森（Mark Crinson）在其著作《城市记忆：现代城市的历史与失忆》（*Urban Memory: History and Amnesia in the Modern City*）中认为城市记忆可以被看作是集体记忆的一种表达方式，这种方式在特定的空间中形成，随着时间的推移，表现为地方的过去与现在的联系[⑤]。“城市记忆”研究表现出与社会历史文化结合的趋势，但一直以来概念较为模糊，系统性研究有待完善。

（二）国内的城市记忆与历史记忆研究

“城市记忆”的研究21世纪初引入中国，主要涉及基本理论、多学科角度的研究，涵盖城市整体布局到景观设计、传统街区、历史纪念性建筑等内容。国内城市记忆的系统性研究始于城市科学，对城市历史的关注较高。城市记忆的研究视角较多，涉及档案学、城市科学、景观设计等不同学科，研究在突出各学科特点时，注重融入社会文化记忆、历史变迁等，

---

① Pierre Nora, *Between Memory and History*, Les Lieux de Memoire, Representations, 1989.

② [美]凯文·林奇：《城市的印象》，项秉仁译，北京：中国建筑工业出版社，1990年。

③ M. Christine Boyer, *the City of Colective Memory: Its Historical Imagery and Architectural Entertainments*, Cambridge, Mass: The MIT Press, 1989.

④ Mary Rachel Gould and Rachel E. Silverman, Stumbling upon History: Collective Memory and the Urban Landscape, *Geography Journal*, Vol. 78, No. 5, 2013.

⑤ 张超：《基于城市记忆的老城区滨水绿地设计研究——以滁州南湖公园四期为例》，硕士学位论文，南京林业大学，2012年，第5页。

以发掘城市文化内涵、历史文脉。

1.城市发展背景下的历史记忆研究。历史记忆在不同学科背景的城市记忆研究中有所体现，如城市档案研究强调对城市历史的传承作用、城市保护规划中文脉的发掘，如朱蓉分别从心理学[①]、社会学[②]视角探讨城市记忆建构和城市历史文化的延续；历史学研究中老城区与传统街区历史文化发掘，如姜明分析北京内城建筑的历史性特点，探讨历史城区的城市更新、城市文化保护问题[③]；李爱云等强调城市历史文化，探讨古城改造中城市记忆保留方法[④]。

2.历史人类学中的历史记忆研究。学者王明珂认为：“在一社会的‘集体记忆’中，有一部分以该社会所认定的‘历史’形态呈现和流传……强调一民族、族群或社会群体的根基性情感联系（primordial attachments）。”[⑤]历史记忆研究不单指文献与口述历史，还包括与“历史”相联系的社会情境、遵循的选材和叙事模式，历史被赋予了记忆的群体性特征。

（三）研究总结

第一，城市记忆的研究内容从城市发展过渡到城市社会研究，从有形的记忆元素过渡到文化底蕴的梳理与发掘，从城市“个体记忆”到集体记忆，“从社会记忆到集体记忆再到历史记忆，范围逐渐缩小”[⑥]。城市作为

---

① 朱蓉：《城市记忆与城市形态——从心理学、社会学角度探讨城市历史文化的延续》，《南方建筑》2006年第11期，第5－9页。

② 朱蓉：《城市与记忆：心理学视维中的城市历史延续与发展》，《南方建筑》2004年第4期，第65－68页。

③ 姜明：《基于北京内城历史性建筑的城市记忆研究》，硕士学位论文，北京大学，2010年。

④ 李爱云、吴海涛：《古城改造中城市记忆保留方法初探》，《广西社会科学》2010年第8期，第124－126页。

⑤ 王明珂：《历史事实、历史记忆与历史心性》，《历史研究》2001年第5期，第138页。

⑥ 王明珂：《历史事实、历史记忆与历史心性》，《历史研究》2001年第5期，第138页。

特定的研究空间，其历史、社会文化及内在的情感联系逐渐被关注，社会文化主体“人”的社会选择行为、价值体系研究成为今后城市历史文化后续研究的重要内容。

第二，城市记忆研究出现记忆符号多元化的趋势。城市记忆的多角度研究视野关注不同的研究内容，在研究对象的选择上具有相关学科特性和差异性。同时，随着城市化进程，代表城市特色的符号出现多样化特征，有形与无形、历史与现代相结合，涵盖面广，记忆符号多元化的趋势越来越明显。

第三，城市历史记忆的研究框架中，多采用历时性研究，以时间为主线的历史记忆梳理为主，不同的研究框架体系值得尝试。

四、相关理论基础

（一）文化变迁

变迁研究在人类学的思想和活动中占据了一个重要的地位，它是所有的文化和社会制度中的一种永存的现象[①]。朱利安·史徒华（Julian H. Steward）强调“文化变迁”是用一种历史的与比较的研究途径来研究文化，描述不同的文化来解释不同文化的发展，从纵向历史研究途径研究文化现象发生时各自的时空背景、各种现象与其时空背景构成的独特性，以及刻画不同文化区（culture areas）的社会思潮或价值体系[②]。他从文化的多线演化（multilinear evolution）立场解释不同的文化类型（cultural types）与文化层次（levels）的变迁，变迁的结果导致文化生态的适应和社会文化整合。此外，文化的适应特性和整合过程，也意味着文化是不

① [美]克莱德·M·伍兹：《文化变迁》，何瑞福译，石家庄：河北人民出版社，1989年，第3页。

② [美]朱利安·史徒华：《文化变迁的理论》，张恭启译，台北：台湾远流出版事业股份有限公司，1989年，第5－6页。

断变迁的，文化适应是文化对环境变化做出反应的一种文化变迁[①]。克莱德·M·伍兹（Clyde M. Woods）认为文化变迁往往与社会变迁联系在一起，不同的社会文化体系，变迁的速度和表现形式不尽相同。社会文化环境和自然环境的改变为变迁提供了先决条件，通过创新、传播、涵化等完成过程变迁。

国内学者汪宁生教授在《文化人类学调查——正确认识社会的方法》中，归纳出“广义的文化变迁途径包括发明与革新、借用、文化丧失、涵化、文化恢复”，认为造成文化变迁的普遍原因是“由环境变化而引起的社会内部需求和接触其他群体而受到的外部影响”[②]。文化变迁成为传统社会在现代化进程中出现的问题的重要研究角度。

（二）文化认同（cultural identity）

“认同”（identity）最初出现在心理学的研究中，现代心理学意义上的“认同”一词最早由弗洛伊德（Sigmund Freud）提出，它是个人与他人、群体或被模仿人物在感情上、心理上趋同的过程。[③] 美国心理学家埃里克森（Erik H. Erikson）的认同理论把“认同”放在自我与他人的关系中来考察，指出“认同”是在与他者的比较中形成的一种自我认知和自我界定[④]。在研究中，认同逐渐突破个人特性，群体性、社会性特征逐渐凸显。人与人、群体与群体交往中发现的差异、特征及归属感进入社会学、政治学、历史学、人类学的研究视野，在社会成员群体归属感与依附感的研究中出现社会认同、民族认同、国家认同等概念。“文化认同”与这些不同群体范围的认同研究既重叠又交叉。

---

① [美] C·恩伯、M·恩伯：《文化的变异——现代人类学通论》，杜杉杉译，沈阳：辽宁人民出版社，1988年，第48页。

② 汪宁生：《文化人类学调查——正确认识社会的方法》，北京：文物出版社，2002年，第45－49页。

③ 车文博主编：《弗洛伊德主义原著选辑（上卷）》，沈阳：辽宁人民出版社，1988年，第375页。

④ Erik H. Erikson, *Identity and Life Cycle*, New York: Norton, 1959.

文化认同是一个抽象的、多层面的概念，包括认同与建构，它实际上是一种立场，是一种文化价值的判断与选择。文化认同具有群体性特征，“与群体的利益与价值取向、文化存在的环境为准则”[①]，是一种群体对文化认同的感觉，是个体被群体的文化影响从而进行文化整合的过程和结果，是文化存在与发展的主位因素[②]，是文化产生后的产物并伴随文化始终。

本书所选的城市历史记忆符号——传统商铺，它的变迁是开设商铺的商人群体在一定价值判断中的定位与选择。历史时期商业文化的形成是他们在特殊历史背景中对商业价值的文化认同，现代语境下聚集大理古城的商人在不同经济利益群体的相互关系、本土文化传播与交流中，通过商铺形态与文化表征表现出不同的文化认同观。文化认同成为商铺“过去－现在－未来”发展中表现不同阶段文化特征的隐性纽带。

（三）文化商业化（cultural commercialization）与“去商业化”（de-commercialization）

阿利斯特·马新森（Alister Mathieson）等人在1982年研究旅游发展带来的经济、社会影响时，提出文化商业化，他认为“通过宣传和销售工艺品，当地文化商业化能够复兴传统的文化形式或者改变它们，同时，文化商业化可能导致‘假冒的民俗文化’出现”[③]。从表述中不难看出，将文化的商业价值用于生产交换并转换为经济价值，在市场中实现文化的商业功能，商业价值实现的同时伴随着传统文化的复兴或嬗变。在研究中，文化商业化不仅指文化本身商业功能的实现，而且包括文化所处社会环境的商业氛围以及文化或复兴或嬗变或建构的过程。在传统文化的传承与保护中，文化商业化表现出两面性，对传统文化形式的保存起到一定的助推作

① 郑晓云：《文化认同与文化变迁》，北京：中国社会科学出版社，1992年，第98页。

② 郑晓云：《文化认同与文化变迁》，北京：中国社会科学出版社，1992年，第4页。

③ Alister Mathieson and Geoffrey Wall, *Tourism: Economic, Physical, and Social Impacts*, Longman Group Limited, Longman House, 1982.

用的同时，市场中的很多不可控因素又会对传统文化造成较大的干扰，但可以肯定的是，过度商业化不利于地方文化的保护和发展。

古城镇研究中“过度商业化”的提出最初是对旅游背景下遗产地商业环境的主观判断，偏重描述，成为研究者表述商业文化氛围浓厚的默认概念①。学者王宁、保继刚等人提出的“旅游商业化”既不同于过度商业化也不是具体的文化或者仪式的商业化，是对目的地某种特定商业现象的描述②。但近年来，人们对“旅游商业化”的研究已经突破了商业现象本身，如徐红罡运用布迪厄（Bourdieu）的资本理论解释旅游商业化，认为在文化资本向经济资本转化中出现遗产资源的旅游商业化发展，并提出依赖“途径”假设，建立理论发展模型③。“去商业化”研究是在“旅游商业化”“过度商业化”后提出的，针对商业化倾向，秦娟提出古城镇核心区保留传统商业活动，限制其他商业活动发展的“去商业化”发展思路④，李倩等⑤、熊礼明等⑥提出了“适度商业化”的古城镇发展模式。

（四）“文化遗产化”（cultural heritabilization）与“遗产化”“去遗产化”

“文化遗产化”概念最初从文化遗产内在价值的角度提出，包括文化商业功能的体现和内在价值的保护，由于“遗产化”过程中更多地需要外

① 王宁：《略论休闲经济》，《中山大学学报》（社会科学版）2000年第3期，第13－16页。

② 保继刚、苏晓波：《历史城镇的旅游商业化研究》，《地理学报》2004年第3期，第427－436页。

③ 徐红罡：《文化遗产旅游商业化的路径依赖理论模型》，《旅游科学》2005年第3期，第74－78页。

④ 秦娟：《基于旅游影响下的历史文化名镇去商业化研究》，《全国商情·经济理论研究》2014年第4期，第9－10页。

⑤ 李倩、吴小根、汤澍：《古镇旅游开发及其商业化现象初探》，《旅游学刊》2006年第12期，第52－57页。

⑥ 熊礼明、李映辉：《古镇旅游商业化探讨——以凤凰古镇为例》，《资源开发与市场》2012年第3期，第285－288页。

部力量的介入和推动，“资源化”“国家化”“国家管理与地方关系”[1] 等方面的关注超越了文化本身的内在价值，“文化遗产化”成为“现代民族国家的价值萃取”[2] 范例。

同时，“遗产运动”中西方话语下遗产价值的判断标准与文化遗忘问题被提出。中国文化遗产研究院的燕海鸣博士于2011年在美国弗吉尼亚大学攻读学位期间，从社会学的角度，提出了“申遗”背景下本质遗产（heritage in essence）与认知遗产（heritage in perception）的概念，认为“‘申遗’是文化记忆重塑的过程”[3] 。他认为“遗产化”研究起源于社会学研究，是“本质遗产”成为“认知遗产”的过程，是文化记忆根据权威遗产话语重新梳理、整合、表述的过程[4] 。同时，他还提出文化记忆与遗忘理论在“遗产化”过程中的重要性，在“西方话语权威”的评价体系中提出“去遗产化”研究。“去遗产化”的提出包括了以下几层意思：一是尊重本土文化遗产的价值，应建构符合遗产核心价值的评判标准；二是针对“做遗产”“造遗产”等做法，对外部力量的过度介入，重新梳理国家与地方社会的关系；三是强调对文化内在价值的关注，对文化根植原生环境的关注，对文化持有者和良性传承路径的关注。

“去商业化”“遗产化”等概念的提出为写作提供了表达“术语”，本书将在城市、商铺与文化关系的理性回归中进一步探讨“商业化”与“去商业化”“遗产化”与“去遗产化”表述与关系。

---

① 徐赣丽、黄洁：《资源化与遗产化：当代民间文化的变迁趋势》，《民俗研究》2013年第5期，第5－12页。

② 肖坤冰：《遗产化生活中的自主力量——一个苗族村寨的文化遗产保护与发展历程研究》，《贵州民族研究》2015年第1期，第48－52页。

③ 燕海鸣：《“遗产化”中的话语与记忆》，《中国社会科学报》2011年8月16日，第12版。

④ 燕海鸣：《从社会学视角思考“遗产化”问题》，《中国文物报》2011年8月26日，第6版。

第二章　城市历史记忆：大理古城的形成与发展

城市是社会文化记忆的空间载体，而大理古城以其厚重的历史成为承载整座城市文化记忆的历史空间。古城的特殊性不仅在于它在历史时期的政治、军事、经济、文化功能，而且在于它在现代社会的经济文化生活中所发挥的作用。随着历史变迁，整座城市的功能和布局发生着变化，作为一种复杂的经济社会综合体，古城所体现的时代性特征折射出地方社会和地方经济的变化。

第一节　城市的起源与空间变迁

一、城市名称由来及孕育背景

（一）“大理”[①] 的由来及空间范围

1.“大理”的由来

大理古称叶榆，《史记 · 西南夷列传》中记载：“西自同师（今保山）以东，北至楪（叶）榆（今大理），名为巂、昆明 …… 地方可数千里。”[②] 这是“叶榆”一词在古籍中的最早记载。关于“叶榆”的来源，《汉书 · 西南夷列传》颜师古注曰：“叶榆，泽名，因以立号，后为县，属益州郡。”[③]《汉书 · 地理志》的“益州郡”条中，二十四县之“叶榆（县），叶榆泽在东。”[④] 可见，叶榆县名源于洱海的古时称谓。

“大理”一词的来源，根据明代杨慎《南诏野史》的记载：“羊苴咩城成，（阁罗）凤名之曰‘大理城’，又名‘紫城’。”[⑤] 阁罗凤卒，其孙异牟寻立，“德宗甲子兴元元年，牟寻迁居史城 …… 改号大理国，自称日东

① 仅探讨“大理”一词用于地名或行政区划名称，不涉及用于物名等其他情况。

② [汉]司马迁：《史记》卷一百一十六《西南夷列传第五十六》，北京：中华书局，1982年，第9册，第2991页。

③ [汉]班固撰，[唐]颜师古注：《汉书》卷九十五《西南夷两粤朝鲜传第六十五 · 西南夷》，北京：中华书局，1962年，第11册，第3838页。

④ [汉]班固撰，[唐]颜师古注：《汉书》卷二十八上《地理志第八上 · 益州郡》，北京：中华书局，1982年，第6册，第1601页。

⑤ [明]杨慎：《南诏野史》，台北：成文出版社，1968年据乾隆四十年石印本影印，第37页。

王”① 。到南诏第十一世王世隆时，《新唐书·南诏传》载：酋龙（又称世隆）立，“遂僭称皇帝，建元建极，自号大礼国”② 。宋代范成大在《桂海虞衡志·志蛮》中解释：“大理，南诏国也……至酋龙而称骠信，改元自称大礼国。今其（与）中国接，乃称大理国，与《唐史》礼、理字异，未详所始。”③《资治通鉴·唐纪》载：大中十三年，“酋龙乃自称皇帝，国号大礼。”④ 一般认为，“礼”与“理”为谐音，“大理”源于“大礼”⑤ 。937年，段思平建立大理国，明代蒋彬的《南诏源流纪要》记载：段思平“将举兵……遂励众云：尔等协力，我得国必报之，减尔税粮半，宽尔徭役三载……遂有蒙氏国，因改号大理”⑥ 。清人胡蔚订正的《南诏野史》中说：段思平“建号‘大理国’，建元文德，仍都大理”⑦ 。“大理”以国名出现于南诏，大理国建国后采取各种措施，改革旧制，重新调理各方面的关系，以达“大治大理，富国兴邦”的目的，将“礼制”“治理”落实到具体的国政中。

作为城名，李昆声根据《南诏野史》的记述，认为“公元8世纪中叶，羊苴咩城就被称为大理城了”⑧ ，也有人根据嘉靖《大理府志·地理

---

① [明]杨慎:《南诏野史》，台北：成文出版社，1968年据乾隆四十年石印本影印，第39页。

② [宋]欧阳修、宋祁:《新唐书》卷二百二十二中《列传第一百四十七中南蛮中·南诏下》，北京：中华书局，1975年，第20册，第6282页。

③ [宋]范成大:《桂海虞衡志·志蛮·大理》，见胡起望、覃光广校注:《桂海虞衡志辑佚校注》，成都：四川民族出版社，1986年，第257页。

④ [宋]司马光:《资治通鉴》卷二百四十九《唐纪六十五》，北京：中华书局，2007年，第4册，第3102页。

⑤ 方国瑜:《郑、赵、杨、段世袭事迹》，见林超民编:《方国瑜文集》第二辑，昆明：云南教育出版社，2001年，第338页。

⑥ [明]蒋彬:《南诏源流纪要》，见方国瑜主编，徐文德、木芹纂录校订:《云南史料丛刊》第四卷，昆明：云南人民出版社，1998年，第748页。

⑦ [明]倪辂辑，[清]王崧校理，[清]胡蔚增订:《南诏野史》，见木芹会证:《南诏野史会证》，昆明：云南人民出版社，1990年，第210页。

⑧ 李昆声:《大理城史话》，昆明：云南人民出版社，1980年，第14页。

志》“至段氏窃据始为大理国，府名因之”[①]的记载，认为大理国建国后遂改城名为“大理”，“大理”一词始作城名。从史料来看，大理国建国时，南诏旧都“羊苴咩城”已有“大理”的叫法，其后的史籍中“大理城”与“羊苴咩城”两相参用，直至明初羊苴咩城被废弃。

元军攻破大理国后，《大元混一方舆胜览·大理路》中记载：“段氏有国，号大理。归附后，谓之哈剌章（Carajan）……”[②]《马可波罗行纪》中记述：“从前述之鸭赤城（今昆明）首途后，西向骑行十日，至一大城。……其城即名哈剌章，居民是偶像教徒……”[③]元代将大理城称为“哈剌章”[④]。

明洪武十五年（1382）设大理府，辖大理、祥云、宾川、洱源等县，另筑大理府城，天启《滇志》卷五《建设志·大理府》记载：“府城，一名紫城，枕点苍山中峰，即汉叶榆县故地，砖表石里，洪武十五年筑，明年都督冯诚展东一百丈。”大理府城建成，羊苴咩城衰败，至今，“大理城”被固定于大理府城所指的空间范围。民国《大理县志稿·建设部》提道：“大理城一名紫城，又名榆”，尽管从元二十六年（1289）经明清时期至民国二年（1913），大理县曾名太和县，县辖区域稍有不同，但在此期间的大理城一直是府治、县治所在地。

“大理”一词曾作为国名、城名、府名、县名在史籍中出现，无论是地名还是行政区划名称，所指的区域范围随着“故地”空间的变迁而变化。不论是历史时期还是当代，苍山洱海环抱的“二百里”平川（文中简称苍

① 嘉靖《大理府志》卷二《地理志第一之一其目四》，大理白族自治州文化局翻印，录自云南省图书馆藏抄本，1983年，第7页。

② [元]刘应李：《大元混一方舆胜览》卷中《云南等处行中书省·大理路》，詹友琼改编，郭声波整理，成都：四川大学出版社，2003年，上册，第476页。

③ [意]马可波罗：《马可波罗行纪》，[法]沙海昂注，冯承钧译，北京：商务印书馆，2012年，第262页。

④ 《元史·兀良合台传》载：“哈剌章，盖乌蛮也。”“哈剌”为蒙古语，有“黑”或“乌”的意思，大理有“哈剌章”之称始于元。

洱坝区[①]）是这一地名符号所指的核心区域。

2. 中华人民共和国成立与“大理”有关的空间范围

中华人民共和国成立后，1950年设大理专区，专署所在地起初为大理城，同年迁往下关。1956年大理白族自治州成立，州府设在下关市，当时的大理城属于大理县。1983年，大理县与下关市合并大理市，大理市为大理州的行政中心。1996年大理县改为大理街道，1998年恢复为大理镇，大理城均在这些辖区的范围中。时至今日，“大理”一词是州、市、镇三级行政单位名称，大理城是这些地名中地域范围最小的，所指的空间范围更加明确、最为直观，当地人依然用“城里”“城外”“进城”“出城”区分方位，在日常生活中用“大理”与自治州州府所在地——下关相区别，以表示苍洱坝区不同的空间范围，甚至有时“大理”成为“大理城”的代名词。随着城市功能的转型，“大理古城”一词出现，“大理古城”的称谓既表示大理城是一座“具有百年以上历史，至今仍发挥着作用的古城镇”，也是“公众和媒体的一种通俗称谓”[②]。

（二）自然地理环境

云南多山，地形复杂，地貌多样，在全省各类地貌中，盆地、河谷仅占6%，这一部分区域面积虽少，却是云南文化赖以发祥和成长的主要地理环境，是云南人的主要栖息地和经济最发达的地区[③]。以洱海为中心的苍洱坝区为高原湖盆地，处于“连脊屏列，内抱如弛弓”[④]的点苍山所属

---

① 属于大理盆地的一部分，详见童绍玉、陈永森：《云南坝子研究》，昆明：云南大学出版社，2007年，第51页。坝子是我国云贵高原对山间平地、河谷、山麓等局部地势平坦的地方的称谓。文中强调苍山与洱海之间的空间区域范围和地缘结构，故采用“苍洱坝区”这一清晰的指代，而未采用大理坝子或洱海坝子（详见第26页）等涵盖范围更广的名称。

② 苍铭：《试析广西黄姚古镇形成历史》，中国西南民族地区古村、古镇、古道保护与发展学术研讨会论文，北京，2015年6月，第187页。

③ 林超民主编：《滇云文化》，呼和浩特：内蒙古教育出版社，2006年，第3－6页。

④ 嘉靖《大理府志》卷二《地理志第一之二·山川》，大理白族自治州文化局翻印，录自云南省图书馆藏抄本，1983年，第56页。

云岭山系，由弥苴河、西洱河冲积成的平原和苍山溪水冲积成的洪积裙组成，是洱海坝子[①] 最富饶的农作区。苍洱坝区有351平方千米（不含洱海湖面面积），气候温和湿润，土壤肥沃，溪流自西向东顺地势分布，灌溉便利，“土歊湿，宜秔稻……胜兵数万”[②]，“更导山泉共泄流为川，灌田数万顷，民得耕种之利”[③]。这块平坝是大理农业活动的主要场所之一，为坝区社会经济生活的发展提供了良好的自然地理环境。

苍山“西面陡绝，下临平川”[④]，苍洱坝区不仅有利于农耕聚落、邑、城堡的形成和发展，更有利于城池的建造。古人建城选址十分考究，首先强调城池的政治、军事防御功能，对苍洱坝区山水空间范围的选择，不仅符合“非于大山之下必于广川之上。高毋近旱而水用足，下毋近水而沟防省”[⑤] 的选址要求，更能“西倚苍山之险，东挟洱水之阨”[⑥]，利用苍山洱海天然屏障之险，扼守南北两关，形成城池固若金汤之势。

（三）早期的人类活动

大理最早的人类活动记述，从“双鹤拓疆”的传说开始。民国《大理县志稿》记载：“洱水由天生桥初洩时，林薮蔽翳，人无敢入。有二鹤日往来河岸，迹之始得平地。”[⑦] 洱海地区的先人们沿着仙鹤的足迹才找到这

---

① 俗称大理坝子，面积601平方千米，除苍洱坝区外还包括洱海周围分布着的40多个大小不一的坝子。

② [宋]欧阳修、宋祁：《新唐书》卷二百二十二下《列传第一百四十七下南蛮下》，北京：中华书局，1975年，第20册，第6318页。

③ [明]倪辂辑，[清]王崧校理，[清]胡蔚增订：《南诏野史》，见木芹会证：《南诏野史会证》，昆明：云南人民出版社，1990年，第120页。

④ [唐]樊绰：《蛮书》卷二《山川江源第二》，见向达校注：《蛮书校注》，北京：中华书局，1962年，第39页。

⑤ 赵守正：《管子注译》，南宁：广西人民出版社，1982年，上册，第39页。

⑥ [元]郭松年：《大理行记》，见王叔武校注：《大理行记校注、云南志略辑校》，昆明：云南民族出版社，1986年，第18页。

⑦ 民国《大理县志稿》（一）卷一《地志部》，见《中国地方志集成·云南府县志辑》，凤凰出版社、上海书店、巴蜀书社，2009年影印本，第72册，第469页。

块山间平地，铲刈芜莽而居。

从考古发现来看，汪宁生先生将云南境内已发现的新石器文化划分为四个区域，包括洱海坝子在内的洱海地区属于其中之一，洱海西岸发现散居于台地上的居住遗址及农田遗址。其中，苍山佛顶峰遗址、马龙峰遗址等都属于典型的河旁台地村落遗址，天然溪流旁分布的半穴居房屋、火塘和窖穴，斜坡坡地经人工改造为平台，当时的人们已经有意识地布置环境[①]，遗址出土的夹沙陶证实他们除了从事农业外，还兼有多种手工活动。此时，苍洱坝区已有定居的居民，平台的改造、居住环境的选择，他们已具有一定的为生存需要进行居住选址的意识。

洱海地区的青铜文化以剑川海门口遗址、祥云大波那遗址为代表，出土青铜器物以生产工具、生活用品和武器为主。虽然洱海西岸迄今未发现青铜遗址，但从考古与文献中可以肯定：从公元前12世纪至西汉，苍洱坝区与距离不远的几处青铜遗址属于同一文化圈，虽然与中原地区的青铜文化相比，生产力水平有限，但也反映出社会在不断进步与发展[②]。

公元前111年，司马迁被派遣到巴蜀及以南地区，记录了苍洱坝区甚至更广阔的范围，生活着"随畜迁徙""皆编发"的"嶲、昆明"等部族，以一种"毋君长""毋常处"的非定居方式生活。这部分部落较为分散，彼此不相属，社会组织尚未进入部落联盟阶段。

二、城市的萌芽和建设

恩格斯在《家庭、私有制和国家的起源》中谈到城市的起源，提到"用石墙、城楼、雉堞围绕着石造或砖造房屋的城市，已经成为部落或部落联盟的中心"[③]。而这些中心"在从分散的村落经济向高度组织化的城市

① 汪宁生:《云南考古》(增订本)，昆明：云南人民出版社，1992年，第12页。

② 吴晓亮:《大理史话》，昆明：云南人民出版社，2001年，第13－14页。

③《马克思恩格斯选集》第4卷，北京：人民出版社，2012年，第179页。

经济进化过程中，最重要的参变因素是国王，或者说，是王权制度”[①]，这种制度使城市从形式到内容都发生了决定性的变化。苍洱坝区城市体系的建设源于中原王朝对西南地区统治的加强，开通道、置郡县，苍洱坝区的城市“以若干部族活动区域的联结”[②]为基础，政治因素是其产生和发展的决定性因素。

（一）城的起源：郡县治所叶榆

西汉对西南地区的统治沿袭了秦时的郡县制度。公元前109年汉武帝开始经营西南夷[③]地区，推行郡县制，设益州等四郡。《汉书·西南夷传》记载：“孝昭始元元年，益州廉头、姑缯民反，杀长吏……后三岁，姑缯、叶榆复反……明年，复遣军正王平与大鸿胪田广明等并进，大破益州”[④]。洱海流域正式纳入中央王朝的版图，汉武帝在洱海西岸设叶榆县，归属益州郡，成为益州郡24县之一。

有关叶榆县县治的具体位置以及城市建设的具体情况，史籍并未详细记载。李昆声在《大理城史话》中认为叶榆县治所在今大理城以北，位于大理喜洲，城址因年代久远无迹可寻[⑤]；而有的学者认为叶榆城在苍洱坝区的东北方。尽管关于叶榆城的具体情况，研究者们的说法不一，但可以肯定的是，叶榆是苍洱坝区设置最早的县，是昆明、邪龙等“部族活动区域的联结”，同时也是代表中央王朝统治的地方权力机构所在地，是洱海地区归属中央统治的象征。所以，边郡行政设置应受汉制影响，因地处偏

① [美]刘易斯·芒福德：《城市发展史——起源、演变和前景》，倪文彦、宋俊岭译，北京：中国建筑工业出版社，1989年，第27页。

② 方国瑜：《两汉经略西南：郡县设置与行政统治》，见林超民编：《方国瑜文集》第一辑，昆明：云南教育出版社，2001年，第196页。

③ 秦汉时期对“巴蜀西南外”众多少数民族部落的称呼，有民族概念和地域概念两层意思。

④ [汉]班固撰，[唐]颜师古注：《汉书》卷九十五《西南夷两粤朝鲜传第六十五·西南夷》，北京：中华书局，1962年，第11册，第3843页。

⑤ 李昆声：《大理城史话》，昆明：云南人民出版社，1980年，第4－5页。

远，虽不及当时中原县治城市的规模，但苍洱坝区的城市建设已经进入萌芽阶段。

（二）边郡县治职能的加强

永平十年（67），东汉“置益州西部都尉，治嶲唐（在今保山），镇尉哀牢人、叶榆蛮夷”①，永平十二年（69）置永昌郡，苍洱坝区属永昌郡范围。从西汉益州郡到东汉永昌郡的设置，中原王朝采用“政治招徕和武力征讨”②的方式，恩威并施，不断拓宽疆域。同时，开通商业贸易通道，并将沿线重要的关隘设为郡县，进一步“控制对外交通线及其所能产生的一切经济利益”③，“边郡”县治城市的经济功能随之加强。三国时期，苍洱坝区属云南郡管辖，叶榆仍为县治，蜀汉加强对“南中”（今云南）的统治，重视农业生产，传播中原地区的先进生产技术，大理一带的游牧民族开始定居。西晋时，苍洱坝区所属的云南郡被划入直属朝廷管辖的宁州；北周设南宁州辖云南郡，从东汉末年至隋初，苍洱坝区一直属于州、郡、县三级管理中。中央王朝为加强对地方的统治，到隋文帝期间地方行政管理机构日益庞大，甚至出现了“民少官多”的现象，为巩固地方权力，隋文帝将地方管理机构改为州、县二级，通过镇压爨氏④反叛，不断加强对云南的统治，“边郡”⑤县治治所的政治军事功能进一步加强。

---

① [南朝·宋]范晔：《后汉书》卷三十三《郡国志第二十三·郡国五》，见景印《文渊阁四库全书》，台北：台湾商务印书馆，1983年，史部，正史类，第252册，第400页。

② 林超民主编：《滇云文化》，呼和浩特：内蒙古教育出版社，2006年，第138页。

③ 吴晓亮：《洱海区域古代城市体系研究》，昆明：云南人民出版社，2004年，第51页。

④ 蜀汉时，爨氏为南中大姓之一，经中央王朝支持和任命，逐渐壮大吞并其他大姓，称霸滇东地区。世袭至唐初，势力范围扩大到云南大部。

⑤ 林超民主编：《滇云文化》，呼和浩特：内蒙古教育出版社，2006年，第140页。

三、城市体系的建设与空间变迁

从汉到唐，洱海四周的民族迁徙活动一直持续，到唐初已“形成若干之小民族集团，而以大首领统之”[①]。苍洱坝区已成为本土民族与外来民族的聚居区，以不同利益各自为政，形成大小不同的部落。苍洱坝区严格意义上的城镇体系建设始于南诏大理国时期。

（一）社会发展背景

樊绰在《蛮书》[②]中记载：“玷苍山，南自石桥，北抵登川，长一百五十余里，名为玷苍。…… 东向洱河，城郭邑居，棋布山底。”[③]杜佑的《通典》也如是说：“西洱河 …… 其地有数十百部落，大者五六百户，小者二三百户，无大君长 …… 各据山川，不相役属 …… 有城郭村邑。”[④]这里的城邑属于具有较好军事防御性的城堡，不相统摄。为保证本部落的安全，城邑的大小依部落村邑的大小而异，总体上各城邑规模较小，不具备现代意义上的城池特征。

唐初“西南夷内附，朝廷遣使抚之”，命韦仁寿为检校南宁州都督，“将兵五百人至西洱河 …… 置七州、十五县”[⑤]，后大理属云南州，又更名为匡州、属戎州都督府，唐高宗时属姚州都督府 …… 苍洱坝区各部族与唐王朝的关系时融洽、时紧张，部族归附、朝廷遣使安抚，部族叛乱、朝廷派兵镇压。《滇系》记载：贞观年间，“西洱河大首领杨栋等皆入朝，

---

① 徐嘉瑞：《大理古代文化史》，昆明：云南人民出版社，2005年，第87页。

② 又名《云南志》等，十卷，唐代记载云南地区和邻近东南亚各国的民族、物产、风俗、政治、文化的重要典籍。

③ [唐]樊绰：《蛮书》卷二《山川江源第二》，见向达校注：《蛮书校注》，北京：中华书局，1962年，第39页。

④ [唐]杜佑：《通典》卷一百八十七《边防三·南蛮上·松外诸蛮》，见景印《文渊阁四库全书》，台北：台湾商务印书馆，1983年，史部，政书类，第605册，第584页。

⑤ [宋]司马光：《资治通鉴》卷一百九十一《唐纪七》，北京：中华书局，2007年，第3册，第2307页。

授官秩”，土族大酋成为唐王朝统治乌蛮、白蛮等昆明部族的代表，苍洱坝区各部落与中央王朝的臣属关系更加明确。

（二）城市体系的建设及空间变迁

大理地区的各部族中，有六个乌蛮部落势力最大，谓之“六诏”。清代胡蔚订正的《南诏野史》记载：“蛮夷称王曰诏，先时滇有六诏，各据其地，六诏中蒙舍诏最强，后并吞五诏，故独称南诏。”南诏在唐王朝的扶持下，逐渐吞并其他“五诏”，统一了洱海地区。南诏发源于大理南部的巍山县，737年，“逐河蛮，夺据大（太）和城”，两年后将统治中心从巍山迁至苍洱坝区。自此至1253年忽必烈攻破大理国，苍洱坝区由于其独特的军事防御优势，成为当时云南的政治、经济、文化中心，城市体系建设逐渐完善。

《蛮书》卷五《六睑第五》记载：“开元二十五年，蒙归义逐河蛮，夺据大和城。后数月，又袭破哶罗皮，取大厘城……蒙归义男等初立大和城，以为不安，遂改创阳苴咩城。”① 苍洱坝区的“大和城、阳苴咩城、大厘城，本皆河蛮所居之地”，“河蛮”本为苍洱坝区的部族，“自固洱河城邑。开元以前，尝有首领入朝……”②。“河蛮”所建的太和城、羊苴咩城、大厘城等城邑成为南诏城市体系增修扩建的基础。

1. 城市体系建设：太和城

“太和城”地处大理苍山佛顶峰与五指山的“土山坡陀”之上，《蛮书》亦载：“大和城北去阳苴哶城一十五里。巷陌皆垒石为之，高丈余，连延数里不断。城中有大碑，阁罗凤清平官郑蛮利之文。”747年，南诏增修太和城，在城内建小城“金刚城”。从739－779年，太和城一直是南诏的王都。这座城池存在至元代，元初郭松年游历大理，他在《大理行记》

① [唐]樊绰：《蛮书》卷五《六赕第五》，见向达校注：《蛮书校注》，北京：中华书局，1962年，第115页。

② [唐]樊绰：《蛮书》卷四《名类第四》，见向达校注：《蛮书校注》，北京：中华书局，1962年，第92页。

中描写到："入关（今下关）十五里，山壑浓秀，望之蔚然前陈者，乃点苍之奔冲也；诸峰罗列，前后参从，有城在其下，是曰太和，周十有余里。夷语以坡陀为和，和在城中，故谓之太和。昔蒙归义王罗阁自蒙舍徙河西，乃筑此城。"① 元代以后，"太和城"逐渐衰败。

关于城内的宫室和街道布局文献记载不详，仅存南诏德化碑和土基平台，史料记载，德化碑立于"国门"。李昆声认为所谓的"国门"，应是南诏宫室的宫门，进而推断：德化碑以西，是南诏宫室建筑群所在，城的最西端，为全城的制高点，是南诏避暑宫；德化碑以东，约是官吏住宅区和军队驻地②。从考古来看，太和城南北城墙相距1.2公里，皆为东西走向，东起洱海、西至苍山峰麓；"金刚城"遗址四周有用夯土围筑的不规则圆形城墙，周约一公里，内有土台。"太和城"利用苍山坡麓天然的深沟山壑、溪流山涧加强城池的防御功能，"天宝十三载，六月……侍御史、剑南留后李宓将兵七万击南诏。阁罗凤诱之深入，至大和城，闭壁不战。宓粮尽……全军皆没"③，在这场南诏与唐王朝的战争中"太和城"显示它的防御功能。

在苍洱坝区城市体系的建设中，"太和城"作为第一座王都，它的意义不同于以往，以城为核心的坝区防御体系开始建设。南诏利用苍洱坝区特有的地形，在通城的北向、南向关口分别设龙口城、龙尾城，成为迁都"太和"之后的重大举措。《蛮书》记载：南诏王皮罗阁占领苍洱坝区全境后，"筑龙口城为保障"，其子阁罗凤筑龙尾城"萦抱玷苍南麓数里，城门临洱水下"。两座防御城利用山麓高地，居高临下，处在北向、南向进出苍洱坝区的咽喉地带，大大提升了苍洱坝区城市的军事防御功能。

2. 城市体系的完善：羊苴咩城

764年，南诏王阁罗凤曾增修羊苴咩城。其孙异牟寻又加扩建，"延

---

① [元]郭松年：《大理行记》，见王叔武校注：《大理行记校注、云南志略辑校》，昆明：云南民族出版社，1986年，第16页。

② 李昆声：《大理城史话》，昆明：云南人民出版社，1980年，第10页。

③ [宋]司马光：《资治通鉴》卷二百一十七《唐纪三十三》，北京：中华书局，2007年，第3册，第2671页。

袤十五里，徙居之”[①]，779年，南诏迁都羊苴咩城。新都距太和城以北一十五里，位于今大理古城以西的三月街街场西至苍山脚下。《蛮书》卷五对“羊苴咩城”的描述颇为详细，再现了南诏王室楼宇的威严与官吏们住宅的华丽，盛况空前：“阳苴咩城，南诏大衙门。上重楼，左右又有阶道，高二丈余，甃以青石为蹬。楼前方二三里。南北城门相对，太和来往通衢也。从楼下门行三百步至第二重门，门屋五间。两行门楼相对，各有榜，并清平官、大军将、六曹长宅也。入第二重门，行二百余步，至第三重门。门列戟，上有重楼。入门是屏墙。又行一百余步，至大厅，阶高丈余。重屋制如蛛网，架空无柱。两边皆有门楼，下临清池。大厅后小厅，小厅后即南诏宅也。客馆在门楼外东南二里。仅前有亭，亭临方池，周回七里，水深数丈，鱼鳖悉有。”[②] 作为南诏的新都，羊苴咩城中宫室、官宅布局严谨，制式威严，规模宏大，功能齐全，建筑类型多样。

南诏后期，郑、赵、杨三氏变乱，分别立大长和国、大天兴国和大义宁国，都以羊苴咩城为国都。937年，通海节度使段思平联合滇东三十七部，兴兵击败杨氏大义宁国在洱海区域的军事防守，建立大理国，依然以南诏旧都——羊苴咩城为国都。

1253年，元世祖忽必烈率军攻破大理国，“农历十二月，大理城破，高祥被杀，大理王段兴智逃到滇池地区的押赤城（今昆明）”[③]，羊苴咩城作为王都的历史结束。1276年元朝建立云南行省，云南的政治经济中心东移至中庆（今昆明）。1279—1288年郭松年游历云南时，有这样的记述：“又北行十五里至大理，名阳苴咩城，亦名紫城，方围四五里……自后郑、赵、杨、段四氏皆都其中。是城也，西倚苍山之险，东挟洱水之阨，龙首关于邓川之南，龙尾关于赵睑之北……”[④] 当时的羊苴咩城作为云

---

① [宋]司马光：《资治通鉴》卷二百二十六《唐纪四十二》，北京：中华书局，2007年，第4册，第2791页。

② [唐]樊绰：《蛮书》卷五《六睑第五》，见向达校注：《蛮书校注》，北京：中华书局，1962年，第118—119页。

③ 马曜主编：《云南简史》（第2版），昆明：云南人民出版社，1991年，第109页。

④ [元]郭松年：《大理行记》，见王叔武校注：《大理行记校注、云南志略辑校》，昆明：云南民族出版社，1986年，第18页。

南第二大城市，未经过较大的整饬和修缮，虽发展缓慢，但依然保持着原有的城镇风貌，正如郭松年所写："故其宫室、楼观、言语、书数，以至冠、昏、丧、祭之礼，干戈战阵之法，虽不能尽善尽美，规模、服色、动作、云为、略本于汉。自今观之，犹故国之遗风焉。"[①] 意大利旅行家马可波罗（Marcopolo）元初来到苍洱坝区时称之为"大城"。

羊苴咩城，这座苍洱坝区历史上规模最大的城市，从唐初至元初，"蒙、段同四十一主，共历六百有一年"[②]，历经6个历史时期——南诏国、大长和国、大天兴国、大义宁国、大理国（含后理国）和元初的大理路军民总管府，一直都是云南乃至西南地区的政治、经济、文化中心。从1276年起至明初，大理改设路、府、州、县各级管理机构，羊苴咩城为云南行省大理路总管府和太和县治所。从王都到地方治所，盛极一时的繁华王都逐渐衰落，直至明初另筑大理府城，羊苴咩城才被废弃。

据考证[③]，在苍山十八溪"桃溪"溪岸以南、近苍山处发现羊苴咩城北城墙遗址，为夯土墙基，城池利用天然溪涧做护城河。有关城内布局街区，只能凭史籍记载推断，城内有宫城及宫前广场，城内城池、宫殿、苑囿、坊的设置均受汉文化的影响，宫城外有外宾接待会馆，东有六街、三市，城市功能齐全，城的特征完备。

3. 城市空间的变迁

南诏占据苍洱坝区后，在"河蛮"城邑的基础上增修城池作为首府，根据防御需要选择有利地势筑要塞，在对外扩张中筑新城云南城、拓东城等，正如《南诏德化碑》所写"设险防非，凭隘起坚城之固"，城池的军事政治功能远远大于经济意义。

迁都是南诏突出城的军事政治功能的又一重要表现。南诏迁都的原因复杂，从发源地巍山迁至苍洱坝区，一方面出自两地地理环境与经济发展

① [元]郭松年：《大理行记》，见王叔武校注：《大理行记校注、云南志略辑校》，昆明：云南民族出版社，1986年，第20页。

② [元]张道宗：《纪古滇说集》，见方国瑜主编，徐文德、木芹纂录校订：《云南史料丛刊》第二卷，昆明：云南大学出版社，1998年，第662页。

③ 汪宁生：《云南考古》（增订本），昆明：云南人民出版社，1992年，第140－142页。

水平的差异，另一方面源于今后的发展与对外扩张的目的。迁都太和城后，南诏不断发展壮大，与唐王朝、吐蕃的关系不稳定，时和时战，政治原因成为第二次迁都的主要原因之一。南诏与吐蕃“合兵十万……预取蜀以为东府”，兵败后，“吐蕃悔怒，杀诱导使之来者。异牟寻惧，筑苴咩城”①。此外，明代李浩的《三迤随笔·叶榆城三变》记载：阁罗凤时期适逢干旱，太和城缺水，有向北迁往史城（喜洲）的想法，清平官郑回精通地理，曰：“叶榆，鹤拓之地，掘地可得甘津，而永不缺水，可以策居，建千秋之业，而中峰如扶风之椅，龙凤来仪，可安久居之业。”张崇礼认为南诏迁都羊苴咩城受礼制的影响，因城背靠苍山“中和峰”，符合“择中而都”选址思想②。羊苴咩城的地理环境属于苍洱坝区最宽阔的地带，相对平缓与宽阔，适宜城池的建设和发展。大理国仍以羊苴咩城为王都，是南诏旧制的发展和延续。

除太和城和羊苴咩城外，南诏王曾将羊苴咩城以北的大厘城（史城）作为行宫，根据统治需要，与苍洱坝区以北区域的联系加强。

这一时期，苍洱坝区内的城市体系建设空前发展，各城池地理位置不同、城市功能不同，政治因素、社会发展和交通影响成为苍洱坝区城市空间变迁的主要原因。南诏起，城市防御体系扩大到整个坝区，奠定了苍洱坝区城市建设和发展的基础。

---

① [宋]司马光：《资治通鉴》卷二百二十六《唐纪四十二》，北京：中华书局，2007年，第4册，第2791页。

② 张崇礼：《大理古代城池的选址及规划思想》，见张崇礼、尚榆民编著：《大理民族文化遗产》，昆明：云南民族出版社，2005年，第186－187页。

第二节　大理古城的形成与发展：明清至民国时期

明清两代，苍洱坝区属于大理府。1913年，大理地区属滇西道。1929年，国民政府实行省、县两级制，大理地区设13县，苍洱坝区属于大理县。现存的大理古城始于明初修筑的大理府城，从明初到中华人民共和国成立前，分别为明、清两代大理府府治所在地和民国时期大理县县治所。经过这三个历史时期它的空间范围、街道布局依然如明制，随着社会经济的发展，军事城镇出现商业化发展的趋势。

一、大理古城的形成

（一）建城背景

1368年，明军攻克元大都（今北京）推翻元朝的统治，此时的云南还处在旧朝梁王的统治下。从1369年至1375年，明朝廷七次遣使诏谕梁王“奉贡来庭”[①]，梁王不为所动。1381年明太祖朱元璋派傅友德率兵进军云南，第二年攻破羊苴咩城，土酋“段世就擒”[②]。明朝平定云南后，行政统治制度沿袭了元朝的行省制，将元时“路”改为“府”，施行布政司领属的“府、州、县”制。明朝廷认识到云南对于西南边境的重要性，不仅派“名臣重望者镇之”，重要的府、州逐步由外籍“流官”担任地方官员，

① 《明太祖实录》卷九十二，见台湾中央研究院历史语言研究所校印：《明实录》，据北平图书馆红格钞本缩微卷影印，1962年校印本，第1册，第1609页。

② 《明太祖实录》卷一百四十三，见台湾中央研究院历史语言研究所校印：《明实录》，据北平图书馆红格钞本缩微卷影印，1962年校印本，第1册，第2247页。

而且“设卫以守”，府卫参设，实行军政分治；同时，通过“定租赋、兴学校、瘗战骨、广屯田”① 等措施，积极恢复云南的社会生活和经济生产。

段氏被擒后，苍洱坝区属云南布政司大理府太和县管辖，如何实施“王政”成为当时的首要任务。正如万历《云南通志·建设志》所载：“国朝奉若天道，绥静生人，既稽古以建官矣，必设治署以听政焉，既建城池以卫民矣……”建官、设治署、建城池成为“王政之不可阙”的三大要务。此时的羊苴咩城经过战争的洗礼，“已是满目疮痍，破旧不堪，于生活、于防御都有诸多不便”②。在这样的背景下，大理府城开始修建，府城集大理府治、太和县治、大理卫所三大公署于一城，它的军事政治功能是以往苍洱坝区内的任何一座城池无法与之相比的。

（二）大理古城的前身：大理府城的建设

大理府城在羊苴咩城的部分旧址上修建，一般认为大理府城是羊苴咩城的缩小版和延续，在苍洱坝区典型山地地理环境中，体现“一水绕苍山，苍山抱古城”的建城特点，形成特殊的山地城市空间布局。

1. 大理府城的建设

洪武十五年（1382），明廷派大理卫指挥使周能依照明朝府城体例修筑大理府城。第二年，“都督冯诚率指挥使郑祥广而扩之，展筑东南二面”③。新的大理府城规模壮阔，“周围一十余里，四门：东曰通海，南曰承恩，西曰苍山，北曰安远，其上各有楼”④。府城按明制为方形，四面筑城墙，“城方三里，周围十二里，高二丈五尺，厚二丈。池阔四丈，深

---

① 《明太祖实录》卷一六一，见台湾中央研究院历史语言研究所校印：《明实录》，据北平图书馆红格钞本缩微卷影印，1962年校印本，第1册，第2496页。

② 吴晓亮：《大理史话》，昆明：云南人民出版社，2001年，第116页。

③ 民国《大理县志稿》（二）卷三《建设部》，见《中国地方志集成·云南府县志辑》，凤凰出版社、上海书店、巴蜀书社，2009年影印本，第73册，第14页。

④ 正德《云南志》卷三《大理府·城池·大理卫城》，见方国瑜主编，徐文德、木芹、郑志惠纂录校订：《云南史料丛刊》第六卷，昆明：云南大学出版社，2000年，第140页。

七八尺”[①]。墙体为“砖表石里”，“上列矩碟，下环城沟”。城墙上有城楼，城墙的东南西北四角建有角楼，东南为西平、东北为颍川、西南为孔明、西北为长卿。四周筑城墙规避了羊苴咩城利用苍山洱海作为天然屏障的防御缺陷[②]，使城的军事防御功能更加突出。

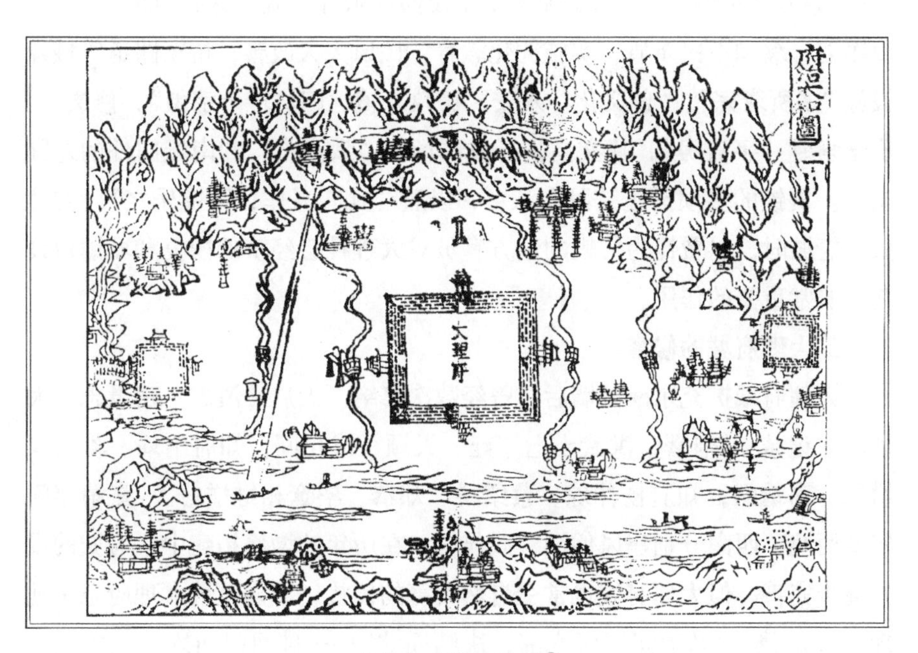

嘉靖大理府地形图[③]

① 天启《滇志》卷五《建设志第三·大理府》，昆明：云南教育出版社，1991年点校本，第185页。

② 明朝廷认为元世祖忽必烈翻越苍山攻破大理国“羊苴咩城”；明军当年以三面包抄、进攻“羊苴咩城”时，登顶苍山所起的作用非凡，所以，以苍山之险作为城池的天然防御实不可取。

③ 图片来源：嘉靖《大理府志》，见杨世钰、赵寅松主编：《大理丛书·方志篇》（卷四），北京：民族出版社，2007年影印本，第8页。

明初，朝廷派至大理的外籍地方官员对大理府城的建设，在民风、道德教化等方面也有着重大影响。正统二年（1437），邯郸人贾铨任大理知府，到任后通过“定差傜，清赋税、葺弊屋、均水利”，“劝余粟以赈饥困，严械系以弭盗贼；置院以恤孤老，轻课以苏渔户”等措施改善民生；“均输累万之军饷，修当祀之庙坛；学校仰其乐育，流亡感而归来”[①]，保障军需，缓和军民矛盾，实施德化教育，民风大大改善；桥梁路道等城建设施“多所缮完”，“创文化、永安、德政、镇远四坊于十字街”，修文庙、府学学堂“字斋房”，建文昌祠、乡试场地“致齐堂”和南城门外的外驿馆等。贾铨的多项措施被民众认可，以后“凡有兴作，民皆乐之”。初建大理府城时，以贾铨为代表的地方官员对大理社会经济的恢复和城镇建设起了非常重要的作用。

2. 大理府城的修缮

大理府城扩充东南城墙后，曾经数次修缮。天启《滇志・建设志・大理府》记载：“府署，洪武十七年建。天顺、成化间，知府干璠、蒋云汉增拓。嘉靖间，知府杨仲琼、蔡绍科、郑恭、毕鸾相继增修。”嘉靖年间府城西北、西南分别建风伯祠、武侯祠。在历年的增修拓建中，府城的设施逐步完善。但大理府城也常受自然灾害的侵扰，如嘉靖《大理府志・地理志》记载：“弘治间玉溪水涨，决啮而北……排西门而入，城中人庐覆没。”水患过后，百姓“于缺处堆垛大石，以杀水势”，府卫通过共同策划决定“作堤”，“府城西御患堤”，在城西筑“面阔丈五尺”的城壕，并且“每岁加高一尺”，加强城池的防洪功能。又有《崇圣寺重器可宝者记》的碑文记载：“明正德乙亥年（1515）五月六日大理地震……城郭人庐尽圮。”苍洱坝区的太和等旧城与新建府城损毁严重，灾后大理府城开始了新的修葺与重建，但一直未改变明初形成的整体城市格局。

---

① 景泰《云南图经志书》卷五《大理府・公廨》，见《续修四库全书》编纂委员会编：《续修四库全书》，上海：上海古籍出版社，2013年，史部，第681册，第92页。

（三）城市空间格局

1. 大理府城建筑朝向

大理府城在建城时，按明制，官邸等大型公共建筑皆坐北向南，而苍洱坝区地势西高东低，整个府城东西高差达35米，城内建筑坐向与地势特点极不协调。正如"嘉靖名宦"李元阳在《迁建大理府治记》中所说："旧治面离而出，席坎而居，枕既戾山，襟亦失水，始拘法制之小得，终亏舆地之大观。"[①] 他痛批为守旧制，"不顾向背之势，阴阳之宜"的建筑朝向制式。明代中期以后，城中建筑朝向逐步改为坐西向东。隆庆三年（1569），府署"旧治南向，隆庆三年，巡抚御史刘翾檄、知府史诩改建向东，枕山面河"[②]。万历年间，大理府城中建魁星阁，"高出城表，与东山文笔塔对峙"[③]。到明末，大理府城大部分建筑逐步形成"西枕苍山、东带洱海，龙尾龙首二关复抱其左右'枕山襟河'"[④]，顺应地势、坐西向东的建筑格局。

2. 城内机构设施布局

据景泰《云南图经志书·大理府》和正德《云南志·大理府》的记载，大理府城内公廨、学校、堂亭、楼阁、祠庙、馆驿等行政设施、校堂、庙宇齐全，它们的分布都以府治为中心。"府治在城中，洪武十七年建置，内有经历司、照磨所、司狱司、军资库、价阁库"，为整个府城的行政统治中心。供奉守护城池之神的城隍庙也位于城中。府治以南公廨、校堂最为集中，包括"各州县俱有"的布政分司；"内有典史厅、架阁库"的太和县治，县治东为太和县学；"内有经历司"的大理府军哨——大理卫，

① 万历《云南通志》卷五《建设志第二·大理府·治署》，见杨世钰、赵寅松主编：《大理丛书·方志篇》（卷一），北京：民族出版社，2007年影印本，第328页。

② 天启《滇志》卷五《建设志第三·大理府》，昆明：云南教育出版社，1991年点校本，第185页。

③ 阴吉：《大理古城的遗产特征、价值及保护》，见张崇礼、尚榆民编著：《大理民族文化遗产》，昆明：云南民族出版社，2005年，第112页。

④ 阴吉：《大理古城的遗产特征、价值及保护》，见张崇礼、尚榆民编著：《大理民族文化遗产》，昆明：云南民族出版社，2005年，第111页。

大理卫治东为银场分司；“文庙在东侧”的府学，府学之南五百步为射圃；驿馆“洱西驿”。府治西为五花楼、社稷坛、文昌祠，文昌祠之右为致斋堂。府治西南为金沧道、按察司分司和关王庙。府治东有东岳庙，东岳庙之南为西岳庙。府治前有“旌善、申明二亭”“左有府前铺”。府城内大街有鼓楼，西有钟楼。府城东郊建有雷雨山川坛。府城北郊为历坛。此外，崇盈仓、税课司、河泊所、阴阳学、医学等其他公署“散之于城之内外”。据天启《滇志·方外志》记载，府城内的寺观较多，普贤寺、栖霞观、大我寺、大悲寺、普贤寺、文殊寺、兴福寺等分布于城内各处。

府城四门之外，南城门外有“迎送诏表及往来使客”的外馆驿；北门外有应国安邦庙；西门外有旗纛庙和教场；城外西南隅、苍山之麓有苍山书院；城西北有能造出极洁白的纸的井泉“五盐井、药师井”。此外，府城还利用天然溪流，经人工引导，建成城内的防火防旱沟渠，“穿城三渠，北曰大马江，中曰卫前江，南曰白塔江。此三渠者穿城而东出，一以防备火灾，一以灌溉城东之田”①。

从整个城市的布局来看，南北城门之间的大街为轴线，城内的衙署、祀典等官方建筑皆沿南北轴线两侧分布。1383年“都督冯诚展东城一百丈”②，使南北轴线未居中，城市中心西偏，形成西重东轻的布局。城东逐步发展为城民活动区域，有菜地、农田和林地等。

（四）城镇的军事功能

大理府城的城镇军事功能，一方面依仗苍洱坝区的有利地理环境，“（东）距叶榆河，…… 汇为巨浸 ……；（南）跨洱河尾，水深千尺，下有关城；（西）枕点苍山 …… 有十九峰，十八溪，峻拔万仞，屏列如弛

① 嘉靖《大理府志》卷二《地理志第一之二·渠提》，大理白族自治州文化局翻印，录自云南省图书馆藏抄本，1983年，第103页。

② 天启《滇志》卷五《建设志第三·大理府》，昆明：云南教育出版社，1991年点校本，第185页。

弓……（北）跨洱河头，山水会处各有关城”[①]。另一方面源于明廷的统治，整个府城在修建之初，四面筑城墙，注重城本身的军事防御功能。同时利用苍山十八溪水自西向东流入洱海之势，凭借府城南侧的绿玉溪、北侧的桃溪，作为城池的天然护城河，南北两溪上的双鹤桥、狮子桥成为进出南北城门的唯一通道。另外在苍山西坡设郡以守，形成了“苍山以为险，榆河以为池阻之，以回领缘之。以漾濞此郡治要害也。……按全滇幅员万有余里，其间郡县里虽有险可凭，然都不如大理山河四塞，所谓据全省之上游，一夫当关，万夫莫窥之形势也”[②]。

同时，对于明廷的西部边境而言，大理府城的作用非比寻常，“为滇西扼塞之地，国家有事诸夷，其道路必出焉。自昔大理能制诸夷，诸夷莫敢窥大理”[③]，在府卫同设的行政制度中，加强官府的统治和军队的镇守，使大理府城成为滇西咽喉重地。

二、清代的城市结构与商业功能

清朝建立初期，云南经历了三十多年的封建割据统治，直至康熙十七年（1678），康熙平定“三藩之乱”后，云南才处于清王朝的控制之下，清廷沿用明朝的“府、县”制度管辖大理，大理府城仍为大理府治和太和县治所在地。康熙《大理府志》卷六记载城池“每方三里，高二丈五尺，厚二丈，砖表石里，上置敌台十五座，铺三十九所，池阔四丈深”。

---

① 万历《云南通志》卷二《地理志第一之二·大理府·形势》，见杨世钰、赵寅松主编：《大理丛书·方志篇》（卷一），北京：民族出版社，2007年影印本，第246－247页。

② 嘉靖《大理府志》卷一《地理志第一之一·形势》，大理白族自治州文化局翻印，录自云南省图书馆藏抄本，1983年，第53页。

③ 嘉靖《大理府志》卷一《地理志第一之一》，大理白族自治州文化局翻印，录自云南省图书馆藏抄本，1983年，第7页。

（一）城市的增扩重修

清代大理府城布局、结构上基本沿袭明制，朝廷对城市的增修主要表现在两个方面，一为对城防建筑的修复，二为对某些公共建筑朝向的调整。一方面，对城防建筑修复的次数较多。“康熙三十一年（1692），提督诺穆图捐资货，太和县知县张泰交撤四门楼新之。”① 据张泰交《重修大理府四城楼记》的记载，他按“缺者补之，腐者易之，倾者扶之”，“至荡然无存者”才“创而新之”的方式重修大理府城。重修中拆除原四门楼，建了“飞甍轩翥，杰栋嵯峨”的新门楼，改东门为“永清”②、西门为“永镇”，其余城门皆沿用明代名称，并将城内的鼓楼改名“五华楼”③。1856年，整个城市在杜文秀领导的反清回民起义中损毁严重，“各衙署被烧毁，档案无存，无凭查考”。为镇压起义，“同治十一年（1873），官军攻城开掘地道，东南两方轰塌三百余丈，十二年巡抚岑毓英就地筹款修理”。清军镇压起义军的过程中，城内的古建筑破坏严重。光绪年间多次重修城楼建筑，光绪“三年（1877）东南城墙坍塌五十余丈，经知县曹廷，请款与修”；“七年（1881）请款重修南门外城楼、东门城楼”；八年（1882）“东门近左城垣坍塌十七丈二尺”④，请款重修；“二十九年（1903）”报请朝廷拨款修复城楼、城墙。多次修复之后，大理府城的城防建筑结构和格局依然保持完整。

另一方面，康熙年间改明时金沧道旧署为提督署，并调整坐向为坐西向东；同治年间府县学宫、考试院、城隍庙都改为坐西面东……大理城

---

① 康熙《大理府志》卷六《城池》，见杨世钰、赵寅松主编：《大理丛书·方志篇》卷四，北京：民族出版社，2007年影印本，第79页。

② 太和知县张泰交在《重修大理府四城楼记》中作“永清”，康熙《大理府志》卷六《城池·大理府城》中作“承清”。

③ 康熙《大理府志》记载：“五华楼废址在今郡城中央，世传南诏丰祐建，方广五里，高百尺，上可容万人，下可建五丈旗。元世祖征大理，驻兵楼前，重修。明兵燹始废。今城中谯楼曰五华。姑存其名云。”

④ 民国《大理县志稿》（二）卷三《建设部》，见《中国地方志集成·云南府县志辑》，凤凰出版社、上海书店、巴蜀书社，2009年影印本，第73册，第14页。

内的官式建筑皆按地形地势调整朝向，不仅顺应“向背之势、阴阳之宜”的建筑选址制式，而且为城内民式宅院的建设和发展提出等级限制的要求和提供可效仿的建筑模式。

（二）城市的街巷格局和商业功能

清末，“城内驰道阔二丈五尺”，街巷依然保持南北城门相对，东西城门相错一条街的“双十字”形格局，南北轴线和东城门所对轴线将整个城区分为大小不同的四个区域。南城门至北城门之间的大道为南北向正街，分为八段，依次为南门街－鼓楼街－卫市南－银行街－四牌坊南－四牌坊北－鱼市口北－北门街；东城门所在的东西向大道为东西大街，依次被分为六段：东门口－东门上街－魁阁街－卫市下街－卫市上街－响水关上。南北正街和东西大街将城内分成东南、西南、东北、西北四个区域，东南、西南区域主要为校场、兵道、寺庙等，西北、东北区域除了道署、县府、书院等外，为城内居民的日常活动城所，如西北区的“鱼市口”“卖鸡巷”；东北区的“屠羊巷”“东菜园”“晓街子”“打铁街”“打铜街”“卖糠巷”等，不同功能的街巷格局延续了明初以来“南重北轻”“西重东轻”城市统治制式。

从街巷格局来看，大理城的西北和东北区域已形成满足居民经济生活需要的固定街市，城内的商业活动以生活必需品和手工业产品为主，农民、手工业者“定期将自己的劳动产品投放市场，商人则选定市场，循回交易，或座定市场开铺长期经营”[①]，城市的商业功能凸显。据民国《大理县志稿》记载：嘉（庆）道（光）之间，人口增加，大理境内分上、中、下“三乡”，“平畴沃壤，妇织男耕”。“城内民屋比栉而居，充塞四隅，殆无隙地，城内居民一万三千余户。市面商贾辐凑，货物流通。”[②]

清光绪年间开始，英法等国使缅甸、越南沦为殖民地，云南成为这些

① 杨聪编著：《大理经济发展史稿》，昆明：云南民族出版社，1986年，第218页。

② 民国《大理县志稿》（二）卷三《建设部》，见《中国地方志集成·云南府县志辑》，凤凰出版社、上海书店、巴蜀书社，2009年影印本，第73册，第73页。

国家入侵中国的通道。一方面“洋货始渐输入，洎越亡于法，缅沦于英，于是洋货充斥”[①]，大理成为英法商人倾销商品的主要市场和通往内地的通道。另一方面，大理的土特产品通过中缅边境销往国外。1895年奥尔良王子在他的游记中记述：大理“约有两万人”，“两条主要的大街横贯城市”，城中商铺林立，生意兴隆，“东边的货物要到达大理，就通过红河这条进入中国的最短通道”[②]，自云南东南部的蒙自、河口、思茅被辟为对外商埠后，大理以东及东南的货物沿着红河流域逆流而上，聚集于此。

此外，光绪年间，大理城内出现沿街的公共服务设施机构，据民国《大理县志稿》记载：大理邮政局支局“在府城赁住民房，迁徙无定”，大理电报局“在前提督署左”，城市服务功能初显。

清代，大理城的商业功能表现在两个方面：一为城内商业活动的繁盛，基于居民日常经济生活的需要，以城市手工业为基础的商品交易按品种或类型、以街巷为聚集点，形成售贩不同商品类目的商业街市；二为因地处中国西南门户的咽喉之地，境内的土特产品、境外的“洋货”，以大理城为交易中心，或为通道运往国内其他地方，大理城在中国西南边境商贸经济活动中的物资交流和聚集功能不断扩大。

三、民国时期的街区及城市衰落

民国元年（1912）大理“府县治归并，并以大理府长兼摄县事”[③]，二年“废府厅、州制”，改“太和县”为大理县。据民国《大理县志稿》记载：今城（大理城）“高二丈四尺，砖表石里，上置敌楼十五座，铺三十九所

---

① 民国《大理县志稿》（二）卷六《社交部》，见《中国地方志集成·云南府县志辑》，凤凰出版社、上海书店、巴蜀书社，2009年影印本，第73册，第223页。

② [法]亨利·奥尔良：《云南游记：从东京湾到印度》，龙云译，昆明：云南人民出版社，2001年，第127页。

③ 民国《大理县志稿》（二）卷三《建设部》，见《中国地方志集成·云南府县志辑》，凤凰出版社、上海书店、巴蜀书社，2009年影印本，第73册，第7页。

（今废），周围七里三分，垛口一千四百八十个，越墙垛口八十个，统计一千五百六十个。东门名洱海，西门名苍山，南门名双鹤，北门名三塔。四门城楼各高二丈二尺，宽四丈八尺，四隅为角楼（今废），池阔四丈，深八尺。今多被邻田侵占。今城如平方形，在点苍中和、龙泉两峰麓，东距西洱河六里，北距上关七十里，南距下关三十里，向指北偏十五度。”①

（一）民国时期的街区

据民国元年调查，大理的本籍和客籍人口有所增加，但从城镇风貌来看“城内四隅更多空地，村垆寥落满目萧条，生易营业终难起色，人多游手，户鲜盖藏地方，现状比较嘉道间极盛时期仅得十分之一二耳”②。大理城内的街巷里坊依然布局严整，巷间密集完好，大理全境旧分七区，大理城属于人口稠密的“中乡”占两区，后两区并为一区。

① 民国《大理县志稿》（二）卷三《建设部》，见《中国地方志集成·云南府县志辑》，凤凰出版社、上海书店、巴蜀书社，2009年影印本，第73册，第15－16页。

② 民国《大理县志稿》（二）卷三《建设部》，见《中国地方志集成·云南府县志辑》，凤凰出版社、上海书店、巴蜀书社，2009年影印本，第73册，第76页。

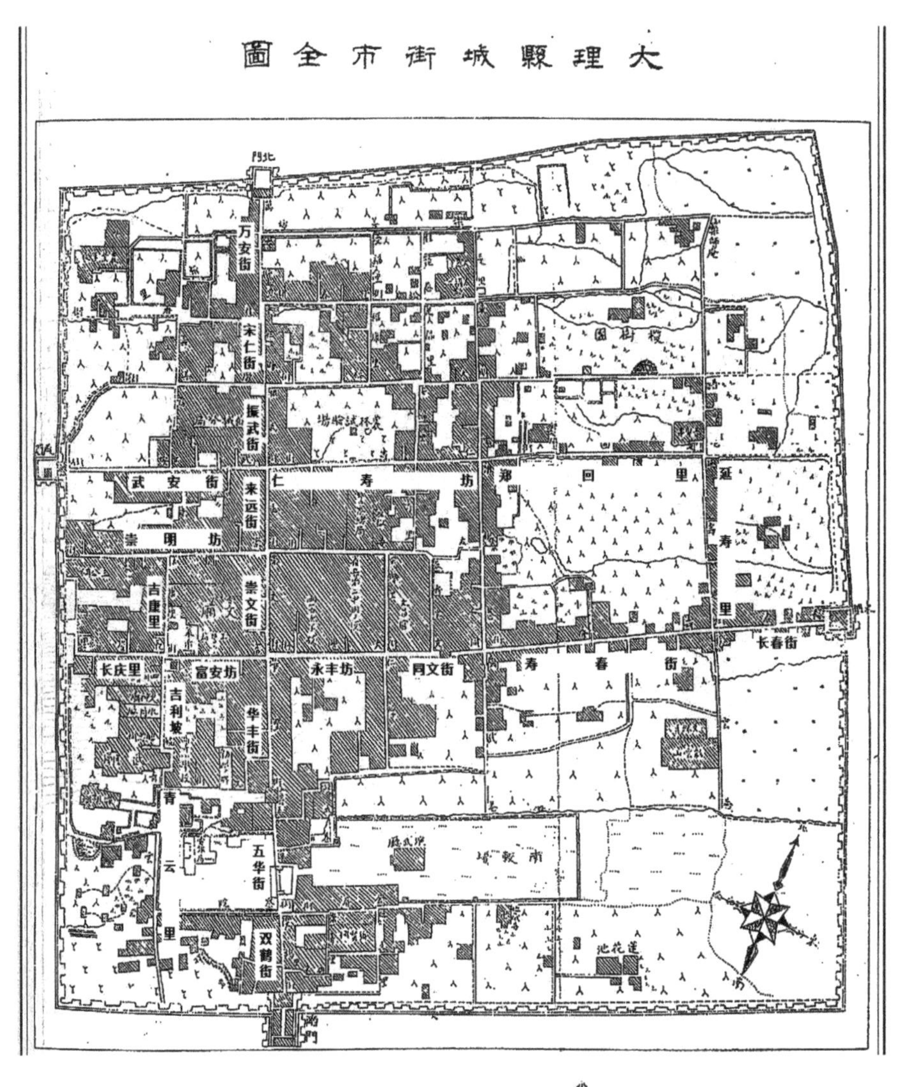

民国时期大理古城街区图（街名为笔者校对后标注）①

大理城为第一区，“城内分四段南门口至北门口为横线，东门口至西城埂为直线，其四隅为东南第一段、西南第二段、西北第三段、东北第四

① 图片来源于：民国《大理县志稿》，见杨世钰、赵寅松主编：《大理丛书·方志篇》（卷四），北京：民族出版社，2007年影印本，第502页。

段”[①]，街巷纵横交错，除街巷名称外，与清末相比变化较小。

清代末年与民国初年大理城内街巷名称对照表[②]

	清代名称	民国名称		清代名称	民国名称		清代名称	民国名称
南北正街线内	南门街	双鹤街	西南第二段线内	吉利坡	吉利坡	东北第四段线内	县门口	安仁坊
	鼓楼街	五华街		肖祠街	昭文里		四牌坊下	仁寿坊
	卫市南	华丰街		察院街	察院街		府门口	安福里
	银行街	崇文街		红龙井巷	清源里		节孝祠	吉寿里
	四牌坊南	来远街		仓坪上街	宝贤坊		五株桥	长寿里
	四牌坊北	振武街		涂家巷	永安里		屠羊巷	朝阳巷
	鱼市口北	崇仁街		兴福寺	青云里		书院街	丰乐里
	北门街	万安街		南城脚	吉祥里		青石桥南	延寿里
东西大街线内	东门口	长春街	西北第三段线内	万寿街	崇明坊		东菜园	茹芳里
	东门上街	寿春街		石佛寺街	吉康里		普贤寺	普安里
	魁阁街	同文街		四牌坊上	善仁坊		清官庙街	郑回里
	卫市下街	永丰坊		道门口南	惠康里		晓街子	东明里
	卫市上街	富安坊		道门口北	宝善里		打铁街	扬芳里
	响水关上	长庆里		西城脚南	永宁里		鱼市口下	永福坊
东南第一段线内	阮家巷	兴文里		鱼市口上	庆善坊		卖糖巷	福康里
	城隍庙街	福寿里		大生殿巷	受福里		金箔街	富春街
	隍祠后街	长宁里		大水沟上	中和坊		三门口	万福里
	仓坪下街	永靖坊		茶花树巷	维新里		打铜街	天庆里
	校场西口	经武巷		卖鸡巷	福基里		荃蔴巷	多福里
	高家巷	仁厚里		书院前	桂香里		小马沟	乐善坊
	兵道街	广武巷					桂花巷	拱辰里
	魏家山	彩云巷						

① 民国《大理县志稿》(二)卷三《建设部》，见《中国地方志集成·云南府县志辑》，凤凰出版社、上海书店、巴蜀书社，2009年影印本，第73册，第28－29页。

② 民国《大理县志稿》(二)卷三《建设部》，见《中国地方志集成·云南府县志辑》，凤凰出版社、上海书店、巴蜀书社，2009年影印本，第73册，第21－25页。

20世纪30年代的大理古城①

五华楼及其以南的街道②

①② 均为C. P. 费茨杰拉德于1936－1938年间拍摄。分别见大理白族自治州白族文化研究所编:《大理1936－1938》，北京：民族出版社，2006年，第43、146页。

五华楼以北的街区①

清代的街巷命名主要以官署府道和庙祠观所等公共建筑、本土人群熟知的街巷标志、民众生活中形成的经济功能特色等，加之南、北、上（西）、下（东）的方位来描绘，街巷特点知名会意，体现了一定的市井

① C. P. 费茨杰拉德于1936－1938年间拍摄。见大理白族自治州文化研究所编：《大理1936－1938》，北京：民族出版社，2006年，第147页。

文化。而民国的街区命名来源于中国传统文化，重寓意和文化内涵，大道为街，小道为巷、里，体现了一定的文化素养与文人情怀。

民国《大理县志稿》卷三《建设部·署所》记载了“旧有常设署局”在城中街巷的分布：大理考试院位于中和坊、迤西兵备道署位于惠康里、大理府署位于安福里、提督署位于五华街、中营参将署位于善仁坊上街、中营守备署位于大福街等。此外，在受福里、吉寿里、永福坊、兴文街、振武街等街巷也还分布着其他清末高级府局，这些署局在民国时期或被改建，或被废弃，或倾圮。城内还新建大理会馆等机构，大理会馆“在城西南隅华兴巷（五福后巷），民国元年……修建新式大厅楼三楹，东西厢楼各三间，新式大门三间，又西向花厅北向厨房各二间，东南隅厕房一间”，“内莳花草竹木甚多”①，城中出现推崇环境协调的新式建筑。

中华人民共和国成立前大理城市手工业比较发达，根据1959年梁冠凡整理的《大理手工业调查报告》，城市绝大多数居民都从事某种手工业生产。以手工业为生者“有三百余户，其中开铺面、雇有手工工人者（包括学徒和技师）占80%左右。经营的行业比较多，有缝纫、织染、制鞋、针织、制革、金银首饰、铜器铁器、木器竹器、修理钟表、雕刻、础石（大理石）、卷烟、笔墨、糕点、酱菜等”②行业。各行业中，有的行业依然按清末的街市聚集，但有的行业从城西北、东北区域迁出，向南北正街和东西大街集中，大理城主街的商贸活动逐渐繁盛。

（二）城中建筑的损毁及交通格局的改变

大理处于地震多发带，尤其是明以来史籍上记载了多次地震，大理城及城中建筑都有一定程度的损害。近代以来，最严重的是1925年3月

---

① 民国《大理县志稿》（二）卷三《建设部》，见《中国地方志集成·云南府县志辑》，凤凰出版社、上海书店、巴蜀书社，2009年影印本，第73册，第91页。

② 梁冠凡整理：《大理手工业调查报告》，云南省编辑组，见《中国少数民族社会历史调查资料丛刊》修订编辑委员会：《白族社会历史调查》（一），北京：民族出版社，2009年，第177页。

大理发生的震级七级、烈度九级的大地震。震区“房屋倒塌近9000间，未倒但破坏严重者近4000间，牲畜死亡17075头，压死无算。谷米财物之损坏，徒唤奈何。至损失之资本、器具、籽种、破坏之田地，估计不下5000万元”[①]。大理古城城内大部分建筑除南北城门及部分城墙外基本损毁。

1931年，埃德加·斯诺途经震后的大理府城：“古老的城墙，上面建有钝锯齿形的城垛，共有四座城门，其中南城的城门相当漂亮，但已为上一次地震所毁。两条主要的街道，成直角相交，分别连接四座城门，南北向的大道为主要的街道。”[②] 在斯诺眼中，震后的府城内真正古老的建筑并不多，究其原因不仅是地震，还包括“老的建筑如屋宇、商店、城墙、城门倒塌了，就按原样在原址进行重建”和“一个世纪之内也少不了要重修一次”的做法。

抗战时期，滇缅公路修通，公路从昆明经苍洱坝区南端的下关至云南边境到达缅甸。下关以龙尾关而得名，从元时起云南行省中心迁至昆明后，洱海南岸的滩涂湿地与西洱河河道周边区域的聚集作用增强，下关逐渐从军事关口发展为当今的大理市中心，大理城在连接滇东、滇西和滇南的作用大大减弱，苍洱坝区的交通格局改变，大理城在近代发展中交通地位逐渐减弱。

---

① 云南省赈务处：《云南大理等属震灾报告》，昆明：云南省赈务处印制，1925年，第15页。

② [美]埃德加·斯诺：《南行漫记》，潘敬思、李希文、马澜译，北京：国际文化出版公司，1993年，第188页。

第三节　新时期的城市记忆：中华人民共和国成立至今

1949年10月中华人民共和国成立，12月中国人民解放军滇黔桂边区纵队第七支队进军接管大理，1950年、1956年分别成立大理专员公署和大理白族自治州，大理古城先属大理县、后属大理市大理镇管辖。如今，大理古城依然保留了明清时期筑城的基本格局，棋盘式分布，古城的城墙、城楼、古建筑、府第等逐步得到修缮和恢复。20世纪80年代至今，随着大理旅游业的发展，大理古城的知名度提高。如今的大理古城除了厚重的历史存在感，更汇聚了多元文化，各种文化之间的交流、碰撞以及隐藏在社会经济下深层次的文化内涵引来了各方关注。

一、20世纪80年代以前的大理古城

近代以来，大理古城遭受了不同程度的破坏。1925年的大地震中城中90%的建筑坍塌，四城门受损严重。解放后，象征着封建统治的城防建筑逐步被拆除，1974年北门楼被拆除，其余三个城楼随后逐渐坍塌。“文革”中，西城墙、东城墙、北城墙被拆毁，城墙墙基附近开始建盖大量的民房、各类厂房、行政机构和学校，被破坏的城墙达1400米，城东南、东北以墙体土芯为边开挖南北水库用于农业灌溉。此外，城内的六十多座庵堂庙宇在“破四旧”中大部分被捣毁或改作校舍、工厂库房，各种金属造像、宗教器物被投入熔炉，炼制各类生产工具；位于古城中心十字路口的四座古牌坊也被拆除……古城内的大型公共建筑基本被破坏。

在这一段时期内，大理古城曾作为大理县中心，体现县级政府行政职能的各类机构均设在古城。为体现新时期的行政职能，绝大部分机构建筑都为新建，这些建筑皆为汉式主流风格，多为钢筋混凝土结构的平顶房，部分建筑有一定的建筑高度。此外，古城南北主干道的两侧，贸易公司、百货公司、邮局、银行等公共建筑错落分布，这些建筑的外观与土木（石）结构、人字形瓦屋顶、低矮的白族民房差别极大，影响了古城的总体城镇风貌。

二、20世纪80年代以后的大理古城

20世纪80年代以后，大理古城进入发展转折期，通过国家级历史文化名城的认定以及制定相关的保护规划，古城的保护修复工作开始，城中的街区格局被完整保存，历史建筑逐渐修复，古城的棋盘式街区风貌得以再现。

（一）古城的修复及保护工作

1982年大理古城被列为全国首批24座历史文化名城之一，大理古城的“保护”“修复”等工作逐步展开。1983年重建南北城楼及南城楼西侧城墙。1998年启动大理古城墙修复一期工程，共修复古城南城门至红龙井段古城墙660米。1999年在清末旧址上重筑五华楼。2001年、2002年分别在原址上重建苍山门楼和洱海门楼，2002年底修缮大理府考试院，2008年在武庙照壁西侧大殿旧址上重建武庙，2014年在大理文化园内重建文庙大成殿及周边建筑，并将大理市图书馆建于一侧，作为城内居民的休闲学习场所。古城内许多公共建筑逐渐从人们的记忆中恢复到现实场景中。

大理古城南城门

恢复城楼等古建筑的同时，《大理国家级历史文化名城总体保护规划》1988年起实施。大理古城四城门以内2.25平方公里的区域被划为古城重点保护区域，重点保护以历史建筑群构成的古城轮廓线、白族民居为基调的建筑景观、古城街巷的传统特色和白族文化艺术，通过控制建筑物的高度、体量和建筑外观等确保古城的风貌。《规划》中突出古城南北正道“复兴路”、东西大街“人民路”为商业游览性质，对沿街店铺的特色和营业方式均有所强调，并保留其余各街坊小巷的历史特色。此外，对古城内的72座古民居院落进行分类保护，重点保护有较高历史价值的15座白族民居院落；将城内89棵树龄在百年以上的树木列为保护对象，9棵树龄在五百年以上的古树为一级保护范围；散落在城内的古井、穿街过巷的沟渠等都被列入保护之中。从20世纪末开始，大理古城的行政职能逐渐减弱，政府行政机构搬离古城迁至市中心下关或被置于古城城外。同时，保留服务城内居民生活的设施，这些设施的建筑通过整修改为仿古建筑，高度、色调、门面等外观与周边房屋相协调，古城镇的风貌在“保护”中被恢复，古城的历史特质正在被逐一还原。

（二）街区布局

大理古城保持着具有六百多年历史的棋盘式城池格局，街区格局依如清末，道路主次分明，疏密相间。南北向街道三条，分别是博爱路、复兴路、文化路，复兴路即为清末的南北正大街；东西向街道六条，苍坪街、人民路、护国路、玉洱路、银苍路、平等路，人民路为清末的东西大街。纵横交错的道路把古城分割成若干街坊，各坊内又有多条巷道，巷道肌理保持完好。如今的道路不像清末时将一条道路分成若干路段、各段取不同的名称，而是一条完整的街道有一个蕴含时代特征的街名，但当时的如“四牌坊”“鱼市口”“大水沟”等名称依然出现在城内本土居民的方位语言表达中。

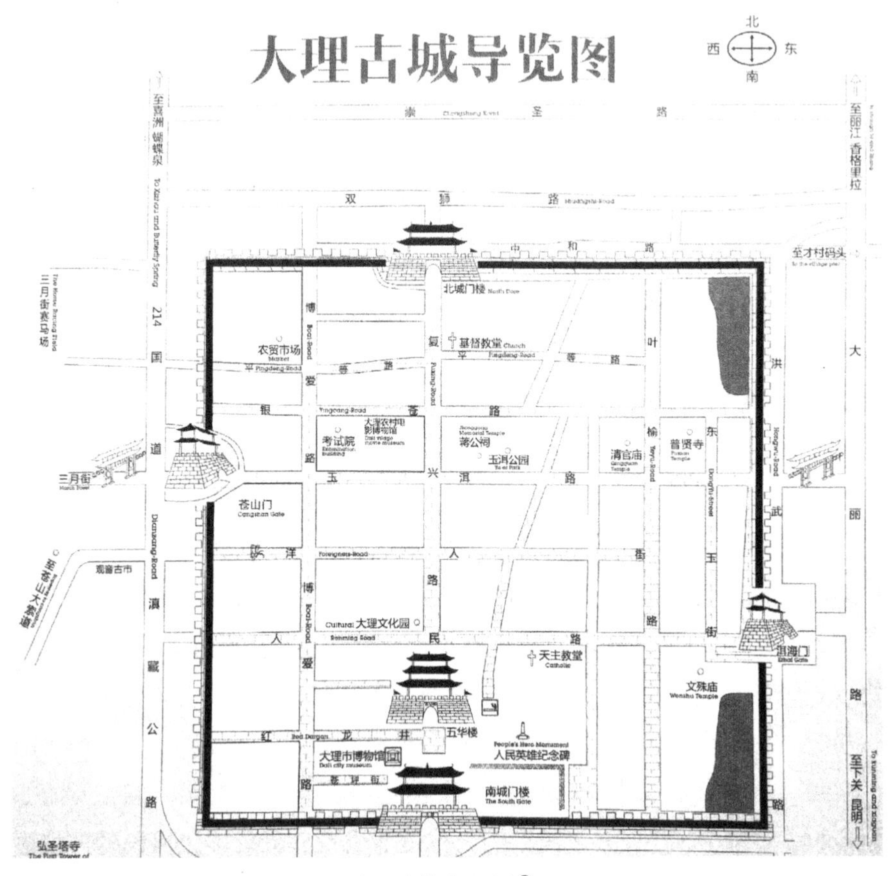

大理古城街区图①

如今的大理古城，城东南四分之一的区域为驻军部队所在地，城南分布着大理市博物馆②、五华楼、武庙、文庙、清真寺等建筑，城西北角为北门菜场，城北和东北有两所医院，多所学校散布在城中，其余绝大部分区域为居民的居住生活空间，民居分布在街头巷里。

① 2021年3月根据《大理古城导览图》绘制。

② 原为清提督府，1856年杜文秀领导的反清起义军攻陷大理城后，将提督府改为总统兵马大元帅府，帅府四周筑有高墙，内为规模宏大的建筑群，18年后大理城被清军攻破，起义失败，元帅府被恢复为提督府。1950年归驻军部队所用，1986年建为大理市博物馆。

五华楼

大理古城外部交通的发达，西城门和东城门外分别开通南北走向的大（理）凤（仪）路和大（理）丽（江）路，南城门和北城门外也分别有东西向的大路，古城刚好处在“井”字形外部交通的正中位置上。同时，城墙西南隅，按街巷方向延伸开建博爱门洞和红龙井门洞，周边区域与古城的联系更加紧密，成为古城不同功能街区的延伸带。

三、分成两半的古城

（一）历史街区的景区化发展

20世纪80年代初，大理古城内护国路中段建有大理市第二招待所，作为当时大理城内唯一的国营住宿设施，国内外游客聚集，外国游客居多，为外国游客提供服务的酒吧、餐吧、咖啡吧等集中在招待所两侧的街道，成为大理古城内游客与居民、中国人与外国人集聚休闲、游憩的“洋人街”。大理古城出现“旅游化”的发展趋势。

红龙井

随着旅游业的发展，古城复兴路（南城门至玉洱路段）、人民路、“洋人街”成为游客观光的主要集中区。为再现“穿城三渠”穿街达巷、“家家流水”的古城街区特色，红龙井2003年被打造为规划思路下的水景街区。2010年前后，随着国内散客旅游人数的增加，为满足需求大理古城内部分民居被改造成各式客栈，客栈的分布从游客聚集区到古城四周的各通道口，再到城内各条小巷，游客分布格局逐渐改变。2011年大理古城共接待游客638.25万人次。2012年底，大理古城被评为“国家AAAA级旅游景区”，古城外设游客服务中心、停车场，古城内设旅游标牌系统、旅游公厕等旅游公共卫生设施，大理古城的旅游接待功能不断增强，成为大理旅游资源的核心组成部分。2018年为恢复历史城镇风貌，大理古城启动古城风貌提升专项整治工作，通过恢复小青瓦屋顶、石灰浆刷外墙面、木制门窗等，拆除古城风貌不相符的设施，协调沿街商铺招牌店匾的形式、色彩、体量等，城中主要街区的历史文化氛围大大增强。2021年，大理古城景区因“文化和旅游业态集聚度高、夜间消费市场活跃、品牌知名度高”等入选第一批国家级夜间文化和旅游消费集聚区，旅游消费服务为主的夜经济模式使得古城经济在第二时空得到延伸。“新冠”疫情过后，大理古城旅游复苏，各项旅游接待指标均突破疫情前的同期水平，2023年春节假期大理古城接待游客53.83万人次，同比增长1339.3%[①]。

从古城功能布局来看，苍山门所对的东西向街道“玉洱路”成为游客与居民相对集中区域的分界，玉洱路以南的复兴路南段、人民路、“洋人街”等的设施、功能都具有景区发展的种种特征，古城“南重北轻”“西重东轻”的城市布局特点在旅游发展背景下有了新的诠释。

（二）世居居民的居住空间

大理古城南部虽作为旅游规划修复的重点区域，城墙、城楼、沿街建筑保护较好，但在游客聚集主要区域的街巷里依然生活着本地居民，复兴路、人民路依然是他们出行的主要街道。古城以北生活设施相对集中，为当地居民生活的主要区域，延续了明清以来的传统分布格局。

如今的大理古城，在2.25平方公里的空间范围里居住着以白族为主

① 秦蒙琳：《大理州接待游客逾400万人次》，《云南日报》2023年1月29日，第3版。

的，回、汉、彝等14个民族，常住人口约4万人。随着“生态移民”的热潮，外来人口增多，长期居住古城的外籍人口数量增加，世居居民的居住空间正在发生着变化。从沿街到巷里部分民居建筑的用途改变，居民的生计方式也发生着变化，被边缘化的本土居住空间成为本地人与外来者交流、本地文化与外来文化碰撞的新的场域。被分成两半的古城，分界线越来越模糊，古城成为游客与本地人、外来者与居民共同分享的城市空间。

“城者，盛也，所以盛受人物也。城门皆筑土为之……”①，城市是与村落相区别的非农人口的地域集中，它是体现一定军事、政治、经济、文化功能的特定区域空间范围。作为国家或地区中心，城既能发挥一定的职能作用，又能储存文化，还能推动商业和对外贸易的发展。

苍洱坝区的自然地理环境为城池的建设提供了有利条件，从部落聚邑、边郡县治叶榆城，到唐宋时的王都太和城、羊苴咩城，再到明清地方府治大理府城，坝区的城市体系经历了孕育、萌芽、建设与发展的过程，城的空间位置在历史时期随着政治统治的需要而变迁。苍洱坝区处在被誉为西南丝绸之路——“蜀身毒道”对内、对外的交通结点上，是国内外文化交流、经济交往的重要区域；同时，这一地域范围分别是民族文化交往通道——“藏彝走廊”“茶马古道”的重要组成部分和途经之地，三大线路交汇使得苍洱坝区成为多元文化空间，这样的空间特性强化了坝区内城市的经济贸易功能和文化多元性。

明清时的大理府城作为大理古城的前身，边郡县治叶榆、王都太和城和羊苴咩城为它的建设奠定了一定的基础，分别体现在城市空间选址、城防体系建设、城市街区格局等方面。明初新建大理府城，作为通往西南边境的咽喉之地，它的军事政治职能被强化，受汉文化影响的明代府治制式是府城的城市骨架和街巷结构建造的基础。尽管明清以来大理府城曾遭受多次自然灾害和人为损毁，但它的城市形态和内部街巷肌理依然保持完整。中华人民共和国成立以来，大理古城作为军事城镇和行政中心的职能

① [后唐]马缟集：《中华古今注》卷上《城》，北京：中华书局，1985年，第1页。

逐渐被淡化，城的历史文化价值、城市遗产特征被突出，在修复历史建筑、重现历史场景、凸显旅游文化的过程中，古城经历了旅游景区化的发展过程。在政府和企业主导的大理古城旅游发展模式中，名人故居内建非物质文化遗产展示中心、老式建筑中设博物馆等成为满足旅游者多样化体验要求和古城旅游发展的"新"途径，古城的历史文化遗产本质属性通过"做遗产"的方式体现，古城出现"遗产化"的发展趋势。

从军事城镇到历史文化名城，苍洱坝区的多元文化空间特性决定了商业因素是促进大理古城发展不可或缺的要素之一。城的商业功能在不同历史时期均有不同程度的体现，尤其清末，随着城市手工业的发展，满足民生的小商品流通促使大理城内街巷的集市形成，中华人民共和国成立前夕这种集贸功能又得到一定的发展，虽然这种商业化现象在城市发展、非农人口聚集中只是一种附属现象，但这种现象能体现大理古城的城镇社会风貌和商业文化的时代特点。

第三章　传统商业文化记忆：明代以前的小商品经济

城市作为社会历史记忆的空间载体与容器，承载着诸多有形与无形的社会记忆。这些社会记忆随着时代的变迁或被“符号化”而成为时代的特征，或随着记忆的错位与失忆而被遗忘，而那些被“符号化”的社会记忆成为城市历史记忆的重要组成部分。在城市职能与空间形态不断变迁的背景下，传统商业文化的产生与发展客观上反映了社会经济风貌和地区经济水平。伴随着城市集市活动的产生、固定交易市场的形成，特定空间中的传统商业文化成为当地社会记忆有代表性的组成部分，所体现的文化特性成为不同历史时期特定经济空间的指代符号。

民国《大理县志稿·社交部》将大理城的“商运变迁情形”分为三个时期：第一期为“自鹤拓开疆以至段运告终之年”；第二期为“傅沐西征籍隶中土以至回乱平定，郡城克复”；第三期为“同治壬申以迄于今”[①]。三个时期的两个时间分界点分别是：元末段氏被擒后苍洱坝区归属明王朝的统治；清末杜文秀领导的反清起义被镇压。对大理古城传统商铺发展阶段的分期，以古城的“商运变迁情形”为背景，并以城市空间的发展历程为主要依据。第一阶段为大理古城建成之前，时间段与民国《大理县志稿》的“商运变迁情形”第一期相同，主要分析大理古城商业发展的历史

① 民国《大理县志稿》(二)卷六《社交部》，见《中国地方志集成·云南府县志辑》，凤凰出版社、上海书店、巴蜀书社，2009年影印本，第73册，第222页。

背景和店铺的出现；第二三阶段为大理古城建成之后，按传统商铺所处的各历史时期和体现的特征来分，明代商铺的产生为第二阶段，清代商铺的发展和民国时期商铺的繁盛、衰落为第三阶段，第二三阶段将在第四章中讨论。此外，在中华人民共和国成立后，大理古城的商铺与以往相比出现了新的特征与发展路径，当代语境下商铺的发展与变迁将在第五章中做进一步分析。

第一节　苍洱坝区商业文化的产生

苍洱坝区地处中国西南边疆地区，社会发展水平晚于中原地区。坝区早期的商品交换活动是一种以手工产品为基础的以物易物的偶然行为，满足生存和生活需要是经济交换行为产生的内在动机。随着对外交流的发展、与中原王朝联系的加强，坝区经济水平不断提高，商品交换活动从偶然的简单的物物交换发展到以营利为目的、“以所多易所鲜”的商业活动，交换物品的种类不断增加，衡量商品价值的货币单位逐渐由某一物品充当，从“缯帛”等物到贝币，苍洱坝区进入“以贝为币”的小商品经济发展阶段。

一、苍洱坝区商业文化产生的背景

（一）地理环境与交通区位

1. 地理环境类型

地理环境的类型与人类经济活动分布关系密切，“河川对人类农工商等业的活动，也是息息相关的”[①]。苍洱坝区既是山间平地，又属于横断山区的延伸地带，苍洱间的百里平川不仅有利于城市的建设，而且有利于社会经济的发展，为农业、手工业、商业的产生和发展提供相对广阔的地域空间。对苍洱坝区有利的地理环境因素，第二章中已涉及，此处不再赘述。

2. 交通区位优势

洱海苍山东西环抱的坝区南北狭长，自古形成南北通衢之势，南可入滇东、滇西和滇南，北通丽江、迪庆可进入藏族地区，独特的交通优势使这一区域成为经济交流和多元文化荟萃之地。苍洱坝区是被誉为“西南丝绸之路”——“蜀身毒道”的重要中转站，史料记载“蜀身毒道”在公元前2世纪就已开通，最早为民间商道，西汉武帝时期张骞出使西域，途中见到“蜀布、邛竹杖”等巴蜀物品都通过这一交通路线输出。“蜀身毒道”由“灵关道”“南夷道”“永昌道”（又称“博南古道”）组成，“灵关道”由蜀地过邛都（今西昌）到达洱海区域；“南夷道”以秦时修筑的“五尺道”[②]为基础，汉代进一步开发，从蜀经僰道（今宜宾）过滇东北与“灵关道”相会；而“永昌道”以苍洱坝区为起点，过永昌，达云南西部边境，延伸至缅甸、印度。苍洱坝区是“灵关道”“南夷道”“永昌道”的交汇点，成为古代川蜀沟通云南，进入南亚、东南亚的重要区域。同时，“中国荆楚、巴蜀多路汇集于滇西叶榆”[③]，不同方向交汇的道路便于云南境内各民族聚居地的交通网络衔接，苍洱坝区成为民族聚集和迁徙的重要活动区域。

（二）早期的民族迁徙活动

苍洱坝区很早就有民族聚居。1942年吴金鼎先生在《云南苍洱境考

① 蒋君章：《西南经济地理纲要》，南京：正中书局，1943年，第1页。

② 五尺道：又称滇僰古道、僰道，是连接云南与内地的最古老官道。公元前316年秦攻破巴蜀地区后，遣将军常頞率军筑路，从蜀南下经僰道（今四川宜宾）、朱提（今云南昭通）到滇池，为官方开设的通往西南地区的第一条通道。

③ 吴兴南：《云南对外贸易史》，昆明：云南大学出版社，2002年，第17页。

古报告》中，发现苍洱坝区3000多年前的居住遗址，证明当时已有定居的世居民族。民族迁徙活动发生较早，据学者研究，公元前12世纪“随畜迁徙”的“昆明蛮”由澜沧江河谷迁入洱海地区，直到公元前8－6世纪，部分“昆明蛮”随本土农业民族“斯榆蛮”定居[①]，其余部分仍然“夏居高山、东居深谷”[②]，随气候变化选择游牧地点，在这样的迁徙活动中促进了从澜沧江河谷到苍洱坝区的文化交流。此外，苍洱坝区内存在着或因选择居住环境，或因逃避部族间冲突等原因的部族迁徙活动，也存在着云南境外和云南境内其他地方的外来民族的迁入活动，各民族不同方向的迁入活动促进了民族间的文化交流，文化差异和相互的经济影响成为民族间互通有无、物物交换的基础。

二、商业文化的产生

（一）手工业的发展

苍洱坝区在新石器时期已出现石斧、石刀等农业生产工具和碗、钵、盆、罐等夹沙陶器，虽然当时的器物制作技术比较低下，但纹饰和形态与云南滇池、金沙江中游地区出土的器物有共同之处，部分器物上甚至出现了中国北方新石器时期陶器上常见的断线纹[③]，以手工产品为载体的文化交流现象已经存在。在距离苍洱坝区100多公里的剑川海门口，发现了青铜文化时代早期的铜镰、手镯、鱼钩和小型装饰物，以及内地特有的器物“豆”，再一次证明苍洱坝区的新石器文化与外地有共同的文化因素[④]。

① 张增祺：《洱海区域的古代民族与文化》，《云南民族学院学报》（哲学社会科学版）1987年第4期，第15－23页。

② [后晋]刘昫等：《旧唐书》卷一九七《南蛮传》，长春：吉林人民出版社，1995年，第3991页。

③ 汪宁生：《云南考古》，昆明：云南人民出版社，1980年，第12－13页。

④ 汪宁生：《云南考古》，昆明：云南人民出版社，1980年，第26页。

从新石器文化时期到青铜文化时期，苍洱坝区的定居部族已能制作手工产品，迁徙部族又将器物制作的各种工艺文化在迁移过程中传播，坝区的手工业水平在外来文化的影响中不断发展。虽然在西汉武帝设置叶榆县以前，苍洱坝区的昆明等部族依然处于“随畜迁徙”的社会状态，很难形成稳定的交易方式和固定的交易市场，但与商业发展有关的手工业产品已经出现，为商品交换提供了物质基础。同时，苍洱坝区与内地以手工产品为主的文化交流活动已经出现，促进了小商品经济的产生。

（二）民间商贸活动的影响

苍洱坝区因处在对外交通路线与商贸通道的联结点，沿线的民间商贸活动对坝区的经济发展有较大的促进作用。早在公元前2世纪，“蜀布”“邛竹杖”等物品就通过“蜀身毒道”流通国外。西汉时，“蜀多货物，四处商贾，对西南夷的商品流通更为发达”[①]，丰富的巴蜀商品开辟了西南市场。巴蜀地区沃野地饶，物产丰富，盛产装酒的器皿“卮”“竹木之器”“姜”“丹沙”等物，此外蜀郡的矿冶工业发达，产“石、铜、铁”器，巴蜀与西南夷地区的交易商品多种多样。除普通商品交易外，人口、牲畜交易现象屡见不鲜，《史记·货殖列传》记载：“关中，……南则巴蜀。巴蜀亦沃野……南御滇僰，僰僮。西近邛笮，笮马、牦牛……唯褒斜绾毂其口，以所多易所鲜。”[②] 同时《史记·西南夷列传》也记载：汉兴“巴蜀民或窃出商贾，取其筰马、僰僮、牦牛，以此巴蜀殷富”[③]。滇、僰、邛、笮都在巴蜀的西南部，骗卖“僰僮”，进行笮马、牦牛等牲畜交易，这样的人口牲畜买卖成为当时巴蜀商贾谋利敛财主要方式。此外，税

---

① 方国瑜：《两汉经略西南：郡县设置与行政统治》，见林超民编：《方国瑜文集》第一辑，昆明：云南教育出版社，2001年，第183－184页。

② ［汉］司马迁：《史记》卷一百二十九《货殖列传第六十九》，北京：中华书局，1982年，第10册，第3261页。

③ ［汉］司马迁：《史记》卷一百一十六《西南夷列传第五十六》，北京：中华书局，1982年，第9册，第2993页。

务是商业发达、商品交换频繁的产物。西汉时，凡郡县“有工多者，置工官，主工税物”[①]，蜀地手工业发达的成都等郡县“置工官”，设专官收税说明蜀地不仅手工业发达，而且商品交换已发展到一定的程度。巴蜀凭借着“栈道千里，无所不通”[②]的优势，掌控着与周边“四塞”区域的商业通道和交通。巴蜀的民间商贸活动对包括苍洱坝区在内的西南夷地区影响较大，倾销多样的商品，“以所多易所鲜”，控制经济交往中的一切经济利益。苍洱坝区在这样的外来经济文化影响中社会经济水平得到发展，并成为封建王朝军事扩张的目标。

三、边郡制下经济活动空间的形成

西汉起，苍洱坝区被纳入中央王朝的版图，随着中央王朝对西南疆域的重视，苍洱坝区作为经济活动空间的作用在这一历史时期日益凸显。关于两汉统治对西南地区的社会经济影响，方国瑜先生的《两汉经略西南：郡县设置与行政统治》一文肯定了汉武帝设置郡县，将洱海区域纳入汉朝版图的意义，但也客观地分析了在王朝出兵征服，开通道、置郡县、任命官吏等加强王权统治的过程中，武力征服对洱海地区带来的破坏。但方先生征引了大量的军事和政治史料，极大地肯定了从西汉建立经“文景之治”到汉武帝时期，商品经济发达，对外经济关系的开辟等对云南社会经济文化发展的重大影响[③]。方先生强调：“汉初……直到哀牢归汉，为打通蜀身毒道，政治势力才发展到最边远区域……以永昌郡为据点，向外发展，招徕缅族通使到汉朝，当日永昌繁盛成为中国对外贸易的主要商

① [南朝·宋]范晔：《后汉书》卷三十八《百官志第二十八·百官五》，见景印《文渊阁四库全书》，台北：台湾商务印书馆，1983年，史部，第252册，第439页。

② [汉]司马迁：《史记》卷一百二十九《货殖列传第六十九》，北京：中华书局，1982年，第10册，第3261－3262页。

③ 方国瑜：《两汉经略西南：郡县设置与行政统治》，见林超民编：《方国瑜文集》第一辑，昆明：云南教育出版社，2001年，第184－212页。

埠。”[①] 永昌郡是“蜀身毒道”通往缅甸、印度、地中海沿岸的对外商埠，这一地域在对外商贸活动中具有战略性地位。而苍洱坝区则为巴蜀、黔贵、滇中西去永昌的必经之路，处于对外交通的联结点上，特殊的地理位置使之成为横断山区南北走向的山谷所形成的交通路线上重要的经济活动空间。

云南考古所的王大道先生在研究云南出土的汉代货币时，发现已出土的汉代货币点从盐津经昆明过大理达腾冲的一条路线，正是从四川经云南去印度的“蜀身毒道”[②]。研究中表明交通沿线货币点的分布与贸易的繁盛程度有关，离古道越近，货币分布越多。苍洱坝区在古道沿线的经济贸易发展程度，在考古工作中得到了证实。此外，大理古墓葬中出土的海贝，据考证是春秋战国时期沿“蜀身毒道”从印度－西太平洋区传入，当时苍洱地区与西亚的一些沿海国家已有贸易往来关系[③]；洱海东岸古居住遗址中发现的汉代货币、洱海西岸汉墓出土的高鼻深目人面俑，成为“蜀身毒道”上巴蜀商人与当地少数民族经济往来频繁、洱海地区对外交往频繁的最好证明。方便的交通利于商贸活动的繁盛，苍洱坝区南北狭长的地理环境在交通贸易中优越性和重要性逐渐显现出来，这一区域成为封建王朝疆域对外商贸往来的经济空间，推动了当地小商品经济的发展。

---

① 方国瑜：《两汉经略西南：郡县设置与行政统治》，见林超民编：《方国瑜文集》第一辑，昆明：云南教育出版社，2001年，第207－208页。

② 王大道：《云南出土货币概述》，《四川文物》1988年第5期，第27－33页。

③ 田怀清：《从大理出土文物看蜀身毒道的开发》，载段渝主编：《南方丝绸之路研究论集》，成都：巴蜀出版社，2008年，第77－79页。

第二节　小商品经济的发展

南诏大理国时期是苍洱坝区小商品经济发展最迅速的时期。南诏时，国家机器的职能作用增强，一方面加强对经济控制，另一方面积极引入汉文化，促进手工业等的发展，社会经济发展较快；大理国时，通过向中原王朝进贡、与内地互市、与周边国家经济往来，包括苍洱坝区在内的西南区域与内地、境外的经济联系增强；直到元时经济政策的实施，苍洱坝区已成为滇西物资交流中心，城市集市得到进一步发展。

一、南诏社会经济的发展

（一）国家机器经济职能的加强

南诏大理国时期，苍洱坝区是云南的政治、经济、文化中心，各项统治制度的实施推动了坝区及城市的社会经济发展。南诏统一苍洱坝区后，完善统治机构，设置“六曹”[①]主管外司公务，后“六曹”发展为“九爽”。“九爽”中“万爽”主管财用，“禾爽”主管商贾，这两个管理经济和贸易专门机构“皆清平官、酋望、大军将兼之”。南诏王盛逻皮“设官征商税”[②]，充分发挥国家机器的职能，重视经济活动的发展。同时，南诏鼓励商品生产，对小商品生产者给予特殊优惠政策，通过“不徭役，人岁输米

① 向达先生在《蛮书校注》中注：“南诏六曹制度得之于唐。唐有仓曹，掌租调、公廨、庖厨、仓库、市肆。”

② ［明］倪辂辑，［清］王崧校理，［清］胡蔚增订：《南诏野史》，见木芹会证：《南诏野史会证》，昆明：云南人民出版社，1990年，第49页。

二斗。一艺者给田，二收乃税"① 等措施的实施，促进商业发展。

（二）以手工业为基础的商品交换活动

南诏主动学习汉文化，除了《南诏德化碑》记载的"革之以衣冠"，积极引入汉族习俗以外，还推动手工业的发展。南诏初"俗不解织绫罗"，后"自大和三年蛮贼寇西川，掳掠巧儿及女工非少，如今悉解织绫罗也"②。通过战争，南诏掳掠能工巧匠，学习先进的纺织技艺，手工业发展迅速，织品"锦文颇有密致奇采"。南诏社会中，王与官员"悉服锦绣"，富妇穿"绫锦裙褥"、披"锦方幅"、耳带"珍珠、金贝、瑟瑟、琥珀"，仆女穿"裙衫"，披"缯帛"，出现了"南诏自是工文织，与中国埒"③ 的盛况。此外，南诏的矿业发达，开采金银矿和琥珀，南诏王室普遍使用金银器皿；煮盐业发展，蛮法煮盐技艺传遍全境；藤蒴、孟滩竹、野桑木等用于生产生活中，官员以使用"竹箪"为俗；金属冶炼水平高，以铎鞘、郁刀、南诏剑、枪、箭等武器最为有名。手工业等的发展促进了商贸活动的发展和交易物品类型的增加，《蛮书》中记载的蛮夷风俗，"本土不用钱，凡交易缯、帛、毡、金、银，瑟瑟、牛羊之属，以缯帛幂数计之，云某物色直若干幂"。当时的社会将"汉四尺五寸"帛的长度叫作"幂"，作为交易物品价值最基本的衡量单位。此外，麝香、雄黄等药材交易频繁，"麝香……土人皆以交易货币"④，以"缯帛"和贝币作为交易的媒介，以物易物，经济交换活动异常活跃。

---

① [宋]欧阳修、宋祁：《新唐书》卷二百二十二上《列传第一百四十七上南蛮上·南诏上》，北京：中华书局，1975年，第20册，第6270页。

② [唐]樊绰：《蛮书》卷七《云南管内物产第七》，见向达校注：《蛮书校注》，北京：中华书局，1962年，第174页。

③ [宋]欧阳修、宋祁：《新唐书》卷二百二十二中《列传第一百四十七中南蛮中·南诏下》，北京：中华书局，1975年，第20册，第6282页。

④ [唐]樊绰：《蛮书》卷七《云南管内物产第七》，见向达校注：《蛮书校注》，北京：中华书局，1962年，第203页。

二、大理国的对外经济联系

大理国建国初期，通过实施新政，革除南诏末的弊政，重视生产发展等措施，实现国内经济的发展。同时，大理国对外商业经济活跃，对外商业主要有西川、邕州（今广西南宁）和东南亚[①]三条交通线路，大理国通过入贡、互市与中原王朝加强经济联系，同时与缅甸等东南亚国家保持着密切的经济往来关系。

宋初，大理国“求通中国”，西川疆吏托词宋太祖恐边患，不宜开边，从西川入贡朝廷的通道被阻断。西川不通，大理国改道，自广西、湖南入贡宋朝廷。大理国多次遣使请求入贡，南宋时入贡往来频繁，所贡之物包括：美玉“碧玕山”；军备物资，大理马、刀、剑、犀皮甲、鞍辔；药材，麝香、牛黄；手工艺品，细毡、毡罽等，而南宋朝廷皆“优礼答之”[②]，大理国与内地朝廷的相互往来与联系加强。

1133年，应大理国“求入贡及售马”[③]的请求和解决南宋北部边防军用所需，朝廷“诏邕州设买马司”，大理马大量输入内地，成为云南与内地经济交往的一项主要产品。1136年大理“王遣使贡象马于宋”，朝廷“诏偿其马直”[④]，并称“自是以后，谢绝大理朝贡”。尽管如此，邕州设市之后，大理国属地与内地的经济交往仍逐渐加强，大理马、手工艺品、药材等商品通过“互市”流通内地，食盐、丝织品、文书等生活必需品由内地运至大理。

此外，大理国与周边国家往来密切，进贡宋朝廷的不少物品来自南亚、东南亚。史料有如蒲甘国（今缅甸）等国在1108年中元节期间“贡金、

---

① 方国瑜：《大理国时期对外经济关系》，见方国瑜著，秦树才、林超民整理：《云南民族史讲义》，昆明：云南人民出版社，2013年，第575页。

② [元]脱脱等：《宋史》卷四八八《列传第二百四十七外国四·大理》，北京：中华书局，1985年，第40册，第14073页。

③ [元]脱脱等：《宋史》卷四八八《列传第二百四十七外国四·大理》，北京：中华书局，1985年，第40册，第14073页。

④ [元]脱脱等：《宋史》卷一百八十六《志第一百三十九食货下八·互市舶法》，北京：中华书局，1985年，第13册，第4565页。

银、罗绮、珍宝、犀、象万记”，“政和五年（1115），缅人进金花、犀、象”[①]于大理国的记载，周边国家遣使入贡大理国，由大理国西去缅甸，再进入南亚、东南亚的通道畅通，沿线的商贸活动也随之发展。此外，广西邕州设市后，越南的物品过大理国境流通周边地区，宋代范成大的《桂海虞衡志·志香》中有“香珠出交趾……入省地卖，南中妇人好带之”[②]的记载，滇越间的商品流通使得永昌“西通大秦，南通交趾，奇珍异宝，进贡岁时不阙”[③]，苍洱坝区成为滇西借道邕州通往越南的商品流通市场。

三、元代滇西物资集散中心的形成

元朝建立云南行省后，各项政策的实施使云南的社会经济发展较快。行省中心东移后，羊苴咩城成为云南的第二大经济中心。1274年，赛典赤·赡思丁任云南行省平章政事后，“立州县，均赋役；兴水利，置屯田……秉政六年，民情丕边，旧政一新”[④]。13世纪末，意大利旅行家马可波罗途经苍洱坝区所属的“哈剌章州”，他根据所见所闻记载：“此地亦产金块甚饶，川湖及山中有之，块大逾常，产金之多，致于交易时每金一量值银六量。彼等亦用前述之海贝，然非本地所出，而来自印度。”[⑤]当时，大理周边地区的矿业发达，盛产黄金，在苍洱坝区流通；除金银交易外，“以贝代钱”依然是苍洱坝区商品流通的主要交换形式。哈剌章州“亦

---

① [明]杨慎：《南诏野史》（上卷）卷四十一《段正严》，台北：成文出版社，1968年据乾隆四十年石印本影印，第88页。

② [宋]范成大：《桂海虞衡志·志香》，见胡起望、覃光广校注：《桂海虞衡志辑佚校注》，成都：四川民族出版社，1986年，第45页。

③ [后晋]刘昫等：《旧唐书》（卷78－150）卷九十一《张柬之》，长春：吉林人民出版社，1995年，第1862页。

④ [元]李京：《云南志略》，见王叔武校注：《大理行记校注、云南志略辑校》，昆明：云南民族出版社，1986年，第83页。

⑤ [意]马可波罗：《马可波罗行纪》，[法]沙海昂注，冯承钧译，北京：商务印书馆，2012年，第262页。

产良马，躯大而美，贩售印度”[①]，大理马的交易市场从内地通过“蜀身毒道”延伸至印度。

苍洱坝区周边的少数民族经济也有一定的发展，南部金齿百夷“地多桑柘，四时皆蚕”，出现“五日一集”的定期集市，商人角色出现男女分工，“旦则妇人为市，日中男子为市”，“以毡、布、茶、盐互相贸易”；大理北部的末些蛮“多羊马及麝香、名铁”；东部的土僚蛮“常以采荔枝、贩茶为业云”[②]；东南部斡泥蛮生活的区域贝币流通，《云南志略·蛮夷风俗》中记载某斡泥蛮“治生极俭，家有积贝，以一百二十索为一窖，藏于地中”的典故。这些地方丰富的物产也在云南境内流通，南部的金齿百夷诸路地产“珀、犀牛、象、孔雀、紫槟榔、鳞蛇胆”；西部的平缅路“产白毡布，坚厚缜密，类紬然，云南无贵贱通服之”，莎罗树“结子，破其壳中，如柳绵，纫以为线，白毡、兜罗绵皆此为之”[③]。周边少数民族经济的发展带动了民族聚居区间的商品流通，苍洱坝区将周边的交通贸易联结在一起，羊苴咩城成为滇西物资集散中心、商业贸易中心。

---

① [意]马可波罗：《马可波罗行纪》，[法]沙海昂注，冯承钧译，北京：商务印书馆，2012年，第263页。

② [元]李京：《云南志略》，见王叔武校注：《大理行记校注、云南志略辑校》，昆明：云南民族出版社，1986年，第93—96页。

③ [元]刘应李：《大元混一方舆胜览》卷中《云南等处行中书省·平缅路》，詹友琼改编，郭声波整理，成都：四川大学出版社，2003年，上册，第483页。

第三节　小商品经济的类型与特点

一、政治经略下的经济发展

从西汉武帝设郡县开始，封建王朝在实行政治统治的同时，控制商贾聚集的交通要道，通过税收、征用军需物资和矿产等，以获取经济利益。东汉"置永昌郡以统理之，乃收其盐布毡罽之税，以利中土"①；蜀汉"悉收豪杰以为官属，出其金银、丹漆、牛马，以给军国之用"②；晋"置南夷府……统五十八部夷族都监行事，每夷供贡南夷府入牛、金、旃、马，动以万计"③；中央王朝的统治、经略政策对苍洱坝区的经济影响较大，坝区从商贸通道发展成为具有政治意义的经济空间。南诏时"开路置驿，当时已有可通东南亚、西南亚和中原的驿道，并已形成以'羊苴咩城'为中心的交通网络"④，南诏前期与唐王朝保持"时复时叛"的政治关系，南诏中后期实施军事扩张，无论是主动学习还是强行掳掠⑤，南诏在对外的政治交往与军事扩张中推动了本土社会的经济发展。大理国时在实施促进经济发展的新国政的同时，积极与内地王朝保持"臣属"关系，通过入贡和

---

① [后晋]刘昫等：《旧唐书》（卷78－150）卷九十一《张柬之》，长春：吉林人民出版社，1995年，1862页。

② [元]李京：《云南志略》，见王叔武校注：《大理行记校注、云南志略辑校》，昆明：云南民族出版社，1986年，第69页。

③ [明]谢肇淛：《滇略》卷九《夷略》，见景印《文渊阁四库全书》，台北：台湾商务印书馆，1983年，史部，地理类，第494册，第217页。

④ 大理白族自治州交通局编：《大理白族自治州交通志》，昆明：云南人民出版社，1991年，第2页。

⑤ 劝丰祐时期派王室子弟入蜀学习，后"取邛、戎、嶲三州，遂入成都，掠子女百工数万人南归"；世隆时期"侵蜀，遂破成都"。详见[元]李京：《云南志略》，见王叔武校注：《大理行记校注、云南志略辑校》，昆明：云南民族出版社，1986年，第76－77页。

开市互通有无，同时向周边国家纳贡，开放的对外经济政策加快了各类商品的输出与输入。直到元代，云南成为元朝廷的行中书省之一，直接隶属于中央王朝管辖，流官的任用在革除旧习、发展生产等方面起到一定的作用。

总的来看，元代以前，苍洱坝区与中央王朝的政治关系复杂，但在内地较发达的社会经济的带动下，政治交往促进了商品流通和工艺技术的传播，有利于汉文化的传入和少数民族文化的输出，使苍洱坝区的小商品经济具有了受多元文化影响的经济特性。到元代，虽然苍洱坝区存在很多社会矛盾，但是坝区周边矿产多、物产丰富，加之外来商品的输入、内地商品的聚集，羊苴咩城成为商品流通之地，物资交流中心的作用日益凸显。

二、商贸活动的形式和类型

这一时期，苍洱坝区的商贸活动主要有民间贸易和官方贸易两种形式，民间贸易的产生时间早，发展较为稳定；官方贸易由地方与中央王朝的政治关系决定，政治关系稳定民间贸易和官方贸易同时存在和发展，互为补充。政治关系紧张，民间贸易以“窃出”的方式暗中进行。这两种贸易形式从商品流通的区域来看，主要有国内贸易和国外贸易两种类型。

（一）国内贸易

苍洱坝区的国内商贸活动，一为与内地及中原地区，二为与周边少数民族地区。一方面，坝区与内地及中原地区的商贸活动，汉初以前，以“窃出”的民间贸易活动为主，主要为巴蜀商品的输入和巴蜀商贾将西南夷地区“人蓄”等贩入内地，这种“窃出”的民间商贸形式持续时间长。大理国中后期，巴蜀的交通被阻断，坝区借道广西与内地和南亚相通，尤其邕州设市后，官方贸易带动民间贸易的发展，正如《岭外代答·邕州横山寨博易场》中所说：“蛮马之来，他货亦至。蛮之所赍，麝香、胡羊、长鸣鸡、披毡、云南刀及诸药物；吾商贾所赍，锦缯、豹皮、文书及诸奇巧之物。"① 各类商品的输出和输入愈加频繁。另一方面，由于交通的发展，坝区与"蜀身毒道"沿线的部族联系紧密。这些区域的部族分享了交通沿线的经济利益，经济发展较快。从汉武帝时期到东汉末年的三百年间，部族组织强大促进社会经济发展②，苍洱坝区与周边地区互通有无。蜀汉时，以叶榆为郡治的云南郡"土地有稻田、畜牧"，但"不桑蚕"，"桑蚕"习俗由永昌郡传入，才使郡内"亦出（橦）华布"③；南诏时，苍洱坝区成为南诏西部民族特产"白毡布"的交易中心；到元代，平缅路产的"白毡布"，云南无论贫富贵贱"通服之"，用木棉子"纫线"、织布，境内"皆以此为之"。同时，苍洱坝区的畜产品、金银和"名铁"等矿产也流向周边地区，实现坝区与周边民族地区商品的双向流通。

（二）国外贸易

国外贸易中苍洱坝区最初仅为商贸通道，汉初民间贸易在对外贸易中作用较大，主要为边境民族和巴蜀商贾的"窃出"交易，商品数量有限，"蜀贾奸出物"中包括输出商品有印度古籍中记载的"产自支那成捆的丝"、张骞在大夏（今阿富汗）看到的"邛竹杖""蜀布"等；国外输入的商品有楚国的"陆离"④ 等。随着外交关系的发展，交易商品逐渐增多，出现固定的交易地点。唐时，"以金银为钱"的骠国"与诸蛮市，以江猪、白毡、琉璃罂缶相易"⑤，交易地点深入商贸发达的苍洱坝区，《蛮书·南蛮疆界接连诸蕃夷国名第十》中有：骠国"有移信使到蛮界河赕"

---

① [宋]周去非：《岭外代答》卷五《财计门·邕州横山寨博易场》，北京：中华书局，1985年，第54页。

② 方国瑜：《汉晋时期西南地区的部族郡县及经济文化》，见林超民编：《方国瑜文集》第一辑，昆明：云南教育出版社，2001年，第232页。

③ [东晋]常璩：《华阳国志》卷四《南中志》，北京：中华书局，1985年，第59页。

④ 吴兴南：《云南对外贸易史》，昆明：云南大学出版社，2002年，第19页。

⑤ [宋]欧阳修、宋祁：《新唐书》卷二百二十二下《列传第一百四十七下南蛮下》，北京：中华书局，1975年，第20册，第6308页。

进行贸易的记载。同时，骠国“北有市”，成为国内商品输出交易的重要区域。到元时，正如元代的张道宗在《纪古滇说集》中描述：“自唐进封之后，永昌诸郡、缅、暹罗、大秦，此皆西通之国，交趾、八百、真腊、占城、挝国，此皆南通之国，俱以奇珍、金宝、盐、锦、毡布、珲琚、巴具岁进。”[①] 发达的外部交通使得苍洱坝区不仅成为外来商品的流通通道，而且还发展为商品流通中心。

三、交易商品的类型与种类

（一）交易商品的类型

汉时苍洱坝区及周边地区交易商品的类型较少，内地输入的商品主要以手工产品为主，包括丝织品、竹制品、陶制品等，输出商品的类型由经济利润的多少来决定，人畜交易曾繁盛一时。随着生产技术水平的提高，交易小商品的品类不断增加，往来商品覆盖生产生活的各个方面。尤其是冶炼技术发展，苍洱坝区周边矿业发达，金、银、铜、铁等在国家经济中发挥重要作用的矿产和盐业在贸易中的比重增加。大理国时由于宋朝北部战事需要，用于军事备战的畜产品——以大理马为代表的交易异常活跃，出现“蛮马之来，他货亦至”[②] 的景象。至元代时，涵盖农、林、牧、渔各个方面的有商业价值的产品，大多用于市场交易，如《马可波罗行纪》中记载：哈剌章州出毒蛇大蟒，“猎人捕得以后，取其腹胆售之，其价甚贵”，之后通过售“蟒肉”，由于蟒肉味佳，“人亦愿食之”[③]，这种满

---

① [元]张道宗：《纪古滇说集》，见方国瑜主编，徐文德、木芹纂录校订：《云南史料丛刊》第二卷，昆明：云南大学出版社，1998年，第659页。

② [宋]周去非：《岭外代答》卷五《财计门·邕州横山寨博易场》，北京：中华书局，1985年，第54页。

③ [意]马可波罗：《马可波罗行纪》，[法]沙海昂注，冯承钧译，北京：商务印书馆，2012年，第263页。

足市场需求的捕售活动，将捕蟒这一高危职业的利润最大化。此外，从国外输入的商品类型多，各种奇珍异宝、各类药材甚至罂粟都成为贸易商品，“海贝”输入云南境内后成为流通货币，影响着苍洱坝区小商品经济的发展。

（二）交易货币的种类

苍洱坝区初期的商品交换，“以其所多易其所鲜”，受商业发达的巴蜀地区影响较大，为简单的以物易物阶段。随着对外贸易的发展，从西亚沿海国家输入的“海贝”，由于具有个轻、易于携带、依大小不同视不同价值、以枚计数等特点，成为苍洱坝区主要的流通货币，一直影响到明代。汉代发行的钱币曾流通于苍洱坝区，“钱、贝尚并行，贝贵而钱贱也”①，汉代钱币未能取代贝币；南诏时用“缯帛”衡量商品价值，与中国古代以布为交易媒介物相同②，但麝香等物产依然用贝币；南诏晚期至大理国时期“以贝为币”盛行，“贝者大若指，十六枚为一觅”③；元时，贝币以“海中所出之白贝而用作狗颈圈者为之”，“交易用贝，贝俗呼作肌，以一为庄，四庄为手，四手为苗，五苗为索，虽租赋亦用之”④，使用范围较广，中庆路（今昆明）贝币价值为“八十贝值银一两”“银八量值金一量”，而大理路“每金一量值银六量”⑤，贝币的价值比滇中略低。

---

① ［明］谢肇淛：《滇略》卷四《俗略》，见景印《文渊阁四库全书》，台北：台湾商务印书馆，1983年，史部，地理类，第494册，第135页。

② 方国瑜：《云南用贝与沿海诸国贸易》，见方国瑜著，秦树才、林超民整理：《云南民族史讲义》，昆明：云南人民出版社，2013年，第609页。

③ 正德《云南志》卷三十六《外志三诸夷传一》，见方国瑜主编，徐文德、木芹、郑志惠纂录校订：《云南史料丛刊》第六卷，昆明：云南大学出版社，2000年，第446页。

④ ［元］刘应李：《大元混一方舆胜览》卷中《云南等处行中书省》，詹友琼改编，郭声波整理，成都：四川大学出版社，2003年，上册，第453页。

⑤ ［意］马可波罗：《马可波罗行纪》，［法］沙海昂注，冯承钧译，北京：商务印书馆，2012年，第262页。

尽管南诏时出现过使“夷人不堪”的“以斗盐易一牛”[①]不平等交易；大理国时“以盐易马”，邕州设市后，横山寨博易场内以盐、锦、银等交换媒介物作为“博易之资”；元代曾“初行钞法”，发行“中统钞”，禁止新贝输入，限制用贝，但皆以“民不便之”[②]而告终，这些临时的交换媒介物都没能打破“以贝代钱”交换形式的定式，直到明末“海内贸易皆用银钱，而滇中独用贝”[③]，以贝币中内径最小的“小贝、不成贝”最为常见。

（三）小商品交易的地点

苍洱坝区从商贸通道发展为物资集聚中心，坝区内的交易地点从分散到集中。中华人民共和国成立前后大理考古中出土汉代钱币的古居址、古墓葬分散于洱海的东西岸，某种程度上印证了交易地点的分散。南诏时，骠国“有移信使到蛮界河赕，则以江猪、白毡及琉璃、罂为贸易”[④]，产于缅甸等国的琉璃、罂粟和云南西部的特产都汇集于河赕，骠国贾客、内地商贾、本地商人也聚集于此地。据夏光南先生考证河赕位于苍洱坝区的喜洲一带，该地当时已为一个大型商品集散市场。随着商品交易的繁盛，苍洱坝区逐渐出现固定的交易场所和固定的交易时间，大厘城、羊苴咩城均体现出不同程度的城市商业功能。除大厘城附近的“河赕”贸易中心外，唐永徽年间羊苴咩城北出现“观音市”，苍洱坝区北部出现“渔潭会”等大型的商品交易盛会，每年八方商贾、云南省内外的各类产品、物资如期而至。到元代，李京在《云南志略·诸夷风俗》中记载：“市井谓之街子，

---

① 正德《云南志》卷三十八《外志五诸夷传三》，见方国瑜主编，徐文德、木芹、郑志惠纂录校订：《云南史料丛刊》第六卷，昆明：云南大学出版社，2000年，第453页。

② [明]宋濂等：《元史》卷一百二十五《列传第十二赛典赤·瞻思丁》，北京：中华书局，1976年，第3065页。

③ [明]谢肇淛：《滇略》卷四《俗略》，见景印《文渊阁四库全书》，台北：台湾商务印书馆，1983年，史部，地理类，第494册，第135页。

④ [唐]樊绰：《蛮书》卷十《南蛮疆界接连诸蕃夷国名第十》，见向达校注：《蛮书校注》，北京：中华书局，1962年，第233页。

午前聚集，抵暮而罢。”① 城市中的“街子”有了固定的聚集和散场的时间，民间已形成特定的集市商业习俗，“赶街”成为普通民众经济生活中的一部分，一直持续到当代。此外，吴晓亮教授在《大理史话》中通过对其他资料的分析，认为：“元代崇圣寺中有相当的产业，其中有园林、碾磨和店铺等……‘街子’较前代更加发展……”② 崇圣寺正位于羊苴咩城的北城墙外，紧邻“桃溪”护城河，城北店铺的出现体现了城市集市已发展到一定的程度。

明代以前，苍洱坝区的小商品经济在交通发展、民族文化交流的影响下产生和发展，坝区凭借所特有的地理环境和区位优势，从商贸通道发展成为物资集散和交流中心，经济空间的特性逐渐增强。从西汉武帝经略云南开始，政治因素成为左右坝区商业发展的主要因素。汉晋时，苍洱坝区商业文化的自发动力不足，受汉文化和外来文化的影响较大。南诏大理国时，民“专于农，无贵贱皆耕”③，但是通过内政的实施与对外的政治交往，推动了手工产品、畜产品等小商品的生产，苍洱坝区大型贸易活动中心的出现使商品交换进入新的阶段。元代，羊苴咩城成为国内外物资集散中心。随着城市体系的建设和发展，城市功能逐步完善，城市集市产生，城市经济进一步发展。但从当时的经济发展水平来看，元代云南的经济发展水平与其他行省差距较大。以税粮为例，云南每年税粮不到全国的四十分之一④，岁课名目只包括“金课、银课、铜课、铁课、酒课”，主要集中于矿产资源及其产品交易活动，未见单独的商税条目，商业发展水平明显晚于中原地区。

这一时期的商业文化特征，一方面因与外国交通，音乐、技艺、珍宝皆相继输入，使叶榆文化更加丰富，商业文化也因此具有多元化的特点。

① [元]李京：《云南志略》，见王叔武校注：《大理行记校注、云南志略辑校》，昆明：云南民族出版社，1986年，第88页。

② 吴晓亮：《大理史话》，昆明：云南人民出版社，2001年，第109页。

③ [宋]欧阳修、宋祁：《新唐书》卷二百二十二上《列传第一百四十七上南蛮上·南诏上》，北京：中华书局，1975年，第20册，第6270页。

④ 木芹：《〈经世大典·云南事迹辑录〉后记》，见方国瑜主编，徐文德、木芹纂录校订：《云南史料丛刊》第二卷，昆明：云南大学出版社，1998年，第651－652页。

另一方面如民国《大理县志稿·社交部》中总结："部落时代之民……以其所有易其所无……蒙氏建都立国，虽纳款于唐，称兵于蜀然攻之。宋元以来之契券要皆以贝为币，则当时之不能通商他省是其明证要之，其所贸易者，大都不过布帛粟菽之类，所谓'观音市'者即当时商贾集合之市场。"[①] 尽管这一时期"市场"还不具备城市集市的很多特点，交易商品类型和数量有限，贝币在"通商他省"中有诸多不便，但市场的出现使得城市商业聚集功能显现，"街子"形成了"日中为市"的固定交易时间和临街摆摊或结棚为舍的固定的交易地点，同时也存在固定充当一般等价物的商品等，随着城市经济的发展，这些因素推动着城市商铺的出现。

① 民国《大理县志稿》(二) 卷六《社交部》，见《中国地方志集成·云南府县志辑》，凤凰出版社、上海书店、巴蜀书社，2009年影印本，第73册，第222－223页。

第四章　大理古城传统商业文化记忆：明清时期至民国时期

古城镇的传统商铺是多元城市历史记忆符号中的“一种可感的实体”[①]，它是社会经济发展到一定阶段和商品交易达到一定程度的产物。传统商铺的产生、发展、变迁以及不同发展阶段所体现的商业文化特性与历史发展背景、社会文化风貌、城市经济生活、街区格局形态等密切相关。明清以来，大理府城的建设推动城市经济的发展，至今格局完整的街区和肌理纵横的街巷成为非农人口的聚集空间，在苍洱坝区这一特殊经济空间中，聚集城市的商人和商铺的数量逐渐增多。明代以来，以商铺为代表的城市商业文化成为苍洱坝区小商品经济发展的新的特征。

根据大理古城商铺发展的线索，主要探讨沿城市街巷分布和城市集市中的摊铺、店铺等，重点关注历史街区“市肆”的变迁。在历史时期城市经济发展受较多因素的限制，经济功能只是城市的附属功能。明代以后大理古城内的市集、摊铺、店铺同时存在，不同时期摊铺与店铺的比例不同，摊铺有门摊、地摊等形式，随着城市商业市场的稳定发展，摊铺比例减少，店铺数量增加，店铺的数量与城市商业的发达程度成正比例。

① [法]皮埃尔·吉罗：《符号学概论》，怀宇译，成都：四川人民出版社，1988年，第23页。

第一节 明代城市商铺的产生

明代大理府城建成之后，集府治、县治和卫所三大政治机构于一城，它的城镇功能如第二章所述，政治军事功能突出，但随着外部经济空间聚集功能的加强，以及明代移民屯田等政策的实施，大理城在“人与物相聚会”[①]的过程中，成为以“街巷”为特征的城市市场空间，出现具有一定空间分布特征的街巷市集、门摊和店铺，城市的集聚功能推动城市经济发展。

一、城市商铺产生的背景

（一）促进商业发展政策的实施

明初，为加强对西部边疆城市的统治，明廷针对“云南之民多夷少汉，云南之地多山少田，云南之兵食无所仰”的实际情况，施行移民屯田政策。一方面通过“三分操守，七分屯种”[②]的屯田方式，达到“耕且战，为居久计”“军食悉仰足”[③]的目的；另一方面遣派大量的军事屯田移民和商业移民进入云南，改变了云南“夷多汉少”的局面，形成新的民族分布

① [清]李光庭：《乡言解颐》卷二《地部·市集》，北京：中华书局，1982年，第21页。

② “内地各卫俱二分操守，八分屯种”云南屯田政策与内地的不同突出了云南屯田的重要性。详见正德《云南志》卷二《云南府·屯田》，载方国瑜主编，徐文德、木芹、郑志惠纂录校订：《云南史料丛刊》第六卷，昆明：云南大学出版社，2000年，第126页。

③ 《经世大典·屯田篇》，见方国瑜主编，徐文德、木芹纂录校订：《云南史料丛刊》第二卷，昆明：云南大学出版社，1998年，第642页。

格局。

明代的屯田政策根据屯田主体的不同，分为军屯、民屯和商屯，其中，由商人经营的“商屯”对大理城市经济的发展影响较大。《明史·食货志》中记载：“明初，募盐商于各边开中，谓之商屯。”由各地商人出资在边地招募民户垦种官田，以产粮输入边仓，换取盐引①。成化元年（1465），离大理府城一百多公里的姚安军民府“有浙江、江西等布政司安福、龙游等县商人等，不下三五万人，在卫府座（生？）理，遍处城市、乡村、屯堡安歇”，他们通过“生放钱债，利上生利，收债米谷，贱买贵卖”等方式，谋取高额利润，并留在当地“娶妻生子、置奴仆，二三十年不回原籍”②，以浙江、江西商人为代表的商贾自四方来，各从其俗，远赴云南经商，刺激了云南的商业发展。大批省外商人涌入，输入大量的生活必需品，“四方之货一入滇，虑无不售，其途愈远，其来愈难，其入货者愈有词，于出货者愈有利”③，慢慢形成“所售”和“所酬”必倍的商业风气。究其原因在于“滇处西南徼外……贩帛于万里，因其从来之艰，坐以贾价，所售必倍焉……市帛于贾肆，因其所需之急听其要市，所酬必倍焉。中土之一缣，徼外之二缣也，中土一金之直，徼外二金之费也”④。

此外，明代云南的驿站堡铺设置比以往更为密集，各道路每十里或二三十里设哨戍，万历年间大理府设“驿堡”十座，“关哨”八十一座，仅太和县就有十座“关哨”，哨戍把守形成安定的交通环境，各道路沿线经商、开矿、煮盐业发展迅速，小商品生产与交换进一步发展。

---

① 李洵：《明史食货志校注》，北京：中华书局，1982年，第19页。

② 《皇明条法事类纂》卷十二，转引自傅衣凌：《明成弘间江西社会经济史料摘抄——读〈皇明条法事类纂〉札记之一》，《江西社会科学》1983年第3期，第109页。

③ [明]包见捷：《滇志草》，转引自大理市商业局编：《大理市商业志》（内部发行），昆明：云南省地质矿产局测绘队电排印装，1993年，第32页。

④ [明]章潢：《图书编》卷四十二《云南图叙·兴农桑》，见景印《文渊阁四库全书》，台北：台湾商务印书馆，1983年，子部，类书类，第969册，第883页。

（二）市集的发展

明时，对大理府城影响较大的市集，有规模较大、一年一次的“观音街子”和每月逐日而市的“小街子”。正德《云南志》卷三《大理府·风俗》中描述：“观音街子，旧俗每年三月十五、六、七三日，云南各州县商旅各预赍货物，至期毕集于城西校场内贸易。”[①] 到嘉靖年间“府观音市，在城西教场，以三月十五日集，至二十日散，十三省商贾咸至，昉于唐永徽间至今不改，以民便故也”[②]，万历时“三月十五日在苍山下贸易各省之货”[③]，“观音街子”的街期从三日延长至五日，聚集的商贾、货物来自云南省内各州县，随后范围逐步扩大到明代所置的全国十三省，影响扩大，出现“若长安灯市然，官恐其喧争为乱，调卫卒以守护之”[④] 的现象。

明代地理学家、旅行家徐霞客于崇祯十二年（1639）农历三月十五、十六两日游历大理的“观音街子”，他在《滇游日记》中记载：“盖榆城有‘观音街子’之聚，设于城西演武场中，其来甚久；自此日起，抵十九日而散，十三省物无不至，滇中诸彝物亦无不至，闻数年来道路多阻，亦减大半矣……颇有结聚环护之胜。”街场“俱结棚为市，环错纷纭”，“其北为马场，千骑交集，数人骑而驰于中”，“时男女杂沓，交臂不辨，乃遍行场市”，“观场中诸物，多药、多毡布及铜器木具”，“书乃吾乡所刻村塾中物及时文数种，无旧书”[⑤]，“观音街子”虽然在明末物资减少，但依然保持着百货俱集、参与人数多、男女老少聚集于市的民风民俗，盛况

---

① 正德《云南志》卷三《大理府·风俗》，见方国瑜主编，徐文德、木芹、郑志惠纂录校订：《云南史料丛刊》第六卷，昆明：云南大学出版社，2000年，第139页。

② 嘉靖《大理府志》卷二《地理志第一之二·市肆》，大理白族自治州文化局翻印，录自云南省图书馆藏抄本，1983年，第114页。

③ 万历《云南通志》卷二《地理志第一之二·大理府·风俗》，见杨世钰、赵寅松主编：《大理丛书·方志篇》（卷一），北京：民族出版社，2007年影印本，第251页。

④ [明]谢肇淛：《滇略》卷四《俗略》，见景印《文渊阁四库全书》，台北：台湾商务印书馆，1983年，史部，地理类，第494册，第138页。

⑤ [明]徐弘祖：《徐霞客游记》下册《滇游日记八》，褚绍唐、吴应寿整理，上海：上海古籍出版社，2011年，第931—932页。

不减当年。

此外，云南府各地均有街期长短不一的“小街子”。景泰年间，云南府“寅、戌等日趂街子”，有妇人“日中则戴帽，坐街于交易”[①]，大理府的“小街子”大抵与云南府相同。嘉靖年间，大理府城有“城之西，日二集”的朔望市，下关“遇癸日集”，喜洲“遇辰□夜集”，赵州大市“辰戌二日集”，白崖市“遇寅午戌三日集”，迷渡市“遇巳酉丑三日集”，大庄市“遇辰亥二日集”，甸中市“遇卯未亥三日集”，府内各物资聚集的时间按十二地支推算，并形成用地支所对应的属相命名的集市，市集商人掌握一定的行销手段，通过“减价”的方式增加销售，“减价则买者益众，行处益远矣”[②]。各府盐市形成盐业专卖制度，不得跨区域销售，其中，“台井之盐”，“专行大理”，市场制度逐渐完善。天启年间，市肆依然“以十二支所属之日为率……日中而聚，日夕而罢。交易用贝，一枚曰庄，四庄曰手，四手曰苗，五苗曰索”[③]，被称为“蚆”[④]的贝币依然是“小街子”交易、上缴赋税的主要货币，基本单位与元代相似。“小街子”发展到明末已成为云南市集文化的特色，明人谢肇淛在云南任职期间纂写的《滇略·俗略》中所说：“市肆……滇谓之街子”；“以其日支名之，如辰日则曰龙街，戌日则曰狗街之类，至期，则四远之物必至，日午则聚，日仄而罢，唯大理之喜洲市则以辰、戌夜集。古者，日中为市，海内皆同，夜集独见此耳”。云南境内的集市发展到每月一市，“滇民以市为景，游人纵观”，市中使用“货贝中最小的‘寸二分以上的小贝’‘不盈寸二分的不成贝’”、货贝的“文采、小、大，人俱不论已”，“输税于官，与银

---

① 景泰《云南图经志书》卷一《云南府·风俗》，见《续修四库全书》编纂委员会编：《续修四库全书》，上海：上海古籍出版社，2013年，史部，第681册，第9页。

② 嘉靖《大理府志》卷二《地理志·市肆》，大理白族自治州文化局翻印，录自云南省图书馆藏抄本，1983年，第114页。

③ 天启《滇志》卷三《地理志第一之三·风俗》，昆明：云南教育出版社，1991年点校本，第109页。

④ [明]张志淳：《南园漫录》卷三《贝原》，见景印《文渊阁四库全书》，台北：台湾商务印书馆，1983年，子部，杂家类，第867册，第276页。

互入而收之者又转易银以入帑，稍为不便云”。[①] 明末，贝币在租赋使用中的不便之处逐渐体现。

（三）“重仕轻商”社会习俗的形成

明朝对云南近两百年的统治，让云南社会变化很大。到明末虽然“沐氏[②]据占庄田、卫军腐败、矿税祸害”[③]等引发很多社会问题，但由于明廷兴屯田、劝农桑等政策的实施，大量汉族移民进入云南各府，从景泰年间“夷汉杂处”到明末出现“土住者少，宦戍多大江东南人，熏陶渐染，彬彬文献，与中州埒”[④]的社会状态，“衣冠、礼法、言语、习尚，大率类”[⑤]，社会习俗受汉文化的影响较大。

大理在元代就有“俗本于汉”的习俗，到明景泰年间，大理府“民多士类，郡中汉僰人，少工商而多士类。悦其经史，隆重师友，开科之年，举子恒胜他郡，其登黄甲跻华要者，今相属焉”[⑥]。开科取士，步入仕途成为太和县民的追求目标，正德《云南志·大理府·风俗》中描写：太和县民“好作吏，云南各司州县吏、典、丞、差，太和人居强半焉”[⑦]，县内逐渐形成“重仕轻商”的社会习俗和“类中土”的礼仪风气。谢肇淛在《滇

① [明]谢肇淛：《滇略》卷四《俗略》，见景印《文渊阁四库全书》，台北：台湾商务印书馆，1983年，史部，地理类，第494册，第136页。

② 始于明朝开国功臣沐英，1381年，明太祖朱元璋命沐英、傅友德、蓝玉率兵征服云南，平定云南后，留沐英镇守云南。沐英死后，明太祖追封其为“黔宁王”，沐氏子孙世代承袭镇守云南，直到明末。

③ 方国瑜主编，木芹编写：《云南地方史讲义》，昆明：云南广播电视大学出版社，1993年，下册，第319－325页。

④ 万历《云南通志》卷二《地理志第一之二·云南府·风俗》，见杨世钰、赵寅松主编：《大理丛书·方志篇》（卷一），北京：民族出版社，2007年影印本，第241页。

⑤ [明]谢肇淛：《滇略》卷四《俗略》，见景印《文渊阁四库全书》，台北：台湾商务印书馆，1983年，史部，地理类，第494册，第141页。

⑥ 景泰《云南图经志书》卷五《大理府·风俗》，见《续修四库全书》编纂委员会编：《续修四库全书》，上海：上海古籍出版社，2013年，史部，第681册，第91页。

⑦ 正德《云南志》卷三《大理府·风俗》，见方国瑜主编，徐文德、木芹、郑志惠纂录校订：《云南史料丛刊》第六卷，昆明：云南大学出版社，2000年，第138页。

略·俗略》中亦记载：“大理……一大都会也，其富人嫁娶、送死以奢靡相高，岁时馈问无虚月；称货权子母而不好贾，贾人皆他方来贸易，贸易缯彩以致厚蓄，故水土之利皆归客商也。”① “崇士”“好面”为“客商”聚集牟利提供了有利的社会环境，“客商”掌控市场交易、交易商品价格高于中土等已成为一大商业现象，“客商”的种种行为让明人章潢在《图书编·兴农桑》中大肆批判，他由此倡导“兴农桑”，强调“滇尤甚也”，这从另一个侧面佐证了当地“重仕轻商”“轻农桑”的社会习气盛行。

二、大理府城商铺的产生

（一）商铺的产生

从历史资料来看，明初的景泰《云南图经志》和正德《云南志》中有关“大理府城”的记载更多地体现城市建设、城市地理环境和各类行政机构的设置等内容，“风俗”多为汉俗，鲜有大理府城城市经济发展的记载；明代中后期的云南地方志书中，嘉靖《大理府志》卷二《地理志·市肆》和《滇略·俗略》着重记载“街子”集市文化；而在万历《云南通志》卷六《赋役志》和天启《滇志》卷六《赋役志》中“大理府”的赋税课目出现“商税”条目，包含街税和门摊税等课程，反映出大理府城以街巷为集，门摊、店铺已经出现。

明代的商税政策，《明史·食货志》记载：“关市之征，宋元颇繁琐，明初务简约，其后增置渐多。”② 洪熙元年（1425）增市肆门摊课钞。“凡城市临街铺面隙地，有支棚摆摊、卖杂货生理者，晚即收归，早则铺设，

① [明]谢肇淛：《滇略》卷四《俗略》，见景印《文渊阁四库全书》，台北：台湾商务印书馆，1983年，史部，地理类，第494册，第141页。

② 《明史》卷八十一《食货志·商税》，见景印《文渊阁四库全书》，台北：台湾商务印书馆，1983年，史部，正史类，第298册，第282页。

有司以为贸易取利，宜输官钱，名之曰门摊税。”[①] 从门摊税的征收对象来看，包括用以“贮商货”的“塌房”[②]，货物多的沿街固定铺面和货不多、临时性摆摊的门摊。虽门摊“买卖逊于铺面者，但实际征收时铺面门摊不分，合为门摊税”[③]。

万历《云南通志》卷六《赋役志第三·课程》记载：云南布政司课程“‘商税’银九千六百四十两五钱九分六厘五毫九丝四忽八微，‘门摊’银二百五十六两五钱四分五厘二毫三丝，麦一十四石三斗四升七合六勺”；大理府课税“‘商税’银七百三十二两一钱七分三厘五毫九丝二忽，‘门摊’银三十七两七钱，‘街税地租’银三两六钱四分”[④]。天启《滇志》卷六《赋役志第四》中记载：云南布政司商税“‘课程、门摊、酒课’银共一万七千七百一十两七钱三分三厘一毫八丝五忽六微”；大理府“‘商税、窑税、街税等’银共四百九十两三钱八分八厘八毫”。万历年间，大理府的商税占整个云南布政司商税总数的比例不足十分之一，门摊税占布政司总数的比例近六分之一；天启年间，云南布政司的门摊税未单独列条，大理府的课程记录为含商税、窑税、街税在内的总数，无法看出大理府门摊税的增减情况。可以肯定的是，万历、天启年间，明朝廷对大理府征收商税、门摊税、街税等，说明大理府城门摊、店铺等已经存在，而且已有一定的数量。此外，明末谢肇淛在《滇略·俗略》中提到“金临安，银大理”的民谚，足以证明当时大理府的城市经济已有所发展。

---

① [清]黄六鸿：《福惠全书》（五）卷八《杂课部》，[日]小畑行簡译，诗山堂藏本，1850年，第7－8页。

② 《明史》卷八十一《食货志·商税》，见景印《文渊阁四库全书》，台北：台湾商务印书馆，1983年，史部，正史类，第298册，第282页。

③ 范金民：《明代嘉靖年间江南的门摊税问题——关于一条材料的标点理解》，《中国经济史研究》2002年第1期，第149－153页。

④ 万历《云南通志》卷六《赋役志第三》，见杨世钰、赵寅松主编：《大理丛书·方志篇》（卷一），北京：民族出版社，2007年影印本，第352－354页。

（二）商铺的分布与形态

明时大理府城的商铺集中于居民生活区和日常活动场所的主要通道，按照府城城市机构设置"南重北轻""西重东轻"的布局，商铺分布于城民集中的城市北部和东部。徐霞客在《滇游日记》中有他分别从西城门、南城门、东城门进入大理府城的记述，"由西门入"途经关帝庙，"往街相马"；"南入城……观永昌贾人宝石、琥珀及翠生石诸物"；"由东门入市，定巾、买竹箱、修旧篋"；后又入西南城隅内，有清真寺，"寺门东向南门内大街"[①]，这是对当时"大理府城"城市经济活动最直接的描述。府城东部不仅有满足城镇居民日常生活所需的市集，而且为城内手工业者的聚集区，销售手工商品的门摊店铺主要集中于这一区域内。徐霞客从南城门入后看到"永昌贾人"及其赍来的"宝石、琥珀、翠生石"等云南西部及境外商品，虽无法判断具体的交易位置、摊铺的形态和规模，但在寥寥数语的描述中可看出大理府城已成为各方商品的聚集流通地，苍洱坝区特有的经济空间特征在城中商铺和商品交易中得以体现。

此外，在文献资料对大理府城内节庆活动的描述中也能反映当时的街市经济文化，《滇略・俗略》中有"元夕……市上结彩为架，作松棚如小屋然，爇灯其中"；"新年至二月，携壶觞赏花者无虚日，谓之花会，衣冠而下至于舆隶，蜂聚蚁穿，红裙翠黛杂乎期间……最盛者，会城及大理也"；"二月八日，各郡有迎佛之会，多于寺中舁游城市，长幼云集聚观"。[②] 明人邓渼在《榆城元夕曲》中有"高棚跨广路，火树两边生""游人迤逦处，灯火武侯祠"的描述，他在《星回节》词中写道："街衢车马夜喧闹，举国如狂自昔然，东舍椎牛闻击鼓，西邻酌兕共调弦。"人头攒动的盛会、车马喧闹的街巷成为大理府城内商人聚集的场所，他们在"结彩"架下的搭"松棚"、街道边置"高棚"等作为节会期间销售商品的摊

① ［明］徐弘祖：《徐霞客游记》下《滇游日记八》，褚绍唐、吴应寿整理，上海：上海古籍出版社，2011年，第931－932页。

② ［明］谢肇淛：《滇略》卷四《俗略》，见景印《文渊阁四库全书》，台北：台湾商务印书馆，1983年，史部，地理类，第494册，第138页。

铺，根据节会期和人流聚集程度选择临时摆摊设点的位置，利用节日盛会带动民众集中消费和促进商品流通。

明末，大理府城内“民间房屋，不过丈许，必用厚瓦，而固以灰土，官署亦然”[①]，城内主要大街两侧商铺的建筑形态与民间建筑形态相同，但朝向与城内公共建筑坐西向东的朝向不同，商铺根据街巷的走向选择朝向，门面朝街，沿街分布。

（三）商品种类

明时大理府城内的商品以特产和手工商品居多，商品随过往商人输入或输出，输入商品主要来自云南西部、周边国家、江南地区等。

1. 外来商品

汇集大理府城的外来商品主要由永昌贾人和江南商人带入。明末，永昌商人的足迹遍布云南境内，将滇西特产和周边国家的商品自西带入大理，或在城内销售，或过大理境将商品输送至云南中部和东部地区。《滇略》卷四《俗略》中记载：“永昌、腾越之间……其人，善制作，金银、铜铁、象牙、宝石、料丝、什器、布罽之属……加以诸夷所产琥珀、水精、碧玉、古喇锦，西洋布及阿魏、鸦片诸药物，辐辏转贩，不胫而走四方”，大理府城成为“走四方”的永昌商人的聚集地，金属器物、手工织品、矿产品、药材随之而来。这些商品中大多来自云南周边地区，“其他如水精、绿玉、墨玉、碧瑱、古喇锦、西洋布，孩儿茶之属，皆流商自猛密迤西数千里而至者，非滇产也。”[②] 明末，云南形成“汉多夷少”的民族格局，“汉人多江南迁徙者，其言、音绝似金陵”[③]，商业移民尤其是江南

① [明]谢肇淛:《滇略》卷四《俗略》，见景印《文渊阁四库全书》，台北：台湾商务印书馆，1983年，史部，地理类，第494册，第140页。

② [明]谢肇淛:《滇略》卷三《产略》，见景印《文渊阁四库全书》，台北：台湾商务印书馆，1983年，史部，地理类，第494册，第131页。

③ [明]谢肇淛:《滇略》卷四《俗略》，见景印《文渊阁四库全书》，台北：台湾商务印书馆，1983年，史部，地理类，第494册，第140页。

移民进入大理，以特有的商业意识和市场经验，根据市场所需和地区市场行情差异，将中土商品带入大理境内，同时也将云南的特产贩至江南，填补江南市场缺需。天启《滇志·搜遗志》中提道：“今滇人不知蚕桑，尺帛寸缣咸仰给江南，所织绵布亦不足供，惟贾人是需。”用“剖波罗树实”，“纽缕而幅之”[①]，纺织的棉布被江南商人带入中土，这些用于输出的过境商品汇集于大理府城内。

2. 本土商品

本土商品包括取自自然，被赋予商品属性的自然产物和通过人工加工的手工产品。史料记载最多商品的有“苍山雪”“点苍石”等，正德《云南志》载：“山腹有雪，四时不消，土人于五六月间采而卖之。”《滇略·俗略》中记载：“大理五、六月间，鬻雪者满市，家家以蜜和而咽之，曰蜜雪，云去心腹热疾。”卖苍山雪的街头景象出现在明代文人的诗词中，施武的《卖雪》词，他在词中备注：“大理苍山雪，六月不化，市上女郎卖之，犹吴下之卖冰也。”[②] 杨慎的《渔家傲·滇南月节》词中有“卖雪”场景描述：“五月滇南风景别，清凉国里无烦热，双鹤桥边人卖雪，冰碗啜，调梅点蜜和琼屑。”[③] 还有沐璘的《食点苍山雪》等。当时的大理有食雪解暑的风俗，当地人不惧苍山险峻，赴苍山顶采雪并用特殊的方法储存，经过和蜜调制，到城内售卖，卖雪者从府城南门外双鹤桥边到“鬻雪者满市”，“苍山雪”成为府城夏季畅销的时令商品。

“点苍石”，“白质青文，有山水草木状，人多琢以为屏”[④] 。万历时，

---

① 天启《滇志》卷三十二《搜遗志十四》，昆明：云南教育出版社，1991年点校本，第1046页。

② [清]姚之骃：《元明事类钞》卷一《天文门·雪》，见景印《文渊阁四库全书》，台北：台湾商务印书馆，1983年，子部，杂家类，第884册，第15页。

③ [明]杨慎：《杨慎词曲集》，王文才辑校，成都：四川人民出版社，1984年，第77页。

④ 正德《云南志》卷三《大理府·风俗》，见方国瑜主编，徐文德、木芹、郑志惠纂录校订：《云南史料丛刊》第六卷，昆明：云南人民出版社，2000年，第138页。

官府下云南采大理石，大理府城西北的“石户村”[①]，专行取石之役。点苍石，“其最佳者，苍素分明，山川远近，云树暗暖，若天生图画，不胫而走，四方好事者争购之”[②]。

此外，史料中有关风俗和商业现象的描述中也提到了市场上销售的物品，正德《云南志》卷三《大理府·风俗》中有当地人“好食蛇，赤手捕之，置之于器，负而卖之”的记载；《滇略·俗略》中有描写“七月二十三日，西洱河滨有赛龙神会……酒脯、瓜果之肆沿堤布列，亘十余里”的景象；邓渼在《春日述怀寄汤义仍四十韵》中有“汉域春阴尽，苍山旅病淹……市有红藤篾，家珍白井盐……”的描写；《滇略·产略》中记载的很多特产都成为大理府城市集交易的商品，如“大理土人取松烟胶和人丹砂，杂以脑麝、硫黄为之”的墨，“虽不及歙墨之良，较之他处稍胜”，其中“成即光如漆”的“一品元霜”深受文人的喜爱；当地人用大理城西“药师井”水，“蒸竹及谷皮为之”，制作“良腻而不燥”，“可久藏”的纸张，“滇无柬纸，以此代之”，有“纸出大理”的美誉；还有其他商品如“味胜他产”的感通茶、“蜜而饯之”的橄榄、“盐而脯之，熬液为油”的鸡枞、“取以为器，绝佳”的和木、“弓鱼”等洱海特有的水产品[③]，以及苍山之巅的高河菜，等等。城中所售商品包括“服食”类“蜜、酥、茶、糕”等20多个品种和“物货”类“纸、笔、墨、扇、席”等[④]近20个类型，人们无论是将自然物产直接售卖，还是取自然材料经人工加工后出售，这些商业行为都使商铺交易中本土商品的比例、种类逐渐增加，所产生的经济利润促使当地人参与商铺经营，推动着城郊农村手工业

---

① 徐霞客在《滇游日记》中描写：“途径‘石户村’时，‘人户俱流徙已尽’，‘不堪取石之役’。”详见《徐霞客游记》下《滇游日记八》，褚绍唐、吴应寿整理，上海：上海古籍出版社，2011年，第931页。

② [明]谢肇淛：《滇略》卷三《产略》，见景印《文渊阁四库全书》，台北：台湾商务印书馆，1983年，史部，地理类，第494册，第131－132页。

③ [明]谢肇淛：《滇略》卷三《产略》，见景印《文渊阁四库全书》，台北：台湾商务印书馆，1983年，史部，地理类，第494册，第120－133页。

④ 天启《滇志》卷三《地理志第一之三·大理府·物产》，昆明：云南教育出版社，1991年点校本，第114页。

的发展。

三、商铺的文化特征

明代大理府城建成后，苍洱坝区的经济空间特性逐渐体现在城市的聚集功能中，城市集市文化进一步发展。受明代“重农轻商”的国策和城市功能的影响，城市经济不发达，城中的商铺形成随城民聚居和流动而分布的摊铺文化，门摊和店铺同时存在。从摊铺的分布来看，日常时期的摊铺主要集中于府城东部和北部的城民聚居区，节会时期临时性的门摊主要分布于人流聚集的主要街道，且数量多于固定的临街铺面数。从摊铺的形态来看，包括临时“结棚”“结茅”的门摊和“丈许”“厚瓦”“灰土”的临街铺面。

摊铺的经营主体包括外籍商人和本地商人，外籍商人包括永昌商人和江南商人等，江南商人凭借其经验和商业意识，经营关系民生且需求量大的商品，对市场的掌控力度大；本地摊铺经营者包括少数专门坐店交易的商人和拥有某种工艺技巧的手工业者，猎户、渔民、农户小范围地参与市场交易。同时，市集中出现女性商人，《滇略·俗略》中载大理多风，“妇女市行者，以十二幅布为裙，多其襞积以御风云”① 的记载。

摊铺的商品种类多，大理府城汇集外来商品和本地物产。外来商品货源地，除云南西部和周边国家外，邻近省区、江南地区成为稀缺商品的货源地，大量货物随商业移民进入府城；本地物产中，除某些特定的物产地外，大理府城周边农村开始形成农闲时“一村一业”的手工业生产格局，成为满足城市交易需求的手工商品的产地，如府城内售卖的纸张均来自城西善于制作纸张的“小纸房”“大纸房”两村，石材来自城西北的“石户村”等，一定数量的市场需求使得城郊农村手工业规模化发展。

① [明]谢肇淛:《滇略》卷四《俗略》，见景印《文渊阁四库全书》，台北：台湾商务印书馆，1983年，史部，地理类，第494册，第140页。

从摊铺所处的商业环境来看，“云南用蚆不用钱”[1]，海贝仍是主要通行货币；体现农耕文化、宗教信仰、岁时节令习俗的各类民间盛会，会期频繁，参与者不分贵贱贫富、老幼男女，人数众多，推动府城市集、摊铺的发展。但是，当地崇尚仕途的社会习气和经商意识不强等，限制了当地人参与摊铺经营的比例和不利于商品交易中本土商品类型的多样化发展。同时，到明末，“行赍居鬻，所过所止各有税”，行者赍货，谓之过税，居者市鬻，谓之住税[2]，这些针对行商和坐贾的各种杂捐税收，不利于商贾的聚集和商铺的进一步发展。

第二节 清代商铺的发展

清代，大理城的城市经济在清前中期和末期表现出不同的特点。清代前中期，在清政府“闭关锁国”的国策下，大理城市集市、商铺与自给自足的社会经济联系紧密，与清末相比发展缓慢；清末，杜文秀大理政权建立期间大理城市商业出现短暂的繁荣，1875年帝国主义势力侵入大理，其后云南多处地方被辟为对外商埠，大理成为各类“洋货”的倾销地和运输中转站，城市经济发展较快，与商品生产相关的手工业等出现小规模的发展。城中商铺在城市经济发展中出现了不同程度的发展和变迁。

① [明]张志淳：《南园漫录》卷三《贝原》，见景印《文渊阁四库全书》，台北：台湾商务印书馆，1983年，子部，杂家类，第867册，第276页。

② 李洵：《明史食货志校注》，北京：中华书局，1982年，第237页。

一、城市商业环境的变迁

（一）城市集市

清代的大理府城集市，府城西的"观音街子"，"唐宋元明相沿不废"，商贾货物的聚集对府城城市经济的发展一直有较大影响；城内出现"率以为常"的"小街子"，出现了影响至今的固定街期，"街子"的交易地点打破了明代官与民不同活动区域的限制。

"观音街子"在清前中期"每岁以三月十五日集至二十日止，各省商贾争集"①，如期举行，"四方之人……各挟其货"而来，"百货俱集，结茆如阛阓"②，甚至出现清末白族音乐家李燮羲晚年所写《大理观音市竹枝词》中描绘的"昔时繁盛几春秋，百万金钱似水流。川广苏杭精巧货，买卖商场冠亚洲"③的繁盛景象。由于参与人数众多，"观音街子"期间，官府出兵巡逻，维护治安，甚至镇压盗匪。康熙年间，"官恐其喧乱，调戍卒卫之"④，后又因为大理北部匪患猖獗，"文武官吏共出弹压，以防苍山后生猓抢劫"⑤。到清末，观音街子依然热闹，亦如李燮羲所写："百货奇珍杂列陈，河山依旧物华新。蛮婆跳舞街南北，笑煞行商、坐贾人"⑥，街市上依然人声鼎沸，熙熙攘攘，依然有佩刀的"弹压官兵"。但清末时局动乱，盗匪横行，纸币贬值，生活必需品紧缺，物资价格高昂，各种社会

① 康熙《大理府志》卷六《城池·市肆》，见杨世钰、赵寅松主编：《大理丛书·方志篇》（卷四），北京：民族出版社，2007年影印本，第80页。

② [清]陈鼎：《滇游记》，见王云五主编：《业书集成初编》，台北：商务印书馆，1935年，第6页。

③ 李建国、李泰来选注：《情系大理·历代白族作家丛书·李燮羲卷》，北京：民族出版社，2006年，第36页。

④ 康熙《大理府志》卷六《城池·市肆》，见杨世钰、赵寅松主编：《大理丛书·方志篇》（卷四），北京：民族出版社，2007年影印本，第80页。

⑤ [清]陈鼎：《滇游记》，见王云五主编：《业书集成初编》，台北：商务印书馆，1935年，第6页。

⑥ 李建国、李泰来选注：《情系大理·历代白族作家丛书·李燮羲卷》，北京：民族出版社，2006年，第37页。

问题使“观音街子”的商品交易活动受到较大影响。

康熙年间，大理府城出现“府城内市”和“府前市”，府城内市“自承恩门至安远门大街，逐日小市，率以为常”；府前市“名‘小街子’，卯集辰罢”；城内还有每月两次的“街子”，“每月初二、十六集”，集市地点“旧在演武场，今移大街，鼓楼左右”①，每月按农历时间计算街期，改变了明代以来以十二地支之属、逐日为市，循环交易的街期习俗，每月固定的街期习俗一直延续至今。同时，城内的日常交易区域打破居民生活区的区域限制，商业活动范围扩大到府城南北城门间的主要通道——南北大街，集市商业活动区域范围的扩大使府城的城市经济功能不断增强。此外，大理府其余“小街子，逢二五八日聚于各市，午过则散”②，“日中为市”传统市集习俗有所改变。

（二）城市商税与货币政策

清初大理府的商业税收除沿袭明代的商税课目外，增加了某些交易量较大的矿产税、农产品税，府城中出现专门针对“丝店”的税收课目。康熙《大理府志》卷九《课程》中记载：“大理府商税银四百六十两四钱一分五釐，门摊钞银三十三两九钱，街税地租银三两五钱。”其中，太和县“商税银六十三两八钱八分一釐六毫九丝、丝店课银四两”，此外还包括酒醋课、米课、石磺颜料课等。雍正二年，新增归公商税银一千两。道光十年，“大理府”的课程包括“商税、门摊、窑课、租课、酒醋课、鱼课、街税、地租”，实际征收“共银一千一百九两四钱”③，所征额度高于康熙年间商税课程总数的两倍。到清末，“间接苛敛搜括无厌，生计安有不蹙

---

① 康熙《大理府志》卷六《城池·市肆》，见杨世钰、赵寅松主编：《大理丛书·方志篇》（卷四），北京：民族出版社，2007年影印本，第80页。

② [清]陈鼎：《滇游记》，见王云五主编：《业书集成初编》，台北：商务印书馆，1935年，第6页

③ [清]刘慰三：《滇南志略》卷二《大理府》，见方国瑜主编，徐文德、木芹、郑志惠纂录校订：《云南史料丛刊》第十三卷，昆明：云南大学出版社，2001年，第80页。

然”①，对小本经营的商贩和普通民众的生活影响较大。

在清政府的统治下，云南全省的流通货币逐渐与全国统一。康熙时期清政府利用云南丰富的铜矿资源，开始在云南铸造钱币，在大理等府县设钱局、置铸炉，乾隆时期不断增设钱局，到嘉庆时期铜钱已流通大理市场，改变了大理市场一直以来“以贝为钱”的货币流通特点。币制的统一使商品流通中的结算更加便利，更利于商品的输入与输出。

（三）城民生计方式的改变

清初，大理府“力田之余负贩而出，则子妇勤纺织，贸布疋，家无靡费，市无惰民”②，形成“崇俭，士林多自爱耻入公庭”的社会风气。嘉庆时期重修的《清一统志·云南志卷》中描述大理府的风俗“赋税不待催科，贫乏耻为商贾”，“轻商”的社会习俗依然存在，这导致云南“歇店饭铺、估客厂民，以及夷寨中客商铺户，皆江西、楚南两省之人”③。道光年间以后，大理府“居人能农不能贾，山水之利，率归客商”④，其商业权利则操之江西、两广、昆明等处之人⑤。

同时，贫富差距拉大，当地居民被迫改变谋生手段。雍正时期开始，“食用之物，价值昂贵”，“百物皆贵，惟钱最贱”⑥，物价上涨，钱价下跌，官奢民俭，社会矛盾愈演愈烈。民国《大理县志稿》记载：“清雍

① 民国《大理县志稿》（二）卷四《食货部》，见《中国地方志集成·云南府县志辑》，凤凰出版社、上海书店、巴蜀书社，2009年影印本，第73册，第97页。

② 康熙《大理府志》卷十二《风俗·太和县》，见杨世钰、赵寅松主编：《大理丛书·方志篇》（卷四），北京：民族出版社，2007年影印本，第113页。

③ [清]吴大勋：《滇南闻见录》上卷《人部·汉人》，见方国瑜主编，徐文德、木芹、郑志惠纂录校订：《云南史料丛刊》第十二卷，昆明：云南大学出版社，2001年，第18页。

④ [清]刘慰三：《滇南志略》卷二《大理府》，见方国瑜主编，徐文德、木芹、郑志惠纂录校订：《云南史料丛刊》第十三卷，昆明：云南大学出版社，2001年，第81页。

⑤ 民国《大理县志稿》（二）卷六《社交部》，见《中国地方志集成·云南府县志辑》，凤凰出版社、上海书店、巴蜀书社，2009年影印本，第73册，第250页。

⑥ [清]吴大勋：《滇南闻见录》下卷《物部》，见方国瑜主编，徐文德、木芹、郑志惠纂录校订：《云南史料丛刊》第十二卷，昆明：云南大学出版社，2001年，第26页。

（正）、乾（隆）、嘉（庆）、道（光）间，人口繁重，生计日艰。士人惟以教授课文为业，至于农产物则菽、麦、稻、粱不能敷食，多数仰给外邑。”[①] 地少人多，物价居高，日常生计难以维持，迫使城民“穷则思变，于是合群结队旅行四方。近则赵、云、宾、邓，远则永、腾、顺、云。又或走矿厂，走‘夷方’，无不各挟一技一能，既些须赀金，以工商事业随地经营焉”[②]。拥有技能的商人外出或工或商，随地经营，大理外出经商者逐渐增多，行商队伍不断壮大，他们的活动区域遍布大理全境和云南省内。随着大理城内商业活动区域扩大，行商向坐商转化，大多以小本经营为主，城内的商铺数量增加。

二、商铺的分布与类型

（一）南北大街的商铺

嘉庆道光年间，大理“城内居民一万三千余户，市面商贾辐凑，货物流通，押当生理共店铺四十八间”[③]，除传统商铺外，典当店铺发展较快。到光绪年间，城中南北大街成为商铺分布的主要区域，仅从糕点业店铺的分布来看，光绪初年，北门街有“五华斋”和“异美轩”，到光绪中叶，文庙南侧有四川糕点店铺，五华楼旁有“鼎颐祥”，卫市口南有“异品轩”、卫市口下有“广和轩”、南门外有“应鸿楼”、鼓楼街有“荷香楼”，这些店铺都沿着南北通衢、人流聚集的南北主街分布。1895年，奥尔良王子从南城门进入大理府城，南北向街道上除了有“高塔”钟鼓楼外，

① 民国《大理县志稿》（二）卷六《社交部》，见《中国地方志集成·云南府县志辑》，凤凰出版社、上海书店、巴蜀书社，2009年影印本，第73册，第250页。

② 民国《大理县志稿》（二）卷六《社交部》，见《中国地方志集成·云南府县志辑》，凤凰出版社、上海书店、巴蜀书社，2009年影印本，第73册，第250页。

③ 民国《大理县志稿》（二）卷三《建设部》，见《中国地方志集成·云南府县志辑》，凤凰出版社、上海书店、巴蜀书社，2009年影印本，第73册，第73页。

“街道两边是清一色的小铺子”，属于“中国城市里已经见惯不惊的那种店铺”①，店铺的分布已经完全打破府城南部作为政治活动区的限制，南北大街作为进出府城的主要通道，逐渐成为商贾、商铺聚集的商业活动区域。

（二）行业街市的商铺

清末，大理府城居民区手工行业的商品生产出现小规模化的发展，产生手工业相对集中的打铜街、打铁街、金箔街，开始了自产自销的手工业产品产销模式；渔农产品的交易量增加，出现鱼市口、卖糠巷、卖鸡巷、�麻巷，府城形成手工业制作和各类渔、农产品交易的固定街巷，形成“一街一业”的行业街市，销售不同类型产品的商号出现。

19世纪50年代，大理府城及周边地区逐渐形成从业人数较多的三大手工行业——缝纫、制革和做鞋。到光绪年间，以这三大行业为主的手工业在大理府城内形成作坊式的生产，生产规模较大的作坊雇工生产，并开设店铺经营，府城出现“前店后厂”的商铺格局；生产规模较小的作坊则沿街摆摊销售。据《大理手工业调查报告》的调查，1870年以前，大理府城内从事缝纫业的多为独立缝纫手工者，发展到光绪年间有30余家；制革行业在19世纪70年代以前主要分布于城郊城南、城北两村，府城内只有几户从事小规模生产；以制鞋谋生的手工业者20余户，其中以“兴发号”“鸿盛号”“福顺号”3家规模最大，并都雇有手工工人15－20人不等；用植物染料的染布作坊20多户，一般雇工3－5人；木器行业共有18家木器匠铺，其中，由四川人开店的9家，刘姓、潘姓2家木匠铺规模最大，各铺雇木匠8－10人，由剑川人开设的店铺6家，有“金胜号”“金和号”等，大理本地人开店的只有3家；金银首饰加工的店铺有“天宝号”“三元号”“富宝号”“恒丰号”“福美号”等16家。销售手工产品的店铺最初集中于各行业街市，逐渐向城内人流量大的南北正街、东西大街

① [法]亨利·奥尔良：《云南游记：从东京湾到印度》，龙云译，昆明：云南人民出版社，2001年，第127页。

扩散。

（三）不同商业环境中的商铺

清前中期，在自给自足小农经济的影响下，大理府城城市经济发展缓慢。19世纪70年代，英法等国势力深入云南大部地区，不同的政治经济环境刺激了城市经济的发展，城中商铺和所售商品的类型均出现新的变化。80年代中叶，大理出现过短暂的杜文秀政权。

1. 杜文秀大理政权时期的商铺

1856年，杜文秀领导的反清起义胜利后，建立了大理政权，大理城做了16年的政权中心。在大理政权的各项经济政策中，发展商业和对外贸易是重中之重。为推动商业贸易的发展，杜文秀颁布了一系列的政令：首先，吸引外来商人前来贸易，尤其是吸引四川商人，以达到繁荣行商市场、带动城内坐商发展的目的；设立由官府经营的行店，任命四川商人蒋正发为官营行店的主管；在大理南城门外设立行店和货栈，“为商者，建行店以安之”[①]；在保山、缅甸设官营商号等，大力发展对外贸易。其次，降低商税，大理政权规定：“每驮（约150斤）货物交纳七两银子的商税后，可行销大理政权的任何一个地方”，官府不再抽取任何交易税；“城乡大小商贩、手工业者均免除税收，并免除各种差役”，各种优惠政策鼓励商业、手工业的发展。此外，派人修商道，派兵守关卡，保障“出川达缅”的经商道路畅通无阻；施行外地商人的货物若在政权境内被盗，由官府负责赔偿的措施，降低外省商人远赴大理经商的经济风险。杜文秀大理政权时期“重商轻税”[②]的政策，吸引了大量外来资金，使得大理城各地商贾云集，商业兴盛。大理城成为滇藏贸易、川滇贸易、滇缅贸易中的转口贸易城市，城南商馆、行店林立，城内街巷热闹，商铺货源多样，有由川入滇的黄丝、棉花、药材、瓷器和各种日用品；有由藏而来的黄连、贝

① [民国]赵清：《辩冤解冤录》，见白寿彝主编：《回民起义》，上海：神州国光社，1952年，第1册，第61页。

② 马国盛主编：《大理回族史》，昆明：云南民族出版社，2009年，第86页。

母、麝香等各类名贵药材；还有云南其他地区行销川、藏、缅的各种货物。同时，低廉的物价使得城中百姓生活安定，利于本地的商品流通，商铺发展繁盛以往。大理政权被镇压后，城中部分商铺在清军攻城时损毁，大理商业市场一度凋零。

2. 清末的“洋货”商铺

1875年，英法势力分别从缅甸经滇西、越南经滇东南侵入大理地区，导致各种洋货充斥市场，下关成为各类洋货运销各地的集散地，大理自给自足的自然经济被破坏。正如民国《大理县志稿》记载：“自咸同以前，初无所谓洋货，光绪初洋货始渐输入，洎越亡于法，缅沦于英，于是洋货充斥，近则商所售，售洋货，人所市，市洋货，数千年来之变迁，未有甚于今日者。”[①] 市场上行帮壮大、洋货充斥，逐渐形成市场垄断，地主豪绅开设的行庄和店铺垄断农村市场、资本雄厚的大商号垄断城市市场[②]，导致城乡纺织业衰败和手工业者破产。

光绪年间，大理城在城市经济的恢复中，出现经营洋货的新式商店，出售洋纱、洋布、洋烛、洋枧（肥皂）、洋火（火柴）、洋灰（水泥）、洋油（煤油）等各种洋货。同时，西方的先进技术传入大理，比如照相馆业，光绪二年（1876），大理人刘德义跟随马帮到缅甸学习摄影技术并购回先进设备，在大理城广武路南段开设“光绘阁”照相馆，它是大理地区乃至云南省最早的照相馆，成为大理城内新的商铺类型，引导市民改变旧俗观念。

---

① 民国《大理县志稿》（二）卷六《社交部》，见《中国地方志集成·云南府县志辑》，凤凰出版社、上海书店、巴蜀书社，2009年影印本，第73册，第223页。

② 大理市商业局编：《大理市商业志》（内部发行），昆明：云南省地质矿产局测绘队电排印装，1993年，第5页。

（四）其他类型的店铺——堆店

中原地区在宋代就已出现“储存商货的库场”[①]——堆垛场或垛场。堆垛场有官办和民营之分，寄存商货的商人根据场地所属或支付垛地“官钱”，或支付垛地“户钱”。大理地区的堆店出现于清中后期，它是远途货运的商贸活动中，以马帮、马车等畜力为主要交通运输工具的时代产物。堆店所具有的功能与宋代“堆垛场”单一的仓储功能不同，不仅有堆场，还设有客房和马圈，兼具客栈和马店的功能，既能堆放货物，又能接待食宿，还能为货主推销货品，按堆放物品的性质收取寄存费，一般不收住房租金。堆店的接待能力按规模大小各不相同，分为单院、一进两院、一进三院、一进四院。1723年后，昆明、临安、腾冲、丽江等地省内商人在下关开设堆店和商号，随着各大商帮的发展，隶属于各大商号的堆店逐渐增多。1850年，大理城和下关出现十多家堆店，供商旅食宿、堆货交易[②]，同时带动周边小商品店铺和食馆业的发展。随着云南的对外贸易路线从滇川、滇藏贸易向滇缅贸易过渡和下关城市规模的扩大，清末大理地区的堆店主要分布于下关，到民国时下关逐渐形成由各大商帮开设或兼营的“十八大”堆店，大理城内的堆店逐渐减少。

三、商铺的经营特点

（一）商铺的性质与销售模式

大理城中的商铺一直以实物商品的销售为主，随着城中商铺向南北向大街和东西向街道分散，城中商铺的销售对象不仅仅为本地居民和周边农

---

① 中国历史大辞典编撰委员会编：《中国历史大辞典》上卷，上海：上海辞书出版社，2000年，第2614页。

② 大理州商业局商志办公室编：《大理白族自治州商业志》（内部发行），大理：大理新华印刷厂印刷，1989年，第168页。

村村民。在雍正、道光年间的滇川、滇藏贸易中，连接南北城门的主街和东西城门所在的街道成为过往商贾入城的必经之路，沿街服务于行商的店铺逐渐增多，堆店、旅店等具有服务行业性质的店铺出现，日用百货、饮食店铺围绕堆店、旅店等分布，设有铺面的固定店铺的数量增加。城中商铺类型、性质发生变化，到光绪年间，“洋货”商铺、相馆等的出现，改变了传统商铺的商品货源渠道，西方影像技术的传播等使传统商铺的服务属性具有了技术化的特征。

行业街市的手工业产品商铺与主街的商铺不同，以实物销售为主，一般为自产自销模式，某些手工产品的生产、销售视节令和市场需求的变化而变化。如制鞋行业，规模大的作坊直接开设店铺，以批发为主，同时接受来料加工和小批量的订货；规模小的则在作坊门前摆摊零售为主，销售方式灵活。在“洋货”和西方先进技术进入大理市场后，纺织业店铺、缝纫店铺等竞争压力巨大，传统纺织、手工缝纫技术等受到较大的冲击，大理城出现土布市场低迷，逐渐被“洋布”代替，行销范围仅剩少数民族地区，此类手工商品的销售受到制约。

（二）经营商品类型

清前中期，大理府城的临时性摊铺、店铺的商品类型与明代相当。本地产的商品类型包括应季自然物产，如“条长五六寸，味美”的工鱼、“出龙池，味辛辣”的高河菜、五六月间“贸于驿亭，雪每碗钱一文微加蔗糖于其上”“虽未及齿，寒沁人心脾”[①]的苍山雪等；包括常年都有的自然物产，如点苍石、“一百七十七种，性良于他产”[②]的药材等；还包括经人工

① [清]张泓：《滇南新语》，见王云五主编：《业书集成初编》，台北：商务印书馆，1935年，第17页。

② [清]吴大勋：《滇南闻见录》下卷《物部》，见方国瑜主编，徐文德、木芹纂录校订：《云南史料丛刊》第十二卷，昆明：云南大学出版社，2001年，第27页。

加工后一年四季均有售的商品“有清水、粉纸二种”[①]的纸、“通行”的榆墨、笔、感通茶，行业街市的各类手工产品等，商品的类型多与本地的需求有关。

大理城内的外来商品类型在清后期，受对外商贸活动的影响较大。1875年以前，大理地区的对外商业往来以川藏贸易为主，商品有：四川输入大理的货物以药材、黄丝、布以及手工业品，大理北去四川的货物以茶叶、山货、皮毛、药材为主；西藏输入大理的毛织品、毡绒、名贵中药材、沙金等，大理输往藏族地区的有茶叶、土特产品、马及瓷器等。在川藏贸易中，大理城既是商品交易地也是过境地，城中商铺也转销部分的过境商品。1875年后云南的对外商业路线发生改变，对外贸易由川藏贸易转为滇缅贸易，进口的商品以棉纱、棉花、布疋为主，兼有玉石、煤油、瓷器、干果、染料、洋杂货等；出口商品以大烟、黄丝为主，兼有石磺、药材、山货、皮毛、土布、宝石、玉器等。在滇缅贸易中大理城不再是进出口商品的直接过境站，在商品转销中的作用也随之减少，但城内商品的类型受滇缅、滇越贸易影响较大。另外，向中国东部销售的商品“以羊毛毡毯及药材为大宗，药材一项，年约有一百余万元之出口，运销地点以香港、上海及湖北、湖南为多”[②]。

19世纪末，奥尔良王子在大理城中看到“店铺里的欧洲商品绝大部分都是英国商品，来自缅甸或珠江上的百色”[③]，还有从大理东边的红河运来的货物、从四川过来的丝织品等；H. R. 戴维斯记述的大理城里“从八莫进口欧洲货物”[④]，包括棉制品、白布、木制品、针、线和罐装牛奶，以及来自藏族地区的毛皮货和药品。光绪二十九年（1903）大理喜洲“四大商帮”之一的“永昌祥”创立，设有下关总号和7个分号，其中位于大

---

① 康熙《大理府志》卷二十二《物产》，见杨世钰、赵寅松主编：《大理丛书·方志篇》（卷四），北京：民族出版社，2007年影印本，第165页。

② [清]徐珂编撰：《清稗类钞》，北京：中华书局，1984年，第五册，第2337页。

③ [法]亨利·奥尔良：《云南游记：从东京湾到印度》，龙云译，昆明：云南人民出版社，2001年，第127页。

④ [英] H. R. 戴维斯：《云南：联接印度和扬子江的锁链——19世纪一个英国人眼中的云南社会状况及民族风情》，李安泰等译，昆明：云南教育出版社，2000年，第80页。

理城的大理分号“供应海参、鱼翅、燕窝、荔枝、元眼、花卉、纱帕”[①]。到20世纪初，川货、“洋货”、甚至沿海地区的海产品在大理城的商号都有销售，商品的档次也有所区分，出现满足部分人群特殊需求的高档次商品。

大理城内摊铺和店铺所售的商品除传统类型外，随着城市手工业的发展，手工产品的交易量也得以增大，外来商品从雍正年间到光绪年间，由于外部贸易路线的改变，商品类型多样化，城中的商铺受到一定程度的影响和冲击。

四、商铺传统商俗的形成

商俗即商业习俗，是指有关生活及经营活动的一种具有群体性、倾向性的习惯方式和社会行为[②]。商俗在商品交易稳定、市场成熟且具有一定规模的商业环境中产生，它的形成利于经营、促进商业发展，在约定俗成中体现商业的文化性，同时，与之相关的种种商业文化现象也体现出一定的群体性商业文化认同意识。

（一）商铺的招牌

招牌，又称市招，商店悬牌于门以为标识广招徕者曰市招[③]。清人李光庭在《乡言解颐》中提到“市肆十事”，包括招牌、栏匮、天平——秤、钱票、钱板、水牌、银剪坳、门上小户、算盘等，他强调“招牌”的作用，认为：“善贾者招之以货实，招之以虚名，招之以坐落、门面、字

① 云南省地方志编纂委员会:《云南省志》卷十四《商业志》，昆明：云南人民出版社，1994年，第56页。

② 大理市商业局编:《大理市商业志》（内部发行），昆明：云南省地质矿产局测绘队电排印装，1993年，第372页。

③ [清]徐珂编撰:《清稗类钞》，北京：中华书局，1984年，第五册，第2283页。

号，而总不若招牌之豁目也。”[①] 清代大理城内沿街设铺开店的人增多，商铺招牌的作用和意义也逐渐被人们所认知，悬挂招牌于铺首到清末已是普遍现象。这一时期的商铺招牌以各商号名称的文化内涵最有特色，18世纪初大理地区各大小商号出现，商铺无论大小，无论行业类型，多以“某某号”取名，虽然仅凭店铺名称无法判断店铺的性质及所售商品类型，但商铺名称的文化内涵及象征意义成为区别于其他店铺的识别符号。一般商铺的取名在用字、字音、字义等方面均有讲究，字形多样，力求独特，多为三字。店名字里行间透着店主祈求店铺吉旺、昌盛、繁荣永续的愿望和店主的崇商精神，也有将诚信经商、经商服务等精神蕴含于店名其中，达到店名虽简但意义深远的目的。

（二）商联

商业对联简称商联，是商铺春节时贴的春联、开张时贴的开业联等的总称。商联主要贴于店铺门或柱子上，张贴商联时要净手、焚香、放鞭炮，以示恭敬，颇为讲究。在商联内容的选择上，各行业店铺只能张贴与本行业内容相关的对联，忌不顾内容胡乱张贴。到清末，大理地区主要有25种不同的行业店铺，包括一般的商店、帽店、鞋店、金银首饰店、钟表店、眼镜店、杂货店、山货店、皮货店、旧货店、当铺、秤店、文具店、装裱店、五金店、钱业银行、屠户、相馆、理发店、浴室、药店、旅店、饭馆、清真饭店、茶馆，不同行业店铺的商联内容不同，形式多样，供各商铺根据行业类型选择。其中，钟表店、眼镜店、杂货店、秤店、文具店等店铺的商联类型较多，样式都在四种以上，一般商店开业联类型最多、适用范围广，有四字联、五字联、七字联和八字联等形式。商联作为商铺招牌的补充，成为行业类型的标志，体现了独特的行业特征和丰富的传统商业文化内涵。

① [清]李光庭：《乡言解颐》卷四《物部上·市肆十事》，北京：中华书局，1982年，第68－69页。

清末大理城店铺商业对联的类型及内容①

序号	行业类型	商联内容		
1	商店开业联	公平有德 和气致祥	货好门若市 心公客常来	灵活经营财源茂盛 薄利多销生意兴隆
2	帽店联	脱帽无心惊露顶 请缨有路庆弹冠	有冠真增色 此帽最宜人	帽码自家寻大小深浅须合意 式样烦君多留神老少各随心
3	鞋店联	桥边堕去留侯取 天半飞来邺令归	前程远大脚根须站稳 工作浩繁步骤要分清	相貌堂堂请君莫忘着履 衣冠楚楚自宜配好足装
4	金银首饰店联	银花腾异彩 宝树斗奇辉	四时恒满金银器 一室常凝珠宝光	翡翠金钗娇添雅髻 鸳鸯宝钿艳助凤鬟
5	钟表店联	功迈周官挈壶氏 制逾汉室浑天仪	千秋伟业千秋福 一寸光阴一寸金	制胜当年记里鼓 灵于清夜知更鱼
6	眼镜店联	存心为补先天缺 有技能开后世矇	用之则明形悬日月 配之如意洞察乾坤	
7	杂货店联	零零碎碎分南北 七七八八是东西	货纵零星百挑不厌 物无大小一应俱全	绫罗绸缎丝纶棉麻真货实价 针头线脑化妆日月童叟无欺
8	山货店联	涧果溪毛兼收并蓄 山珍木实纷至沓来	近悦远来转运山货 马车竹挑惠利群商	
9	皮货店联	多财源善价 集腋更成裘	暑去寒来这厢有暖 裘轻革细表里适宜	
10	旧货店联	求新不如旧 访古即在兹	当知天下本无弃物 非真我辈不肯维新	我岂肯得新忘旧 君何妨以有易无
11	当铺联	缓急人常有 权衡我岂无	南北客商来南北 东西当铺当东西	
12	秤店联	权衡凭正直 轻重在公平	理贵持平不卑不亢 心能守正无私无偏	秤虽小掌管人间烟火 店不大有关国计民生
13	文具店联	薄纸千张请试妙手 秀管一支精绘花容	笔墨纸砚文房四宝 士农工商泛海之船	紫玉池中含雨露 白银笺上走龙蛇
14	攒裱店联	细意平熨贴 大笔濡淋漓	宋锦吴绫工绚饰 魏碑晋帖善装潢	
15	五金店联	冶自金炉精炼百 贡来禹鼎品传三	色绘丹青辉生金碧 情投胶漆工赖雕鞣	

① 大理市商业局编：《大理市商业志》（内部发行），昆明：云南省地质矿产局测绘队电排印装，1993年，第380－384页。

续表

序号	行业类型	商联内容		
16	钱业银行联	轻重相权皆获利 方圆有制亦通神	商业机关凭币制 财源命脉系金融	
17	屠户联	屠将学樊哙 宰可效陈平	双手劈开生死路 一刀隔断是非根	好从宰割谋生意 不惜牺牲动杀机
18	相馆联	摄将真影去 幻出化身来	画外得形神惟妙惟肖 镜中留印证即色即空	善取俗容无改庐山真面目 长摄倩影倍添秋水旧丰神
19	理发店联	逢人皆体面 遇我尽升冠	创人间头等事业 理世上万缕青丝	操毫末技艺不教斯人憔悴古今中外离不得 习顶上功夫能使头面一新男女老幼尽开颜
20	浴室联	共沐一池水 分享四季春	金鸡未唱汤先热 旭日东升客满池	泥垢自去身适肤爽 洁水涤来心旷神怡
21	药店联	聚蓄百草 平康兆民	但愿世间人长寿 不惜架上药生尘	南参北芪匣内丸散延年益寿 藏花川贝架上膏丹返老还童
22	旅店联	未晚先投宿 鸡鸣早看天	今晚栖身留燕寓 明朝展翼赴鹏程	红日坠西行客身倦堪止步 群鸦噪晚离人马疲可停骖
23	饭馆联	汉三杰闻香下马 周八士知味停车	美味常招云外客 清香能引月中仙	酒外乾坤大 壶中日月长
24	清真饭馆联	清真真清清真店 雅逸逸雅雅逸门	灶具清真器而美 饮食卫生质且鲜	清白留贻佳肴有味 真实力量灵咒无声
25	茶馆联	人走茶不凉 客来酒尤香	垒七星灶选来香茗 煮三江水迎接佳宾	萍水相逢坐片刻不分你我 邂逅初会喝两杯各自东西

此外，其他的商俗逐步形成，商俗成为商业活动中商户遵守的行为准则，体现行业特性的同时，规范促进行业发展。商铺的商俗将文化特色注入商业发展中，使商铺具有传统的人文精神与内涵。

总的来看，清代，在城市集市进一步发展、本境经商者增多、币制与全国统一的背景下，大理城的商铺数量增加、分布更广。在不同的商业环境中，商铺出现了某些近代化的时代特征，新的经营项目与传统并存，在外来商品的冲击下，商铺性质、商品类型、经营特点等都有一定程度的变化，尽管商税杂捐、清末的垄断经济不利于发展，但商铺的文化特征更加突出，在商品交易过程中逐渐形成各种商业习俗，推动传统商业文化的发展，凸显了商铺发展的时代特征。

第三节　民国时期商铺的繁盛

民国时期，苍洱坝区的经济中心转移，下关作为云南省第二大商业中心的作用更突出。下关与大理的商业活动朝着不同的方向发展：下关以滇缅贸易为主，省内贸易交易量达到云南省的第二位；而大理城主要为中小商户的发展，满足日常消费的服务性店铺增加。抗日战争爆发后，沿海和内地的人员、技术、资金涌入云南，大理城内的传统商业店铺进入新的发展阶段。总体上，民国时期，传统商铺的发展经历了两个不同的时期，民国初年为清末城市经济的延续，而抗战期间市场需求激增，手工业、饮食服务业店铺等进入发展的鼎盛阶段。

一、城市经济发展的促进因素

（一）非农人口的增加

民国初的大理地区“物产至啬五穀所纳不足岁供，恒仰邻邑，布帛日用皆恃外输，苍石无玉洱水无金，金钱之有输出而无输入”[①]，加上清末的各种苛捐杂税，生计维艰，境内从商人数大大增加。太和县内区与区之间“尚其和平而商处之”，商贸往来是境内各区人口日常交流、和平相处的主要方式之一。

① 民国《大理县志稿》卷四《食货部》，见《中国地方志集成·云南府县志辑》，凤凰出版社、上海书店、巴蜀书社，2009年影印本，第73册，第97页。

据民国《大理县志稿》记载：民国六年（1917）太和县“本城区”户籍“共三千二百二十一户，人口总计一万九千二百二十五人”，其中，“客籍六百七十三户，农人一千一百零三人，工人一千八百七十七人，商人一千零九人。”[①] 农人、工人、商人占全城总人口的比例分别为5.7%、9.8%、5.2%，城中非农人口的比例高于农业人口比例。此外，太和县其他区商人的分布情况为“上乡区854人，中乡区922人，下乡区742人”，加上本城区的商人总数，全县共有3528名商人，占全县总人口的3.5%，大理城中商业人口的比例高于全县的比例。

民国初，政府对云南省内各地开展户口调查，三次户口调查统计显示从1919年到1932年，大理县的户籍数从11243户增加到16192户，丁口数从79687人增长为92558人[②]，1932年的户口调查结果中，城镇多有工商业者，在全县总人口增长的同时工商业者的数量也随之增长。非农人口的增加，出于生计和“非货无以资生”的市场需求，商品生产扩大，商品交易频繁，城市经济进一步发展。

（二）城市集市影响增强

清代大理城市集市有“内市”“府前市”等，民国以后大部分的集市都称之为“街”“街子”。每年规模最大的“观音街子”一直对大理城市经济发展影响较大，民国时因其街期为农历三月中旬，改称“三月街”，这个名称沿用到现在。清末民国初期的“三月街”不如以往繁盛热闹，而民国中后期“三月街”最大的特点除“外省及藏缅商贾争集”外，就各种商品依据不同类目聚集成行，有药材行、笔墨行、木器行、牲畜行、饮食

① 民国《大理县志稿》卷三《建设部》，见《中国地方志集成·云南府县志辑》，凤凰出版社、上海书店、巴蜀书社，2009年影印本，第73册，第78－80页。

② 云南省志编纂委员会办公室编：《续云南通志长编》，昆明：云南省科学技术情报研究所印刷厂，1986年，中册，第88－103页。

行，来自外地的“广人行”和“瓷器行”[①]，“二十日下街后，药行、笔墨行、瓷器行、古董行、广人行等行业，又移至大理城内继续赶5日，俗称‘留街’”[②]。“留街”期间，商人在城内南门至北门的街道两旁摆摊设点，延续“三月街”的商品交易活动，“三月街”对城市经济的间接影响变为直接作用，推动城市街铺的发展。

大理城内的日常集市从清康熙年间一直延续到民国初期，除每月二集和菜市的交易地点有调整外，街期的时间一直不变，“自双鹤门至安远门大街逐日通市，贸易率以为常月，集市每月初二、十六两日，集旧在演武场，嗣移大街鼓楼左右，南门外西北城隅历无定所，今定为初二日在五华楼左右，十六日在城西北隅”，“菜市旧在大街五华楼以北，逐日小市，自开办巡警新辟地，设场于文庙后空地以集之”[③]。每月二集的街期一直持续到1945年5月，为促进商品交易，繁荣市场，大理县商会呈请县政府把街期由每月两次（初二、十六）增加为每月四次（增加了初九、二十三），“街子天”每月四次的街期以农历推算，逐日为市，一直持续到现在。

（三）商帮的发展

清末至民国初期，滇西地区的商帮由迤西帮分化为腾冲、鹤庆、喜洲三大商帮，三大商帮坐拥各大商号，以滇缅贸易为主，省内贸易、国内贸易次之。各大商帮设有总号，分号设于国内、省内的货品收购和分销地，有的商帮甚至在缅甸瓦城、印度等地设立商号。进出口的大宗货物一般由商帮把持经营，商帮将矿砂、猪鬃等工业原料及茶、丝、山货、药材等土

① 云青：《解放前大理市集的概况》，见大理市文史资料研究委员会编：《大理市文史资料选辑》（第二辑），内部发行，1988年，第82页。

② 大理市商业局编：《大理市商业志》（内部发行），昆明：云南省地质矿产局测绘队电排印装，1993年，第51页。

③ 民国《大理县志稿》（二）卷三《建设部》，见《中国地方志集成·云南府县志辑》，凤凰出版社、上海书店、巴蜀书社，2009年影印本，第73册，18－19页。

特产品输出国外，将各种洋货推销至国内。腾冲被辟为对外商埠后，腾越关进口的各种货物由下关转运全国各地，川货、滇西北的土特产和药材也需经下关从腾越关出口，下关成为物资转运中心，三大商帮的资本增长迅速。抗战时，三大商帮各商号的经营范围和项目不断扩大，除物资转运外，开始投资办厂、开矿，涉及电力、采矿、造币、化工、纺织、印染、制茶、铁路及金融服务等多个领域。苍洱坝区的喜洲商帮发展最快，成为三大商帮之首，形成“四大家”“八中家”“十二小家”组成的白族商业集团[①]。

清末，喜洲“四大商帮”之一“永昌祥”初创设大理分号；“锡庆祥”创办者董澄农与大理衙门衙役合伙，在大理等地经营的土产杂货生意；鹤庆商帮“兴盛和”最早经营行商货运，由四川运入丝绸、布匹及川产日用百货到大理销售等，各大商帮直接参与大理城市经济的发展。民国时期大理县输入货值“棉纱和棉花1304000元、糖60000元、烟10000元、缎41000元、布1000元”，输出货值“础石（大理石）12000元、靛10000元、干鱼4000元”[②]，大宗货物的进出口主要由商帮掌控，直到中华人民共和国成立前各大商帮仍秉持“滇茶销川，川丝销缅”[③]的经营方针。

商帮在商品市场中的买空卖空、囤积居奇行为，垄断市场、哄抬物价的经营方式压制了城市中小商铺的发展。同时，商帮也遭受外国资本市场控制、民国政府的各种税收杂捐，民国末期的通货膨胀和商业市场混乱，有的商号因此衰败，也有商号将资产向国外转移。总体上，从清末到中华人民共和国成立时，商帮74年的发展推动了大理地区城市经济的发展。

① 大理市商业局编：《大理市商业志》（内部发行），昆明：云南省地质矿产局测绘队电排印装，1993年，第39页。

② 大理市商业局编：《大理市商业志》（内部发行），昆明：云南省地质矿产局测绘队电排印装，1993年，第38页。

③ 大理市商业局编：《大理市商业志》（内部发行），昆明：云南省地质矿产局测绘队电排印装，1993年，第37页。

（四）抗日战争期间的市场需求和对外交通发展

抗日战争期间是大理城商业发展史上的繁盛期，国民政府统治中心迁往西南，内地大量企业迁移到云南，人才、技术和设备随之而至，大量的民众和商人迁移聚集到大理地区，对日常商品的市场需求呈几何倍增长。抗日战争期间，下关的商店骤增到千家，其中银行就有15家；大理城抗战前有三四十家商号，抗战胜利时发展到180余家，中华人民共和国成立前发展到600多家[①]。新的市场被开辟，满足军用需求和民用需求的产品销售量猛增。

清末，“滇越铁路筑成，以丛山僻远之省，一变而为国际交通路线，非但两粤、江、浙各省之物品，由香港而海防，海防而昆明，数程可达，即欧美之舶来品，无不纷至沓来，炫耀夺目，陈列于市肆矣”[②]。从昆明至越南海防的铁路是云南对国外的国际交通线，一直由法国垄断。民国二十九年（1940），法国政府接受日本要求，停止滇越铁路的运输，云南南向的国际交通被阻断。

滇缅公路从云南省会昆明直达边境城市畹町，全长959.6公里[③]，民国十三年（1924）开始修建，抗战前已修通昆明至下关段，民国二十七年（1938）全线通车。抗日战争爆发后，云南因连接缅印等国成为中国进出口物资的西南通道，因滇越铁路停运，滇缅公路成为全国唯一的国际交通线，成为当时进出口军事物资、经济物资唯一的国际通道。这一出于战略需要的交通格局，使下关成为“大后方物资转运枢纽”[④]，加速了下关城市经济的繁荣和市场的发展，发挥着云南省第二大经济中心的重要作用。

---

① 大理市商业局编：《大理市商业志》（内部发行），昆明：云南省地质矿产局测绘队电排印装，1993年，第46页。

② 云南省志编纂委员会办公室编：《续云南通志长编》，昆明：云南省科学技术情报研究所印刷厂，1986年，下册，第339页。

③ 云南省志编纂委员会办公室编：《续云南通志长编》，昆明：云南省科学技术情报研究所印刷厂，1986年，中册，第989页。

④ 大理市商业局编：《大理市商业志》（内部发行），昆明：云南省地质矿产局测绘队电排印装，1993年，第5页。

城市商业环境的进一步发展、商帮经济带动所产生的市场刺激和外部交通环境的改变等从不同程度促进大理地区城市经济的发展，下关尤为明显，“为永、腾、丽、鹤、缅、藏入省之通衢要枢，商贾百货云集，交易便利”[①]。与下关城快速的现代化发展进程不同，大理城保持传统与现代并存的商业发展氛围，传统商业、传统街区、传统商铺都稳步发展。

二、不同类型商铺的发展

（一）手工业商铺的繁盛

民国初期，大理“各乡妇女争习纺织机，数千计销行北路各县，为邑中出品大宗”，改变了大理“所需布匹向皆由永昌、川东暨新兴等处输入”的传统；仿河南形式的草帽“岁出甚广，销行西南各土司地”；瓜皮小帽“工精价廉，销路最广，近来仿造军帽以供军警学界之用，渐亦销行境外”；靴鞋“前尝仿京式制造，颇见销路，今仿西装所制之各式大小靴鞋，日臻良美，行销亦广”[②]。在洋货市场的冲击下，大理手工业发展迅速，通过学习使用新设备、改良工艺和款式，增加销量。大理城周边的农民也兼营某种手工生产，城东、城南、城西、城北各村分别以织布、制革、生产础石、染布为主要副业，城郊还有专门做鞋、制帽的村庄。

大理城内各手工行业发展较快，一般的作坊为前院开店、后院加工生产，经营资本少的在门前摆摊销售；规模大的手工作坊有雇工，以批发为主、零售为辅，规模小的零售为主，延续清末的作坊店铺合二为一，自产自销的经营方式。

制鞋业：大理城内的布鞋作坊店最初以制作布鞋为主，1920年由20

① 民国《大理县志稿》(二) 卷六《社交部》，见《中国地方志集成·云南府县志辑》，凤凰出版社、上海书店、巴蜀书社，2009年影印本，第73册，第243页。

② 民国《大理县志稿》(二) 卷五《食货部》，见《中国地方志集成·云南府县志辑》，凤凰出版社、上海书店、巴蜀书社，2009年影印本，第73册，第206－207页。

余家发展到40余家，抗战时期，猛增到百余家。1945年至中华人民共和国成立，“兴发号”最大，雇佣手工工人20余人，其余的有17户雇工10－20人，12户雇8人左右，5人以下的小规模老板参与直接生产。布鞋的销路主要为行商批发后运至周边县份、丽江、腾冲等地售，每年的松桂会、三月街、鱼潭会等大型物资交流会的销量很大，尤其是抗战时，布鞋畅销保山、腾冲等地，大理城内的制鞋作坊店数量增加了两倍多。1913年大理人李璜到昆明陆军制革厂学会制鞋技术，开设“元记号”，大理城内开始有制作皮鞋的店铺。1917年增加到四五家，1931年增加到10余家，抗日战争时期发展到40余家，专做皮鞋的“方记”“云记”“联生”“鸿盛昌”“聚成号”等，其中“聚成号”生产规模最大，除这几家外，其余的皮鞋作坊兼做布鞋。

染布业：1920年大理城内有30余家染布作坊，1929年洋布大批进口后，土布滞销，染布作坊只剩20余家，经营类型以自染自销和替人加工为主，自染自销利润大，投入高，主要向周边县和迤西各民族地区销售。

缝纫业：大理城内的缝纫店铺初为手工制作，1914年缝纫机推广，手工缝纫遭到排挤。1920年，英商通过腾冲商人在大理开“胜家公司”，专卖缝纫机，资本少的作坊店停业，部分手工者赴外地谋生。1936年城内只剩20余家缝纫铺，规模较大的店铺有“太丰号”“悦来号”“品华兴”“有益祥”等，抗战期间，缝纫铺发展到50余家，抗战后铺数略有减少。缝纫铺的经营方式在1920年以前多为来料加工，此后多为包工包料，抗战期间资本多的“悦来号”“健美衣庄”“品华兴”等除来料加工外，开始自做自销，在本店或运往外地销售。

城内以手艺谋生的独立手工业者也有一定数量，他们的作坊以自产自销为主，也接受为数不多的加工订货，部分人挑担到各地做零活，木器、金银首饰加工、铁器行业的经营方式都相似。1912年后大理城内木匠铺以“金泰号”“金昌号”规模最大；金银首饰加工的“三元号”“恒丰号”两家规模最大，中华人民共和国成立前夕，加工作坊增长到20余家；铁器铺主要打制农具和生活用具。大理城内的这些手艺店铺都是典型的“坊店合一”生产经营模式。

此外，民国期间，下关聚集“十八大堆店”，针对长途货运马帮的需求，1912年大理城出现皮马鞍制作坊20余家，木架鞍制作坊50余家，专门生产皮马鞍、木架鞍、马笼头、皮带等[①]，供不应求；城内还有20多家制帽店铺，如“升恒泰”“美济祥”等，工艺改良后制作的“瓜皮帽”销量最大。大理城南、城北两村有300多农户兼营制革业，为城中手工店铺提供加工材料和对外销售，如羊皮主要由“义盛昌”“鼎新”“润丰”等商号收购，销往昆明、上海、广州等地；三文笔村的200多户、双鸳村的10余户村民专门开采、磨制各类大理石产品，为城内大理石店铺、各地的大理石输出和出口提供货源。大理城内还有十多种不同行业类型、数量不等的手工作坊，中华人民共和国成立前，大理城内以手工业为生计的作坊300余户，其中开铺面、有雇佣工人的占80%。

（二）饮食服务业商铺的发展

民国时期，大理城内的饮食服务业发展较快。民国三十四年（1945），城内有饮食服务业店铺135户，其中，旅店15户、食馆21户、肉案31户、糕饼店8户、茶社12户、理发店12户、饵块店6户、马车店30户。民国三十八年（1949），饮食服务业店铺增加到174户[②]，涉及食馆、旅店、理发、沐浴、照相、茶社、屠宰、牛羊肉铺、糕饼、马车等10个行业，盛极一时。其中，饮食业和服务业店铺最有特色。

1. 饮食业店铺

饮食业店铺主要有食馆、糕点铺和茶馆等几种类型，以满足人们的日常饮食需求为主。民国初年，大理城内饮食业店铺较少，且要承担一定

① 大理市商业局编：《大理市商业志》（内部发行），昆明：云南省地质矿产局测绘队电排印装，1993年，第364页。

② 大理州商业局商志办公室编：《大理白族自治州商业志》（内部发行），大理：大理新华印刷厂印刷，1989年，第168页。

数量的杂捐，“酒食馆年约钱二百一十六千”[①] 用于抵充警费开支。从民国三十四年（1945）到民国三十七年（1948），城内的小食馆由21户增加到35户，分布于城内的主要街道复兴路、人民路、玉洱路和银苍路，集中于四牌坊、塘子口、鱼市口、卫市口等人流聚集的十字路口。各食馆店面大小不同、资金投入不同，资金投入在千元以上的规模较大，有“饮和园”“榆园”“醉香楼”“复和园”“鼎兴园”“联兴”等，经营形式分别为独资、合资或夫妻店等[②]。1949年城内食馆店有32家（详见下表），回、汉餐馆均有，其中汉族餐馆“饮和园”“复和园”两家肉馆是当时的特色小吃店，还有由穆斯林开设的牛羊肉清真食馆，各类食馆发展较为稳定。

中华人民共和国成立前，大理城内有10家糕点店铺，其中“荷香楼”“荷香村”“应鸿楼”“异品轩”“龙德轩”等最为有名，“龙德轩”糕点铺所做的破酥包子是当时的一大特色饮食，供不应求。民国初期的茶馆数量不多，有坐落在富安坊的公茶店、大理商会的初址——公茶店等，承担“年约钱三百千”的杂捐。民国三十三年（1944）城内利用自家铺面开设的茶馆/茶社共有10余家，一般经营面积不大，摆10张茶桌左右供人们闲聊、听讲评书、谈生意，逢街子天、三月街、庙会等也有一两户临时摆摊搭棚经营茶馆[③]。

① 民国《大理县志稿》（二）卷四《食货部》，见《中国地方志集成·云南府县志辑》，凤凰出版社、上海书店、巴蜀书社，2009年影印本，第73册，第125页。

② 大理市商业局编：《大理市商业志》（内部发行），昆明：云南省地质矿产局测绘队电排印装，1993年，第176页。

③ 大理市商业局编：《大理市商业志》（内部发行），昆明：云南省地质矿产局测绘队电排印装，1993年，第189页。

民国三十八年（1949）大理城食馆店铺分布情况表[①]

店名	地址	店名/店主名	地址
昌明饭店	南门街	云鹤楼	塘子口
饮和园	四牌坊	建兴牛肉菜馆	卫市口上
榆园	塘子口	炳兴园	卫市口上
醉香楼	鱼市口	云龙园	卫市口上
苍洱楼	塘子口	鼎兴园	四牌坊下
庆云楼	复兴路	伊斯兰牛肉馆	南门街
美鲜园	复兴路	联兴羊肉馆	四牌坊
复和园	四牌坊	回族羊肉馆	鼓楼街
云华楼	四牌坊	马淑珍（店主名）	卫市口上
长春园	魁阁	金崇仁（店主名）	卫市口上
保和园	卫市口下	张树荣（店主名）	人民路24号
光园	鱼市口	刘泽云（店主名）	卫市口
丽升	鱼市口	文道渭（店主名）	鱼市口
政兴羊肉馆	卫市口下	徐桂芳（店主名）	卫市口
荣兴	卫市口上	王永镇（店主名）	护国路61号
树和园	卫市口上	袁家胜（店主名）	塘子口

2. 服务业店铺

进入现代以来，人们的传统观念受到外来思潮的影响慢慢改变，大理城内传统商铺类型中具有服务性质的店铺逐渐增多，主要有照相馆、理发店、旅店等类型，从店铺数量增多到服务项目丰富。民国期间，城内的照相馆先后有9家（见下表），在20世纪初“爱月轩”“同文轩”等相馆因设备简陋、机具落后、器材昂贵，加上当地人受传统观念影响意识落后，相馆业务萧条；抗战期间，大量外来人员涌入，内地摄影师带着先进的摄影技术迁到大理，照相馆业务开始好转，城内新增“存真”“爱斯”“晨

① 大理市商业局编：《大理市商业志》（内部发行），昆明：云南省地质矿产局测绘队电排印装，1993年，第178页。

曦”等相馆。部分照相馆开始兼营其他业务，如位于塘子口的“同文轩”开业后，以照相和印刷为主，兼营煮雪花膏、煮肥皂、做棉花糖和出售汽水，抗战期间，利用楼铺的布局，一楼主营印刷，二楼白天照相、晚上放电影，业务因时因地而调整。清王朝的统治被推翻后，剃光头、留短发成为一种社会时尚，大理城内开始有流动或固定摆摊的理发师，1920年后出现临街的理发店铺。抗战期间，理发业发展较快，店铺增加，各式理发技艺由省外传入，理发师的业务水平提升，能理各种发式。1945年大理城内有“美生理发室”等12家理发店，“美生理发室”规模最大，雇佣工人6－8人，平均每日接待顾客上百人。

民国时期大理城相馆店铺概况表[①]

相馆名称	经营位置	经营时间
庐山照相馆	塘子口上	1913－1933年
爱月轩镶月照相馆	鱼市口南	1915－1925年
光明轩照相馆	玉洱路月牙塘	1918－1943年
同文轩照相馆	复兴路塘子口	1931－1942年
艺光照相馆	四牌坊上	1936－1948年
存真照相馆	四牌坊下	1938－1941年
爱斯照相馆	复兴路北	1942－1956年合营
晨曦照相馆	四牌坊北	1946－1956年合营
新存真照相馆	复兴路塘子口	1946－1956年合营

民国初期，苍洱坝区的北向交通发达，“大路自府城，北至上关，南至下关……运载货物骡马兼用，驴牛多供农家资料之运输”，“自上关至下关仅一日程，而往来商旅多驻城一宿或宿湾桥分为两日程，习惯使然”，大理城内的旅店以接待马帮运输为主。在民国《大理县志稿·食货部》的“杂捐”中，针对双鹤街等客栈的税收项目，有“客店年约钱

① 大理市商业局编：《大理市商业志》（内部发行），昆明：云南省地质矿产局测绘队电排印装，1993年，第186页。

六十千”作为杂捐扩充警费的记录。随着大理北向交通的运输量减少，城内具有贮货功能的堆店等大型旅店减少，民国后期主要以小旅店、旅社为主，除接待住宿外，有的旅社增加浴池服务项目。如1947年熙庐旅社设浴池、澡盆，增加擦背、修脚业务，盆浴一次收费国币1000元[①]。此外，与下关和昆明相比，具有金融服务性质的店铺如票号、洋行等在大理城内不多见。

拖着货品进城的马帮（C. P. 费茨杰拉德于1936－1938年间拍摄）[②]

民国时期，手工业店铺与饮食服务业店铺是大理城内的主要商铺类型，受多种因素的影响，在数量和类型方面均有增加，尤其是抗战时期，伴随着市场需求骤增，大部分商铺的发展进入繁盛时期。民国末期时局动荡，通货膨胀、各种杂捐、军警的压迫等使部分商铺关门停业，出现短时繁荣之后的衰落。

① 大理市商业局编：《大理市商业志》（内部发行），昆明：云南省地质矿产局测绘队电排印装，1993年，第189页。

② 大理白族自治州白族文化研究所编：《大理1936－1938》，北京：民族出版社，2006年，第152页。

三、商铺的形态与经营类型

（一）商铺经营形态

1. 铺面的形态

民国时期大理城内的铺面主要有三种类型：第一种为前店后院、坊店合一的形式，多见于手工业店铺，铺面的建筑形态有楼铺和平瓦铺之分；第二种为下店上屋的楼铺，一楼为店面、二楼为住房或一二楼都用于经营；第三种为以销售为主的平瓦铺，店铺建筑只有一层房屋。

从铺面房屋的所属来看，有公有和私有之分。在民国《大理县志稿·食货部》“财政”条目中记录了坐落于不同街区路段楼铺、平瓦铺的杂捐情况，这些由不同团体拨入的“公铺”岁租，用于财政补给。记录中能看出大理城中“公铺”的分布情况，城内乐丰里、同文街、来远街、华丰街、崇仁街、振武街、永丰坊、富安坊等街巷均有分布，楼铺的数量多于平瓦铺。私有店铺分布于不同街巷，楼铺与瓦铺皆有，同样要承担相应的杂费。

城内商铺最集中的街道为南门至北门大街，尤其是四牌坊至五华楼路段最为繁华。1925年大理地震，引发城内大火，从四牌坊到五华楼近一里的沿街铺面全部被烧光，其中铺面302间、住房82间①，房屋被焚为一片废墟，商号、铺面中的货物被烧尽。此后，被震坏烧毁的店铺在城镇重建中慢慢恢复。1937—1938年，据菲茨杰拉德在大理两年所见，城中有三十多处被毁的房屋重建，“家庭条件比较好的房屋的后墙用当地的花岗岩铺砌，前面安有木窗和木门，屋顶铺瓦，三面石墙的外面都用石灰粉刷洁白，山墙的空白处及屋檐下装饰着黑白的阿拉伯文花纹”②。房屋一般有两层，为上七（尺）下八（尺），层高低矮。重建的店铺依然采用传统

① 大理市商业局编：《大理市商业志》（内部发行），昆明：云南省地质矿产局测绘队电排印装，1993年，第14页。

② C. P. Fitzgerald, *The Tower of Five Glories: A Study of the Min Chia of Ta Li, Yunnan*, P46—47.

老式建筑，石墙、瓦屋顶、木门，有的店铺建设有用于铺货的铺台和匮栏，沿街的楼铺数量增多。1944年，国民政府拨款190万[①]，修理大理街面，大理城内的店铺经营环境得以改善。民国时期的店铺形态一直延续到现在。

2. 非服务型店铺的商品类型

大理城内的商铺以非服务型的商品店铺为主。20世纪30年代，城内非服务型的商品店铺占商铺总数的88%（据1938年大理城的店铺统计表计算），到40年代大理地区出现以经营某种主要商品为业的同业公会，大理、下关共涉及50多个不同的行业，除旅店、运输、理发、印刷等服务型店铺外，其余均为非服务型的商品店铺，占商铺总数的85%以上[据民国三十四年（1945）大理县商业同业公会统计表计算]。这些商铺的商品类型多样，主要分为外来商品和本地商品两种类型。

民国初期的外来商品，“外邑之输入者以宾川为最，外省之输入者以蜀为最，外国之输入者以英为最”，各地输入的商品类型，“宾川则以食品为大宗，蜀则以布帛药材为大宗，英则以纱布为大宗”[②]。大宗入境货包括洋纱、木棉丝、茶、药材等。同时，在贸易往来中，输出商品“仅以大理石为出产之大宗物”，其他如弓鱼、乳扇、销往边境少数民族地区的土布等，但输出总量有限，大理石“计年所售不及万金”，弓鱼、乳扇更微不足道。民国元年（1912）至二十年（1931），从腾越关经下关输往各地的洋货值年平均266万两，土货出口值年平均131万两[③]，在巨大的贸易逆差中，“商所售，售洋货，人所市，市洋货”[④]的现象更加普遍。

本地产的商品以手工业产品为主，各类农副产品为辅，手工业产品包括鞋、帽、衣服、金银首饰、各种金属器皿等满足人们生产生活需求的传

① 大理市史志编纂委员会编：《大理市志》，北京：中华书局，1998年，第16页。

② 民国《大理县志稿》（二）卷六《社交部》，见《中国地方志集成·云南府县志辑》，凤凰出版社、上海书店、巴蜀书社，2009年影印本，第73册，第224页。

③ 大理市商业局编：《大理市商业志》（内部发行），昆明：云南省地质矿产局测绘队电排印装，1993年，第5页。

④ 民国《大理县志稿》（二）卷六《社交部》，见《中国地方志集成·云南府县志辑》，凤凰出版社、上海书店、巴蜀书社，2009年影印本，第73册，第222－223页。

统小商品和点苍石屏等大型物件，制作工艺既继承传统技艺的特点又不断推陈出新融入时代特色，丰富了手工业产品市场。但随着工艺的发展，很多手工产品的原料也来自进口，比如本地纺织布匹的原料——棉花、棉纱等棉货。原料的价格制约着手工产品的制作成本和市场价格，也影响着店铺的商品类型。此外，城中有一定数量的临时性摊铺，销售各类商品。如大理周城村的“德信和”“德义和”等商号专营扎染，经营方式为走街串巷叫卖，大理古城为这类扎染商号临时性经营的主要地点。

（二）20世纪30年代的商铺

1. 埃德加·斯诺眼中的商铺

1931年，斯诺随着马帮进入大理城，因临近新年，城中异常热闹。在他眼中南北向的大道是城中最繁华的街道，“聚集着富裕的商人，有收购皮毛的，有做鸦片烟生意的，有买卖各种粮食的”。赶集的日子城内商品最为丰富，“形形色色的东西，从优质的云南胡桃、柑橘到麝香、人参都有”；春节前的集市，周边地区的各民族带着对商品的需求聚集于此，流动小摊贩、走街串巷的卖货郎随处可见，货物繁多。“穆斯林戴着白色头巾，分散在各处，他们多半是店铺老板”[①]，穆斯林开店者在城中有一定的比例。商铺的商俗进一步发展，“商店门口年老的商人正在换贴新年的门神”，以示尊重；旅店老板给前来化缘的和尚泡米花茶，以图吉利；马帮也在年关之前驮着最后一拨驮子进城，以备节日之需……当时的大理城在遭受地震火灾影响后的五年多时间里慢慢恢复，昔日的集市、店铺、摊铺逐步正常营业，城中及周边地区大量的需求引来了各类商品的聚集。

2. 人类学家菲茨杰拉德的店铺调查

1938年菲茨杰拉德对大理城商铺主人的民族归属群体、城内商业的分配状况、分布特点、本地市场对外来货物的依赖程度等[②]进行调查，他

---

① [美]埃德加·斯诺：《南行漫记》，潘敬思、李希文、马澜译，北京：国际文化出版公司，1993年，第188－190页。

② C. P. Fitzgerald, *The Tower of Five Glories: A Study of the Min Chia of Ta Li*, p52.

对当年大理城内的店铺做了详细的统计和系统的归类，根据主营商品的类型、主要经营者的民族归属地对店铺进行整理和分类。调查者特别说明部分店铺经营的商品存在以某一类商品为主，兼营其他类型的现象，以主要经营的商品类型进行归类；经营者族属和归属地也存在类似的情况，以某一种类型店铺的绝大多数经营者的族属和归属地为主要依据。

1938年大理城的店铺统计表（Shops in Ta Li City）[①]

店铺 Shop	数量 Number	店主民族归属地 Ethnic Group	店铺 Shop	数量 Number	店主民族归属地 Ethnic Group
理发店 Barbers	11	四川人 Ssu Ch'uanese	乐器店 Musical instruments	1	四川人 Ssu Ch'uanese
被褥店 Bedding	8	云南汉族 Yunnan Chinese	纸钱店 （用于葬礼） Paper images （for funerals）	4	民家 Min Chia
书店、文具店 Books and stationery	5	江苏人、广东人 Kiangsu and Cantonese	照相馆 Photographer	1	广东人 Cantonese
铜匠店 Brassmiths	7	民家 Min Chia	画店 Picture sellers	5	云南汉族 Yunnanese
肉店 Butchers	5	民家 Min Chia	印刷店 Printers	6	云南汉族 Yunnanese
糕点、糖果店 Cakes and confectionery	5	民家和云南汉族 Min Chia and Yunnanese	成衣店 Ready made clothes	11	民家 Min Chia
木匠店 Carpenters	5	民家 Min Chia	餐馆和茶室 Restaurants and Tea houses	64	民家和云南穆斯林 Min Chia and Yunnanese Moslems
炭盆店 Charcoal braziers	1	民家 Min Chia	马具店 Saddlers	9	民家 Min Chia
棺材店 Coffins	13	民家和云南汉族 Min Chia and Yunnanese	旧衣店 Second hand clothing	6	民家 Min Chia

① C. P. Fitzgerald, *The Tower of Five Glories: A Study of the Min Chia of Ta Li*, p.53–54.

续表

店铺 Shop	数量 Number	店主民族归属地 Ethnic Group	店铺 Shop	数量 Number	店主民族归属地 Ethnic Group
爆竹、香火、蜡烛店 Crackers, incense and candles	7	四川人 Ssu Ch’uanese	鞋店 Shoe shops	73	各民族、大部分四川人 All groups mostly Ssu Ch’uanese
陶器店 Crockery	2	云南汉族 Yunnanese	丝绸（绸布）店 Silk stores （mercers）	42	江苏人和广东人 Kiangsu and Cantonese
牙医店 Dentist	1	广东人 Cantonese	银匠店 Silversmiths	18	民家 Min Chia
布店 Drapers（cloth）	4	民家 Min Chia	裁缝店 Tailors	42	民家 Min Chia
刺绣店 Embroidery	1	民家 Min Chia	白铁皮店 Tinsmiths	7	民家 Min Chia
皮货店 Furriers	4	民家 Min Chia	烟草、草鞋店 Tobacco, straw sandals, etc.	101	民家 Min Chia
帽子店 Hatters	39	各民族 All groups	运输行 Transport firms	3	云南穆斯林 Moslem Yunnanese
五金店 Ironmongers	6	民家 Min Chia	皮箱店 Trunk makers	6	民家 Min Chia
大理石店 Marbles	17	四川人和民家 Ssu Ch’uanese and Min Chia	钟表店 Watchmakers	3	云南汉族 Yunnanese
药店 Medicine shops	55	广东人和云南汉族 Cantonese and Yunnanese	酒、盐店 Wine and salt shops	64	民家 Min Chia
进口杂货店 Mixed imported goods	31	广东人和云南汉族 Cantonese and Yunnanese	毛笔作坊 Writing brush makers	4	云南汉族 Yunnanese

调查表中显示1938年大理城所有店铺共697间，主要涉及40种不同的经营类型。从店铺经营者的民族和归属地来看，店主中少数民族商人群

体占一定的比例，其中，完全由本地民家（白族）开的店铺共301间，占店铺总数的43%，加上兼有民家经营的其他店铺，民家开设的店铺约占总数的一半，主要经营手工业产品和民生用品；穆斯林商人主要经营餐馆、茶馆和运输行。外籍商人经营的店铺大概占总数的三分之一，以四川人、广东人、江苏人为主，他们把持着城中的某些货品交易，比如丝绸主要是江苏人和广东人掌控；大理石的开采加工由民家人（白族）为主，而大理石制品的销售以四川人为主。

路边的小吃摊[①]

① 为C. P. 费茨杰拉德于1936－1938年间拍摄，来源于大理白族自治州白族文化研究所编:《大理1936－1938》，北京：民族出版社，2006年，第13页。

古城里的集市①

衙门前的小摊贩②

街场一角③

①②③ 为C. P. 费茨杰拉德于1936－1938年间拍摄，来源于大理白族自治州白族文化研究所编:《大理1936－1938》，北京：民族出版社，2006年，第43、88、10页。

店铺类型齐全，覆盖日常生活和生产的各个方面，商品型店铺多于服务型店铺，传统型店铺与“洋货”商铺并存。值得注意的是，当时的药店只售中药，不售西药，而早在1914年，加拿大牧师、英国男女教士来大理传基督教时已开设西药小药房[①]，出于多种原因，西药一直未被大众接受，城中当时没有独立的西药店铺。此外，费茨杰拉德的统计表中仅有一家由广东人开设的照相馆，而《大理市商业志》的相关统计资料中，1938年大理城营业中的照相馆为4家。究其原因，费茨杰拉德的统计标准以主要经营类型为依据，而《大理市商业志》的统计资料以店铺涉及的营业类型为依据，涉及类型并不一定为主要经营类型，归类标准的不一致导致二者的统计结果不同。

四、商铺的行业管理

（一）大理县商会

清末，下关出现“丝花会馆”“鹤庆会馆”等地区性的商人组织[②]，目的在于维护会员的共同利益，加强联系与合作，调解内部矛盾，一致对外。两会馆成立之初已具有简单的组织结构和资金来源，如“丝花会馆”有会董、帮董等人员组成的常设机构，“鹤庆会馆”的会费由各大商号捐资，会馆成为早期的具有商会性质的商业协调组织。

1906年，云南商务总会成立。清光绪三十三年（1907）“经农工商部颁发章程及公文，各直省设立商务总会，各县设立分会，大理商界公推杨秉仁为商董”，大理商务分会创立，办公地点初借（周）公茶店办公，县政府将府学宫明伦堂划归商会后，明伦堂成为商会新的办公地点。此后大理商务分会几次变更名称，1912年、1943年两次更名为大理县商会。商

① 大理市史志编纂委员会编：《大理市志》，北京：中华书局，1998年，第8页。

② 大理市商业局编：《大理市商业志》（内部发行），昆明：云南省地质矿产局测绘队电排印装，1993年，第253页。

会成立之初的主要职责为“接洽商情，维持信用，提倡实业，代人排解债账”[①]。商会发展到一定程度后，职权和作用不断扩大，不仅能制定大部分物资（除大商号的棉纱、棉布、百货等外）的价格，包括普通商品的买卖价格、服务型店铺的收费标准等；还向政府承包各种商业税收，如在大理城南、城北设立关卡，进出货物需过关缴税；将向政府承包的税收按城中商号营业额的多少摊派。此外，商会还出面与政府、军方社交；负责具体的社交活动以及代表商界开展各种公益活动；设置商事公断处，调解各种商业矛盾；供养保商大队[②]，保障商人及商货安全，维护商业市场稳定。

大理县商会经历了董事制、委员制、理事制的发展，商会组织结构中各职别的任期长短不一，一般为3年，正副会长通过“辩场”[③]投票选举产生，其他委员经提名，由大会通过产生，确保各行业必有一人入委员会。据《大理市商业志》记载：民国十九年（1930）的大理县商会采用委员制，设主席、常务委员、执行委员、监察委员、候补执行委员和候补监察委员六个不同职务。委员共20名，含大理籍15人、鹤庆籍4人、四川籍1人，涉及不同行业的20个行号，其中销售匹头的“恒泰号”、经营苏杭杂货的“义和公”、经营丝杂的“恒顺昌”和出售成衣的“悦来号”为鹤庆籍商人开设，出售川杂的“万顺隆”由四川籍商人经营。

---

① 大理市商业局编：《大理市商业志》（内部发行），昆明：云南省地质矿产局测绘队电排印装，1993年，第254页。

② “保商大队”成立于民国九年（1920），受政府调派，经费由商会筹集，专为商队押运货物，保商同行，后逐步被永昌祥等大商帮掌控。民国十七年（1928），匪患肃清，“保商大队”撤销。

③ “辩场”指各商帮、各行业的商人磋商定妥后推选候选人，再在候选人中投票选举。

民国十九年（1930）大理县商会概况表[①]

职别	行业	行号	职别	行业	行号
主席	绸缎	文兴昌	监察委员	土杂	志记
常务委员	洋杂	义利昌	监察委员	小帽	升恒泰
常务委员	海味	鼎盛号	监察委员	川杂	万顺隆
执行委员	笔墨	凌云堂	监察委员	成衣	悦来号
执行委员	棉杂	广兴号	监察委员	药材	延龄堂
执行委员	土布	和顺昌	候补执行委员	山货	复元堂
执行委员	洋线	福兴号	候补执行委员	印务	同文轩
执行委员	疋头	恒泰号	候补执行委员	纸张	永顺号
执行委员	丝杂	恒顺昌	候补监察委员	布疋	振记
执行委员	苏杭杂货	义和公	候补监察委员	洋纱	广益号

民国三十六年（1947）大理县商会采用理事制，设理事长、常务理事、理事和监事，理事机构精简压缩，涉及9个行业的12个行号，任职人员数量为民国十九年（1930）的五分之三。

下表涉及商会21届会长（主席/理事长）的基本情况，除第七届商会会长为鹤庆籍外，其余都为大理籍。初期的商会会长多来自政府官员或社会名流，中后期的商会会长来自城中的商号、店铺，两名来自生产日用品的民办工厂。

① 大理市商业局编：《大理市商业志》（内部发行），昆明：云南省地质矿产局测绘队电排印装，1993年，第257页。

民国三十六年（1947）大理县商会概况表①

职别	行业	行号	职别	行业	行号
理事长	疋条	德裕隆	理事	纱布	永兴祥
常务理事	百货	金发号	理事	制帽	升恒泰
常务理事	金银	福宝号	理事	笔墨	昌明书店
常务理事	疋条	德昌	理事	纸张	永顺号
常务理事	百货	裕兴号	监事	箱鞍	瑞生祥
常务理事	糕饼	永芳斋	监事	疋条	和兴昌

大理县商会历届会长概况表②

届别	职别	籍贯	行号	届别	职别	籍贯	行号
第一届	商董	大理		第十二届	主席	大理	新华书局
第二届	商董	大理	富春当	第十三届	主席	大理	振榆火柴厂
第三届	商董	大理		第十四届	主席	大理	大春堂
第四届	商董	大理		第十五届	主席	大理	华兴祥
第五届	会长	大理	社会名流	第十六届	理事长	大理	永康
第六届	会长	大理	联发号	第十七届	理事长	大理	同兴公
第七届	会长	鹤庆	春发祥	第十八届	理事长	大理	德裕隆
第八届	主席	大理	文兴昌	第十九届	理事长	大理	和兴昌
第九届	主席	大理	延龄堂	第二十届	理事长	大理	震东枧厂
第十届	主席	大理	义利昌	第二十一届	理事长	大理	和兴昌
第十一届	主席	大理	鼎盛号				

① 大理市商业局编：《大理市商业志》（内部发行），昆明：云南省地质矿产局测绘队电排印装，1993年，第257页。

② 大理市商业局编：《大理市商业志》（内部发行），昆明：云南省地质矿产局测绘队电排印装，1993年，第256页。

大理商务分会成立时经清政府批准、1913年由农工商部颁发章程和公文，是经政府部门批准认可的商业管理机构，具有一定的行政职能。历时二十一届的商会管理市场价格、税收，负责度量衡的统一和使用，掌控着大理城的商业市场，对城中商铺的发展影响较大。一方面商会从商品价格的制定上，限制中小商铺的自主经营权和店主的商业活动，虽能抑制商品价格的任意上涨，但将大商号排除在价格管理范围外，无形中使更多的利润流入大商号，最终导致大商号掌控商品市场；另一方面商会完善税收环节，减少逃税漏税行为，有时会与政府交涉减免某项商业税收，但对于中小商铺或非会员商铺而言税收成本增加，商铺的商业利润减少。

总体上，商会对加强商业市场管理、规范铺户经营、保障会员利益有一定的积极作用，但将大资本持有者排除在外，到中华人民共和国成立前夕保商大会等组织基本被大商帮操控，它的行政职能从本质上改变，成为服务于大商帮、限制中小商号发展的机构，加剧了资本市场的分化和垄断经济的形成。

（二）同业公会

同业公会最初为民间的行业组织，早期的同业公会组织称为行业公会，简称行会。大理城的行业公会最早以手工业的行会数量最多，据梁冠凡整理的《大理手工业调查报告》中记录：早在19世纪大理城就出现了手工业者的集体组织——行会，涉及缝纫、皮匠、铁匠、木匠、银匠、铜匠、染布等不同行业。行会成立的目的是“保障本地手工业者的利益，调解行业成员之间，或行业与行业之间在买卖、借贷或工作时产生的各种纠纷”[①]，属于具有调解性质的民间组织；它只限手工业者加入，并实行本地人和外地者有别的政策，本地人只需提出申请，会长同意即可，而外来手工业者要交会费，否则在大理开店做手艺将难以立足；会长为会员选举产生，一般由有财势者，或有威望者，或手艺超群的手工业者担任。1912

① 梁冠凡整理：《大理手工业调查报告》，见《中国少数民族社会历史调查资料丛刊》修订编辑委员会：《白族社会历史调查》（一），第184－185页。

年大理县商会成立后，手工行业公会隶属商会领导，行会的权利和作用日渐式微。手工业行会是大理城手工行业街市的行业协调组织，初具商业协调管理性质。

大理商业同业公会在20世纪40年代逐步健全，“各个商业行业，为了维护共同利益，矫正共同弊害，均组织同业公会”[①]，同业公会为以经营商品范围划分行业的团体组织[②]。同业公会具有内外不同的职责，对内以管理本行业业务经营为主；对外为同一行业集体商业行为的代表，负责与政府和其他同业公会交涉。每个同业公会都有自己的组织结构，初为主席制，后改为理事制，设有理事长、理事、监事等不同职务，由产生于本行业内部的会员代表担任；日常会务经费由同业会员商店承担，会员缴纳入会费和月捐等作为会内开支。1943年1月1日大理城成立了18个不同行业的同业公会，共涉及502户商铺。同业公会除涉及木器、匹条、铜铁等不同的手工产品经营户外，包括旅馆、茶社、马车等服务型的会员商铺，百货、土杂、医药等非生产型的商品店铺，其中，马车、土杂、百货三类行业的会员商店数量最多。

民国三十二年（1943）大理县商会同业公会统计表[③]

同业公会名称	会员数（户）	同业公会名称	会员数（户）
纸张同业公会	25	铜铁同业公会	23
饵块同业公会	6	土杂同业公会	58
皮毛同业公会	6	箱鞍同业公会	17
旅馆同业公会	16	肥皂同业公会	7
医药同业公会	39	屠宰同业公会	35

① 大理市商业局编:《大理市商业志》(内部发行)，昆明：云南省地质矿产局测绘队电排印装，1993年，第259页。

② 大理市史志编纂委员会编:《大理市志》，北京：中华书局，1998年，第648页。

③ 大理市商业局编:《大理市商业志》(内部发行)，昆明：云南省地质矿产局测绘队电排印装，1993年，第260页。

续表

同业公会名称	会员数（户）	同业公会名称	会员数（户）
攒裱同业公会	15	百货同业公会	57
纱布同业公会	39	疋条同业公会	47
木器同业公会	23	茶社同业公会	15
础石同业公会	15	马车同业公会	59
		同业公会合计18（个）	会员合计502（户）

民国三十四年（1945）同业公会增加到31个，来自不同行业的会员商店共626户。与民国三十二年的同业公会相比，原有18个行业除少数公会的会员数基本保持不变以外，多数行业的会员数减少，共计减少165户，主要分布在百货行业32户、马车行业29户、疋条行业23户、土杂行业19户、纱布行业12户等。同时，同业公会中增加成衣、糕饼、靴鞋、草帽、皮革、金银、烟草、印刷、笔墨、粮食、理发、制帽、食馆13个行业，289户会员。从会员数的增减来看，大理县商业同业公会成立的两年中，行业细分加强，百货、匹条、土杂等均出现不同程度的行业细分，使得两年统计表中大部分同名行业的会员数减少，如民国三十二年的土杂行业（58户）到民国三十四年细分为糕饼业（8户）、皮革业（43户）、烟草业（10户）、土杂业（39户）等。总体上两年中同业公会会员店铺共增加124户，增加的大部分店铺为经营商品范围细分之后新命名的行业会员。

民国三十四年（1945）大理县商业同业公会统计表①

同业公会名称	会员数（户）	同业公会名称	会员数（户）
纸张商业同业公会	21	茶社商业同业公会	12
饵块商业同业公会	6	马车商业同业公会	30
皮毛商业同业公会	6	成衣商业同业公会	31
旅店商业同业公会	15	糕饼商业同业公会	8
医药商业同业公会	17	靴鞋商业同业公会	40
攒裱商业同业公会	13	草帽商业同业公会	18
纱布商业同业公会	27	皮革商业同业公会	43
木器商业同业公会	13	金银商业同业公会	19
础石商业同业公会	13	烟草商业同业公会	10
铜铁商业同业公会	27	印刷商业同业公会	13
土杂商业同业公会	39	笔墨商业同业公会	11
箱鞍商业同业公会	11	粮食商业同业公会	50
肥皂商业同业公会	7	理发商业同业公会	12
屠宰商业同业公会	31	制帽商业同业公会	13
百货商业同业公会	25	食馆商业同业公会	21
疋条商业同业公会	24		
		同业公会合计31（个）	会员合计626（户）

商业同业公会自成立起，一直隶属于大理县商会管理和指导，各公会的会务除以本行业业务经营之外，对外职能增强，逐渐成为代表县商会和其他政府部门管理本行业的行业管理组织，与行会等民间自发的行业组织完全不同，成为各业商人管理本行业的权力机关。

此外，政府对商业市场的干预增强。1912年，云南军政府视昆明省城内各街商铺早晨开铺时间不等、延迟为“陋俗”，规定各街商户“以每

① 大理市商业局编：《大理市商业志》（内部发行），昆明：云南省地质矿产局测绘队电排印装，1993年，第261页。

日早七钟一律开市”[①]，改变“日中为市”的习俗和古风，这对大理的商业市场也有一定的影响。

大理县商会和其下属的商业同业公会这两大行业管理机构对商铺的日常经营影响较大，两大管理机构内外职能的发挥，有利于规范市场、加强管理，促进商业发展。商业同业公会作为商会的基层组织，承担着上传下达、执行政策的职能，如抗日期间，为完成云南省社会处的训令，筹集抗日钱粮，大理县商会规定各商户捐一个月营业额的1%[②]，而具体的捐款事宜则由各同业公会完成。商业管理机构的设置是商业市场管理的一大进步，但民国末期商会逐渐被大商帮掌控、为大商号服务，致使同业公会失去了代表本行业会员利益的行业特性，失去了维护行业利益、矫正弊害的初衷，而成为行使行政职能的权力机构。这样的行业管理环境不利于中小商铺的经营，面对商业限制的增加、权益保障的减少，商业市场被大商号操控，中小商铺的发展举步维艰。

五、商铺商俗的发展

民国时期大理地区的商俗进一步发展，在商业活动的各个方面都有体现，商铺的经营活动亦遵循商俗传统，除参与传统商业仪式外，在商幌、商谚等方面形成一定的范式和特色。

（一）传统商业仪式

大理的商业传统仪式活动较多，商人的参与度高。其中，商家祭祀财神，仪式最多。一为财神会：每年农历三月十五和七月二十三，商界于财神庙举办财神会，隆重祭祀文武财神，以求财神庇护，祭祀仪式复杂，礼仪繁多。二为谢财神和迎财神仪式：除夕夜商户家中自行举办“谢财神”

① 谢本书、李江主编：《近代昆明城市史》，昆明：云南大学出版社，1997年，第84页。

② 大理市史志编纂委员会编：《大理市志》，北京：中华书局，1998年，第649页。

的祭祀仪式，感谢财神一年的庇护；大年初一早上迎财神、开财门，商户祈求新年生意兴隆、财源永茂，两项仪式中主祭者的身份和供奉的祭品都颇为讲究。三为祭“金满斗”仪式：传说中为财神一年一次路过大理城的日子，依农历推算而定。当日，大理城内复兴路等主要街道被分成数段，每个路段都有商家用方桌搭高台、置贡品祭拜。此外，部分行业店铺还有本行业特有的传统祭祀活动，饮食业、手工业店铺有祭祀行业祖师的“祖师会”，如饮食业店铺的“祖师会”为每年农历八月初三，本行业的商家齐聚大理城北“灶君殿”举行祭祀仪式。

商铺在一年中还有约定俗成的其他仪式，如封门仪式：店铺在除夕贴过春联后要歇业，子夜在店门前插香燃炮、在店门上张贴“封门大吉”的红纸，仪式之后任何人不能出门和开门。又如开门大吉仪式：商铺首次开张或新年正月初二早上开店时，要燃放鞭炮、张灯挂彩或贴楹联，亲朋好友和周边的商人到店祝贺，以讨好彩头。商家在传统商业仪式中融入商业礼仪和禁忌，礼法有度，在祈福时渲染浓厚的商业氛围，以营造利于商业活动的经营环境。

（二）商幌

清代大理城的商铺已广泛使用招牌，民国时期称“招牌”为商幌，又称望子，是商店门外表示所卖货物的招牌或标识物，与前代相比，对商铺经营性质和项目的标示更为清晰。商幌的形式及纹饰随店铺性质、经营商品的不同而不同，就材质来看多为木质幌和布质幌；就商幌标识的内容来看，可分为“文字幌”（在方形的木板上书写镌刻文字）、“形象幌”（用所售商品的模型表示）、“实物幌”（卖什么店前挂什么）和“象征幌”（悬挂或摆设商店的象征物）。不同行业的商幌形状、颜色文理、装饰图案不同，如理发店幌子为圆柱长筒形，配有螺旋彩色纹饰；中药铺悬挂“双鱼”或挂膏药幌子，店内外多悬挂匾牌楹联；中医铺悬挂葫芦；茶馆在小木牌或布幌上书“茶”；清以前浴室门上挂壶，清代门前悬灯笼；当铺门外标“当”字；回族商业幌子一般为木牌幌，挂绘有“汤瓶壶”及有“清真”二字的木牌，或书写阿拉伯文[1]。此外，资本雄厚的商家使用金箔贴字的“金字招牌”；有的商幌还能起到开门营业的告知作用，如糕点店铺“龙德轩”的商幌为长方形的布质材料，中间为白布上书“龙德轩破酥包子”几个大字，四周用各色布镶狗牙边，中午店铺将布幌挂于檐前，表示包子开笼。民国期间大理商店的起名延续清末的传统，其中的寓意和情愫增添了商幌的文化内涵。

（三）商谚

俗称生意经，为商家在长期经营活动中根据成功和失败经验总结的经商要诀[2]。商谚对商业活动具有一定的指导作用，主要有三种类型，有的商谚成为商家经营的行规，如“诚招天下客，誉从信中来”“薄利多销，广招顾客”等；有的则是行业店铺日常经营中的经营准则，如“肩挑贸易，勿占便宜”“公平交易，秤平斗满”等；还有的商谚体现商家的经营理念，如喜洲四大商帮之首的永昌祥商号就有名言：“为卖而买”；“莫买当头涨，莫卖当头跌”；“人弃我取，人取我与”；还有一条针对茶丝经营的产销方针“以产适销，以销促产，维护信用，坚持质量，广招顾客”。[3]商谚言简意赅，寥寥数语却隐藏着深奥的哲理，所产生的经验效应体现在具体的经营活动中。

此外，突出不同行业商店特色的商联仍在广泛使用，杂货店等商店的货柜、钱柜上张贴“招财进宝”“日进斗金”“黄金万两”等字帖，为祈财求富的吉利象征。以“打牙祭”为特色的商业交际宴俗出现，商家农历每月初二、十六两日店铺通过加菜、添肉、饮酒，改善雇佣店员的饮食，俗

---

① 大理市商业局编：《大理市商业志》（内部发行），昆明：云南省地质矿产局测绘队电排印装，1993年，第378－379页。

② 大理市商业局编：《大理市商业志》（内部发行），昆明：云南省地质矿产局测绘队电排印装，1993年，第379页。

③ 大理市商业局编：《大理市商业志》（内部发行），昆明：云南省地质矿产局测绘队电排印装，1993年，第380页。

称打牙祭，正月的两次牙祭习俗最为隆重，这两次打牙祭庆贺活动逐渐演变成商界的交际盛会。不同行业还有语言、行为等方面习俗和禁忌，如行话或经商局话的使用，行话为大理商人行业交易的暗语，在屠宰业、饮食业、理发业、马帮业等行业中广泛使用和在行业内部传播，这些行业使用行话代替数字、方位、服务项目、行内称呼等，尽显各行业之间、商家与买家之间的区别。

民国时，随着商业的繁盛，商铺的商俗形式更为丰富，各种商俗都体现了更为讲究的商业程式。商俗在商业经营活动中传承，成为业内遵循的商业传统，具有一定的引导和约束作用。商俗的发展形成商业内外有别的商业环境，内部形成行业有别、行业文化特性突出的特点，而外部则形成一致对外、利于经营和促进发展的商业氛围。

从明代到民国时期，在不同的政治经济发展背景中，大理古城的商铺出现、发展，清末民国时期进入繁盛阶段，到中华人民共和国成立前夕逐渐衰落。随着大理古城的建设，城市经济的发展，明代城内出现一定数量的坐贾，坐店经营的商铺产生，城市的军事政治功能特点使得大部分商铺分布于居民生活区，主要集中于城的东部和北部，摊铺占有较大的比例；清代的城市商铺延续明代的发展，随着城市军事功能减弱，商铺突破行政统治区域的限制，沿南北主街、东西向大街的店铺数量增加，清末城内出现生产和销售手工业产品的行业街市，“洋货”涌入之后出现“洋货”商铺；民国时期，商铺集中于南北主街和入城的东西道路，受近现代商业影响，城内商铺的类型发生变化，服务型店铺增多，行业管理比清代更加完善，清末以后形成的各种商俗使商铺具有丰富的文化内涵，在商业文化中彰显商铺特点和行业特征。

这一时期，大理古城传统商铺的经营类型主要分为商品型和服务型，商品型商铺以提供实物商品销售为主，商品类型包括本地的各种土特产、手工产品和外来的日用百货、土杂等，清末以后“洋货”占据了较大的市场份额；服务型店铺以服务、技术等非实物的销售为主，以本地人和过往的行人、商贾为服务对象，在对外交往中服务的类型增多，服务技术水平提高。铺面的形态经历从摊铺到商铺的过渡，商铺的比例与城市商业的发达程度成正相关关系。店铺的建筑形态以瓦屋为主，有楼铺、平瓦铺两种类型，虽经受清末战事、民国初期地震的破坏，瓦铺的传统建筑习俗仍保留至今，与保存完好的街巷格局一样，民国时恢复重建的部分店铺仍沿街分布。

此外，商铺的发展受外部环境的影响较大，明代的商业移民、清末城市非农人口的增加、城市集市的发展等促进了城市商业的繁荣。其中，明清时期商铺的发展与城市集市的发展密切相关，固定的集市场所和聚集的人流、物流，有利于稳定的城市商业市场的形成和发展，有助于商铺形式从临时摊铺向固定店铺变化。同时，商铺在发展的过程中也受到诸如商税、“洋货”冲击、大商帮操控市场等的不利影响，尤其是中华人民共和国成立前夕外部商业环境濒于崩溃，致使中小商铺衰落和部分商铺破产。

明代开始至中华人民共和国成立以前这段时期，在大理古城建成及其随后的发展中，苍洱坝区的经济空间特性逐渐体现在城市空间的经济功能中，城市经济的发展促进大理古城商铺的产生与发现，在城市功能变化与城市商业发展的过程中，商铺成为反映不同时期城市功能和城市商业特征的符号载体。

第五章　当代语境下大理古城商铺的发展

中华人民共和国成立后，中国经济发展进入新的时期。中华人民共和国成立初至20世纪70年代末，社会主义商业的发展为大理城市商业发展提供了稳定的外部环境，商铺的性质、销售方式随之调整。此后，随着宏观经济政策的调整，市场在资源配置中的作用增强，大理城市商业进入快速发展时期，商铺的经营范围、销售服务对象、分布特点等随着城市功能转型而变迁。新时期的大理古城商铺主要受到中华人民共和国成立初商业资本改造、社会主义计划经济体制和改革开放后城市功能转型的影响，古城商铺发展进入第四阶段。

第一节　社会主义商业发展下的大理古城商铺

无产阶级专政的国家政权建立后，社会主义商业的建立和发展是中华人民共和国经济发展的重要组成部分。经社会主义过渡时期、社会主义三大改造时期，商业市场处于国家经济政策调整的宏观调控中，大理古城中私营商铺的比例逐渐减少，国营商业机构发展迅速。

一、社会主义过渡时期的商铺概况

中华人民共和国成立后，全国进入经济恢复时期，国家允许多种经济成分共存，为社会主义商业的建立奠定了和平稳定的经济环境。1948年大理中和镇下辖1799户，共8576人[①]。1950年，大理城区人口9941人[②]，城镇非农人口年均增长率约为8%。1953年以前，大理古城内的私营商铺占有较大的比例，分布于各个行业。

（一）私营商铺的概况

1952年，大理专区共有私营工商业21363户，共27920人[③]。其中，大理的私营坐商有2256户共4933人，行商12户12人、摊贩64户71人，私营饮食业641人，私营服务业125人[④]。大理的私营工商业者占专区总数的21%，城内从事私营商业的人员数超过城区人口的50%，沿街开设的店铺遍布大理古城街巷，开设店铺经营的坐商人数远远多于行商和摊贩的人数。此外，1952年，整个大理地区从事手工产品生产的家庭共11601户，从业人员16872人，占大理专区私营工商业者总数的60%，手工业从业人员数量大，手工业发达，为手工商品销售提供了充足多样的货源[⑤]。1953年大理县私营商业1564户，从业人员2318人；饮食业317户，从业人员462人；服务业94户、从业人数164人[⑥]。

---

① 大理市史志编纂委员会编:《大理市志》，北京：中华书局，1998年，第75页。

② 大理市商业局编:《大理市商业志》（内部发行），昆明：云南省地质矿产局测绘队电排印装，1993年，第46页。

③ 杨聪编著:《大理经济发展史稿》，昆明：云南民族出版社，1986年，第232页。

④ 大理市商业局编:《大理市商业志》（内部发行），昆明：云南省地质矿产局测绘队电排印装，1993年，第46页。

⑤ 中国人民政治协商会议大理白族自治州委员会文史和学习委员会编:《大理文史资料选编》第五辑《手工业·工业》，昆明：云南民族出版社，2009年，第2页。

⑥ 大理市商业局编:《大理市商业志》（内部发行），昆明：云南省地质矿产局测绘队电排印装，1993年，第291页。根据数据整理。

解放初，大理城内的私营商品店铺、饮食业店铺和服务业店铺恢复发展，城市商业活动满足城内及周边乡村居民的各种市场需求。其中，商品店铺数量最多，从业人员最多，这是城市商品流通的常态反映和商业发达的表现。饮食业店铺以餐饮、食馆为主，“坊店合一”的店铺从手工业生产扩大到饮食行业，大理城内出现生产酱油的前店后厂店铺“富隆号”“吉庆号”“吉安酱园”“杨柱酱菜铺”。服务业店铺中，相馆数量增多，城内的相馆除20世纪40年代四家老牌相馆因各种原因停业外，1949年后新成立9家，共计12家相馆或洗相社，其中十家分布于南北主街——复兴路，两家位于东西向大街——人民路，营业项目包括照相、洗相、冲印等；旅馆业仍有一定的规模，当时沿大理古城街道分布的私营旅社共29家，主要分布于人流汇集的十字路口——鱼市口、塘子口、卫市口、四牌坊或主街的南门、五华楼等。

1949年前后大理城内照相馆分布表①

相馆名称	经营位置	经营时间	相馆名称	经营位置	经营时间
光明轩照相馆	玉洱路月牙塘	1918－1943年	镇山照相馆	复兴路	1949年后
同文轩照相馆	复兴路塘子口	1931－1942年	李星五洗相社	人民路	1949年后
艺光照相馆	四牌坊上	1936－1948年	星耀洗相社	复兴路	1949年后
存真照相馆	四牌坊下	1938－1941年	曙光洗相社	复兴路	1949年后
爱斯照相馆	复兴路北	1942－1956年合营	新光洗相社	复兴路	1949年后
晨曦照相馆	四牌坊北	1946－1956年合营	耀光冲印社	复兴路	1949年后
新存真照相馆	复兴路塘子口	1946－1956年合营	团结洗相社	复兴路	1949年后
群力美术馆	卫市口南	1949年后	宝兴冲洗社	人民路	1949年后

① 大理市商业局编：《大理市商业志》（内部发行），昆明：云南省地质矿产局测绘队电排印装，1993年，第186页。

20世纪50年代初大理城内私营旅社分布表[①]

店铺名称	分布位置	店铺名称	分布位置
汇川马店	北门外	熙庐	塘子口上
鑫盛店	大水沟	恒安店	卫市口上
义和店	鱼市口	东成店	卫市口下
万美店	鱼市口	天庆店	五华楼南
福寿斋店	鱼市口	三合店	五华楼南
金生源店	鱼市口	天太昌	苍坪街下
赵家店	四牌坊	杨家店	苍坪街下
福记店	福康里	高升店	苍坪街口
悦来店	四牌坊下	万福隆	南门龙泉口
杨家花园	四牌坊下	鼎生店	苍坪街
王家店	四牌坊下	林家店	南门街
正兴店	塘子口下	杨家店	南门外
义安店	塘子口下	福和店	鱼市口
马家店	塘子口下	福顺店	鱼市口
福昌和	四牌坊		

（二）国营商业的初步发展

过渡时期国内商业的主要任务是发展国营商业和合营、合作社商业，1950年大理专区第一家国营商业企业“云南省贸易总公司大理专区贸易分公司”成立，随后大理古城的第一家国营商业企业——大理贸易支公司成立。到1952年，经营不同商品类型的大理国营专业公司相继成立，涉及百货、花纱布、粮食、专卖、畜产等，逐步形成新型国营商业管理和经营体系，加之各地成立主供农村市场的供销合作社，大理的社会主义商业体系初步建立并发展，国营商业的发展在稳定物价、稳定市场，保障城

① 大理市商业局编：《大理市商业志》（内部发行），昆明：云南省地质矿产局测绘队电排印装，1993年，第182页。

乡居民消费利益等方面起到积极作用。大理的国营商业企业发展迅速，它在管理、经营、调度等方面高度统一，并逐渐在社会零售商品市场中占有一定的比例。1952年大理社会商品零售总额542万元，其中，私营商业营业额261.5万元，私营饮食业营业额11.1万元，私营服务业营业额7万元[①]，不同类型私营商铺的营业额在社会商品零售总额中的比例低于50%，国营商业企业商品零售额增长迅速。

国营商业发展后，国营商业机构逐渐细分下伸，关系国计民生的商品和生产行业逐渐把控在国营商业手中，国营机构的经营范围不断扩大，经营项目逐步增多。而私营店铺在对私改造后走上了合作化的发展道路，经营商品的类型、数量和销售方式都有较大的变化。

二、商业资本改造后商铺的发展

1953年，中国国家经济基本恢复后，源于无产阶级专政的国家性质和消除剥削、消除压迫的社会构想，国家开始改造三大行业——农业、手工业和资本主义工商业的非社会主义因素。社会主义商业强调商业资本的社会主义性质，在国有制下国营企业、集体商业或公私合营企业逐步取代私商。

（一）国合商业机构的发展

社会主义商业机构的公有制特征集中体现在国营商业和合作社商业中（以下简称国合商业），在大理社会主义改造完成时国合商业机构在各行业中均有发展。从1953年至1957年，大理市商业机构的公私比重从根本上发生改变，国合商业商品零售额比重从1953年的22.7%上升到1957年的92.8%，其中，国营商业商品零售额比例从17.8%上升至52.2%；合作

① 大理市商业局编：《大理市商业志》（内部发行），昆明：云南省地质矿产局测绘队电排印装，1993年，第46页。

社的比例从4.9%下降到4.2%[①]，比例稍有减少，但变动幅度较小。

国合商业中国营商业机构发展最快，大理县国营商业机构在1956年后不断细分下沿，分别成立贸易、百货、纺织、针织、文化用品、食品、糖业糕点、专卖、饮食服务、煤建、医药、药材、五金交电等专业公司[②]，逐渐掌控民生产品批发、零售的流通环节，建立关系国计民生商品的国家专营体系。1957年以后，大理州国营商业机构的管理调整为两大部门——商业局和服务局，前者主管工业品经营，后者主管食品、副食品和饮食服务经营，对国有商业结构的管理逐渐完善。1966年大理县国合商业合并，设6大专业公司、1个生产资料商店、6个农村基层社、8个合作商店、1个合作小组及1个商办厂[③]。截至1978年，国合商业共进行过三次大并购，国合商业机构的行政职能远远大于商业职能。

在商品销售方面，随着国营公司的经营范围不断细分，1950－1957年间大理市国合商业机构先后对棉纱、棉布、粮食、油脂、油料等实行统购统销，实行农副产品预购，工业品收购、包销或加工订货。1960年起九种主要棉织品缴布票供应，1962年针棉织品凭购货券购买，1964年平价糕点收粮票供应……这种高度集中的计划经济体制下的商品供销模式一直持续到20世纪80年代初。

（二）公私合营商店的发展

大理的公私合营商店在国家"利用、限制"的方针下，从私营店铺中发展而来。为调动私营商业的积极性和发挥有利因素，大理的私营商业经社会主义改造后出现直接过渡为国营或合作社经营、公私合营、合作商店

① 大理市商业局编：《大理市商业志》（内部发行），昆明：云南省地质矿产局测绘队电排印装，1993年，第40页。

② 大理市商业局编：《大理市商业志》（内部发行），昆明：云南省地质矿产局测绘队电排印装，1993年，第16页。

③ 大理市商业局编：《大理市商业志》（内部发行），昆明：云南省地质矿产局测绘队电排印装，1993年，第19页。

（小组）和经销/代销四种形式。从1953年至1957年，大理的公私合营企业从无到有，通过国家赎买等形式逐渐过渡。1954年大理县私营商业（不包括饮食业和服务业）经营户共970户，其中国家资本主义形式290户，占29.9%；总人数1395人，国家资本主义形式的从业人数占30.8%；总销售额215.63万元，国家资本主义形式的销售额71.5万元，占总销售额的33.2%，销售额主要来自土布、酒类、卷烟三个行业，包括部分食盐业和红糖业①。1956年底，大理县共有公私合营总店和合作商店（小组）31个，包括私营商业20个、饮食业9个、服务业2个；实有门市部和货摊521个，其中，商业362个、饮食业118个、服务业41个②。从改造情况来看，大理县共改造703户私营商户（含饮食业和服务业），其中直接过渡为国合商业经营的有69户；进行公私合营的共339户，有6个行业，涉及百货、土杂、棉布、饮食、服务和中药；成立合作商店（小组）有8个行业156户；转为经销、代销的有139户③。1957年大理市的公私合营商品零售额占国合商业商品零售总量的36.4%。1958年大理公私合营百货、棉布、土杂、国药、饮食、服务等6类商店合并组成大理市中和公私合营商店，设商业、饮食、服务、农场4个合营，商业设13个门市部及附属加工单位3个，饮食设6个门市，服务设12个门市④。

此外，针对大理城内临时摆设摊点的小商贩，主要采取将之吸收为国营和合作社商业人员，过渡到公私合营企业的措施；或将分散的小商贩按行业组成合作小组，以代购代销和经销的形式，实行联购分销；对市中心的小商店和较固定的小商贩则采用自愿进入合作商店等方式进行调整，1956年底，大理县共有合作商店2个26个摊点，合作小组23个306个摊

① 大理市商业局编：《大理市商业志》（内部发行），昆明：云南省地质矿产局测绘队电排印装，1993年，第296页。根据数据整理。

② 大理市商业局编：《大理市商业志》（内部发行），昆明：云南省地质矿产局测绘队电排印装，1993年，第301页。根据数据整理。

③ 大理市商业局编：《大理市商业志》（内部发行），昆明：云南省地质矿产局测绘队电排印装，1993年，第296页。根据数据整理。

④ 大理市商业局编：《大理市商业志》（内部发行），昆明：云南省地质矿产局测绘队电排印装，1993年，第263页。

点。此后，通过不断调整，大理城区合作商店的数量增加，合作小组被合并撤销，1962年后出现少量的个体经营户。

大理城区调整时期合作商店、合作小组网点情况表[①]

年份	地区	合作商店			合作小组			个体经营（人）
		个数	网点	人数	个数	网点	人数	
1957	大理	2	134		18	250	291	
1961		3	72	105				
1962		7	144	226				46
1963		8	46	248				24
1964		8	36	248				24
1965		8	36	245				24

就商品的流通环节而言，大理私营批发商逐步被国营商业和合作社商业代替，分散的零售商通过国家资本主义的经销、代销和公私合营等形式，最终实现全行业的公私合营。

（三）私营商铺的减少

1953年，大理县有私营商业1564户，从业人员2318人；饮食业317户，462人；服务业94户，164人，总体上从事私营经济的户数和人数分别为全市总数的47%、46%[②]。1955年，大理县有私营商业1280户，从业人数1534人，分别为1953年的81.8%和66.2%；饮食业356户，从业人员459人，分别为1953年的112.3%和99.4%；服务业102户，从业人员135人，分别为1953年的108.5%和82.3%，在国民经济恢复后私营饮食业和

① 大理市商业局编：《大理市商业志》（内部发行），昆明：云南省地质矿产局测绘队电排印装，1993年，第228页。

② 大理市商业局编：《大理市商业志》（内部发行），昆明：云南省地质矿产局测绘队电排印装，1993年，第291页。根据数据整理。

服务业的户数出现短时性增加的现象[①]。到1956年大理白族自治州成立、全州社会主义改造基本完成时，大理州的私营商户仅为1952年的8.76%，私营商业人员2195人，仅为1952年的7.86%，商品销售额仅为1952年的6.93%[②]。

私营企业商品销售方面，从1950年至1955年，国家对私营工业产品实行加工订货、统购包销政策；对商品价格进行临时性调整，拉大批发与零售的差价……加强对私营经济的宏观调控力度。同时为发挥私营经济的积极性，国家临时调整政策，将各区粮食和主要经济作物以20%—30%的经营比例拨入私营企业，给予私营经济一定的生存空间。私营企业的社会主义改造完成后，大理市的私营经济商品零售额比重从1953年的77.3%下降到1957年的7.2%[③]。大理古城的私营商铺数量锐减，经营项目主要以次要土产为主，成为国合商业机构和公私合营商业机构的有益补充。

商业资本的社会主义改造完成后，全中国进入高度集中的计划经济体制时期。在宏观政策下，大理出现不同部门的商办工厂，各商业专业公司、商业网点、商业人员大量减少，同时商品供应不足，大部分商品紧缺，商品流通受限，以定期定量供应为主。从1961年至1965年，国家经济进入调整时期，商品流通渠道被疏通，大理的商品流通出现短暂的活跃。“文革”期间，在全国商业发展受到重创、商业管理无序的商业环境中，大理商业市场发展停滞：部分商品如化妆品、金银饰品、高跟鞋、绣花枕头等被列为问题商品，停止销售；服务业店铺的部分服务项目被限制；商品市场供给严重不足，凭票凭证供应的商品多达几十种。

中华人民共和国成立初至20世纪70年代末，大理古城中的商铺大多发展为国有制下的各类商业机构，体现出高度集中的计划经济体制特征，

① 大理市商业局编：《大理市商业志》（内部发行），昆明：云南省地质矿产局测绘队电排印装，1993年，第293页。根据数据整理。

② 杨聪编著：《大理经济发展史稿》，昆明：云南民族出版社，1986年，第233页。

③ 大理市商业局编：《大理市商业志》（内部发行），昆明：云南省地质矿产局测绘队电排印装，1993年，第40页。

商铺的规模、分布、数量由“小、密、多”转变为“大、稀、少”，各类国合商业门市部、供销合作社等成为商铺发展的新形式。部分商业机构门市部的建筑形态在20世纪50年代以后为水泥建造的三层平顶楼铺，建筑外观发生改变，沿主街分布的国营商业机构与行政机构增多。与国合、公私合营商业机构相比，私营商铺数量少，店面小，经营规模小，商品类型单一。商业管理分类明确、统计更为清晰，整个大理地区社会主义商业的计划经济特征一直持续到改革开放前。

从传统商俗的传承来看，中华人民共和国成立初大理古城中店铺名称更为清晰，一般能从店名中看出店铺的经营类型或商品的类型，以“某某号”为名的店铺减少。社会主义改造完成后，店名除体现经营商品的范围以外，更反映出各类商业机构的社会主义性质。同时，与时代观念不符的商俗传统被废止，传统商业文化被赋予社会主义经济建设的时代特色。

第二节　城市功能转型背景下的商铺发展

改革开放后，全中国的商业企业经营自主权扩大，商品流通市场更为活跃。大理的商品供给、商品流通逐步回归市场。1984年起大理市对纺织品取消统购统销、取消凭布票供应，食糖、糕点敞开供应等，取消各类商品的定期定量供应。1985年前后国营商业机构开始撤并，商业国营企业、饮食业和服务业国营机构逐渐撤销，个体工商户增加，商业市场出现多元化发展。

一、古城保护与旅游开发下的城市功能转型

（一）历史文化名城保护中的街巷保护

1982年，大理古城被列为全国首批二十四座历史文化名城之一，随后相关部门开始编制《大理历史文化名城总体保护规划》（以下简称《保护规划》），1984年《保护规划》获批。《保护规划》中提到：“保护古城的布局结构和棋盘式道路格局；保护由历史建筑群构成的古城轮廓线；保护有价值的历史遗存标志性建筑，如城门、城楼、古塔、牌坊等。”《保护规划》重点保护古城内街巷特色，并对街巷保护内容、项目做了明确规定：如界定复兴路、人民路为商业游览性主街，保持其传统商业街道的功能，“在传统商业区复兴路、人民路不再建设大型的公建”，“保护人民路的特色，保持街道前店后坊的店铺形式以及有特色弹石路面，街道宽度”等；玉洱路、文化路、博爱路为交通性道路；其余各街坊小巷为生活性道路。同时，为突出大理古城的商业功能，《保护规划》规定古城内“商业服务网点小型多样为主，沿街以布置具有地方特色以及传统的前店后坊式营业店铺”[①]。传统街巷和传统商铺形态被列入历史文化名城的保护条目中，成为大理古城商业发展的指导性依据。

（二）旅游业的发展

大理的旅游业开始于20世纪80年代初，旅游业发展初期以接待国外旅游考察团队为主。1980－1983年间大理接待海外游客的人数为1981年199人、1982年124人、1983年110人。1984年大理古城被国务院批准为乙类对外开放城市，外国旅游者逐年增多。1992年以后大理市的国内旅游业大规模发展，并经历了1999年、2006年、2010年三个发展高峰时期，2013年前后旅游接待总人数保持着11%－17%的年增长率。

① 杨嗣藩：《从大理名城规划谈大理的保护建设》，《大理建设》1987年第1期。

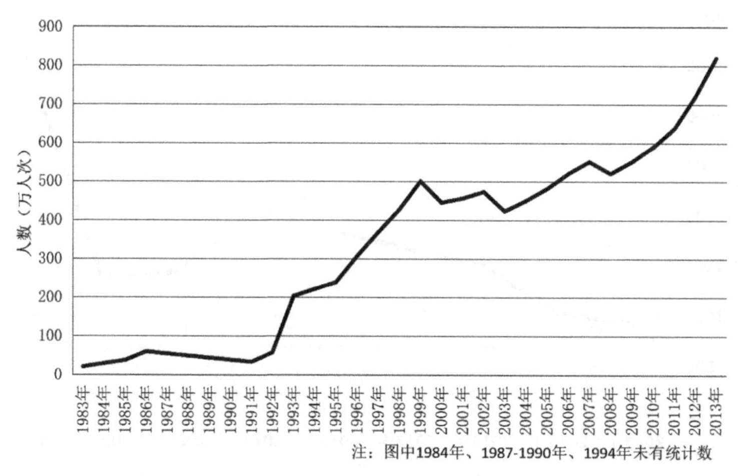

大理市旅游接待总人数统计图（1983—2013年）①

大理古城是大理市旅游发展的核心旅游资源区，旅游接待量约占全市各项旅游接待统计指标70%左右的比例。从1980年涉外旅游接待到1984年对外开放再到1987年大理一日游线路设计……大理古城成为各类专项考察、访问和旅游的必经之地。从国家级历史文化名城、国家级风景名胜区的核心组成部分、中国优秀旅游城市、最佳魅力旅游城市等到国家AAAA级旅游景区，大理古城以其厚重的历史文化内涵、和谐的人居生态环境等优势走上了景区化的发展道路，旅游集散、接待功能由城市附属功能转变为城市主要功能之一。2013年，大理古城接待的游客总数为500.7万人次，旅游总收入达8.89亿元②。同时，大理古城的商业功能进一步发展，据大理市统计局的抽样调查，2013年大理的国内旅游者平均停留天数为3.39天，国内旅游者的平均花费结构中购物占21.78%③，为旅游总消费结构中占比最多的项目，古城的主要历史街区形成旅游小商品市场的规模化发展。

① 图中数据来源于大理市旅游发展管理委员会的内部统计资料。

② 数据来源于大理古城保护管理局的内部统计资料。

③ 大理市旅游发展管理委员会：《大理市旅游统计》（征求意见稿），内部资料，2013年，第24页。

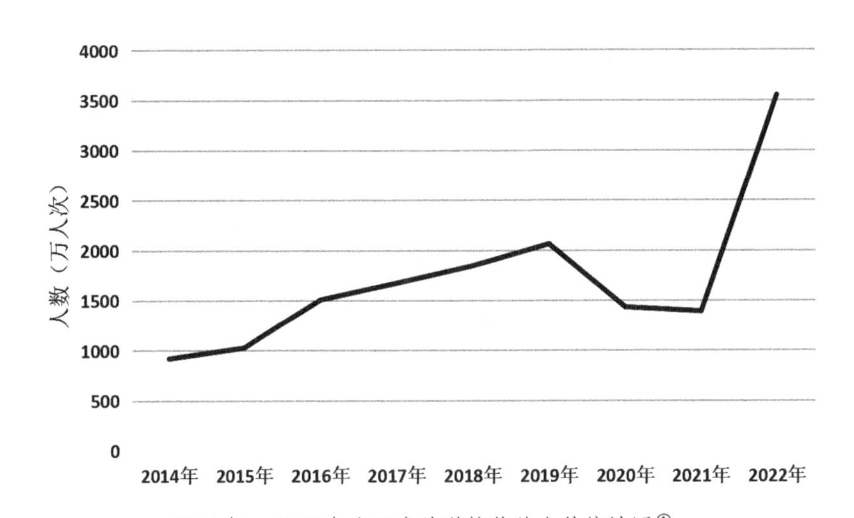

2014年—2022年大理市旅游接待总人数统计图①

近十年来，散客旅游市场的迅速壮大使得大理旅游业增幅较大，直至2020年前一直持续增长。"新冠"疫情之后旅游市场快速复苏并高速增长，在激增的旅游需求、有效的市场推广和"网红打卡点"等的带动下，大理

① 2014年数据来自大理市人民政府办公室：《大理市2015年政府工作报告》，2015年2月。http：//www.yndali.gov.cn/dlszf/c103329/201502/abb7f4ae01504e22b5f393c51ab6e7e1.shtml。

2015年数据来自大理市人民政府办公室：《大理市2016年政府工作报告》，2016年2月。http：//www.yndali.gov.cn/dlszf/c103329/201602/9d54f72581284c549388645d32a29985.shtml。

2016年数据来自大理市人民政府办公室：《大理市2017年政府工作报告》，2017年2月。http：//www.yndali.gov.cn/dlszf/c103329/202308/71bfd134d33a4d6b8b40190d12300bb0.shtml。

2017年数据来自大理市统计局：《大理市2017年国民经济和社会发展统计公报》，2018年7月。http：//www.yndali.gov.cn/dlszf/c106688/201807/17ecc67700b245b796360f332ebf1a44.shtml。

2018年数据来自大理市统计局：《大理市2018年国民经济和社会发展统计公报》，2019年10月。http：//www.yndali.gov.cn/dlszf/c106688/201910/a4a2c81a1bdd4f2f907d3c0fc54bae50.shtml。

2019年数据来自大理市统计局：《大理市2019年国民经济和社会发展统计公报》，2020年12月。http：//www.yndali.gov.cn/dlszf/c106688/202012/46a97d518d014aa1a0c3959bbe3c8ed9.shtml。

2020年数据来自大理市人民政府办公室：《大理市2021年政府工作报告》，2021年3月。http：//www.yndali.gov.cn/dlszf/c103329/202105/2076f9641aed4a2490e3efa5879e19f7.shtml。

2021年数据来自大理市统计局：《大理市2021年经济运行情况》，2022年1月。http：//www.yndali.gov.cn/dlszf/c106688/202201/0aa76261b114423182c2d3e0b1ca681c.shtml。

2022年数据来自大理市统计局：《大理市2022年主要经济指标完成情况》，2023年1月。http：//www.yndali.gov.cn/dlszf/c106688/202301/91d66ba30a084ffc92704633e115f9be.shtml。

出现了很多新的旅游项目和体验方式。2023年上半年，大理市累计接待国内外旅游者3130.06万人次，接近2022年全年累计旅游接待总人数。

（三）非农人口和外来人口的增加

在大理古城13条街、5条巷（里、坊）的街巷格局中，1982年共有城区人口11607人。1990年，大理街道办事处辖区内共有居民4132户，总人口12872人，其中，白族4401人，占34.15%，汉族7197人，占55.9%，回族1127人，占8.7%[①]。2021年末，大理镇的总人口为72012人，城镇人口40356人[②]。经过30多年的发展，古城及周边的非农人口达到4万多人，城市集聚功能更加突出。

大理镇非农人口概况表[③]

人口概况 / 年份	全镇人口概况		非农人口概况	
	户数	人口数	户数	人口数
1999年	13626	50808	5058	17663
2000年	13724	51231	5124	17860
2005年	16936	57574	7187	23281
2013年	29088	69499	17130	41827

近二十年以来非农人口增长迅速，原因除人口的自然增长外，主要为

① 大理市史志编纂委员会编:《大理市志》，北京：中华书局，1998年，第75页。

② 大理市统计局编:《大理市2021年统计年鉴》，2023年8月。http：//www.yndali.gov.cn/dlszf/c106688/202308/76b3adcb8a2044ff8f5d46108dd08eb3.shtml。

③ 1999年数据来自大理市史志编纂委员办公室、大理市年鉴编辑部编:《大理市年鉴》（2000年），昆明：云南民族出版社，2001年，第216页；2000年数据来自大理市史志编纂委员办公室、大理市年鉴编辑部编:《大理市年鉴》（2001年），昆明：云南科技出版社，2001年，第260页；2005年数据来自大理市志编纂委员会编:《大理市志》（1978－2005），昆明：云南人民出版社，2015年，第79页；2013年数据来自大理市地方志编纂委员办公室、大理市年鉴编辑部编:《大理市年鉴》（2014年），昆明：云南民族出版社，2014年，第353页。

两方面：一为古城城郊的南门、东门、北门三个村委会的村民跨城而居，受“城市化”进程的影响，部分农村人口因耕地被占用等原因通过“农转非”“农转城”等成为非农人口，并被纳入古城社区居民的管理中；二为外来人口的迁入，据大理古城保护管理局统计，流入大理古城的外来人口数2000年前后约为每月1000人，2010年后每年约为7000人。据统计，截至2023年到大理定居的“新大理人”近10万人①。外来人口尤其是外来常住人口和商业人口的增加，促进了城市现代商业功能的发展。

20世纪80年代以来，一方面大理古城的城市商业功能不断增强，它的发展超过任何一个历史时期。另一方面旅游业的发展使得大理古城成为大量游客的集散地，古城的聚集功能突破了单一地满足地方社会需求的需要，并融入以旅游接待、旅游集散为主的旅游经济功能，促使城市功能转型。在这样的时代背景下，大理城内商铺的发展出现新的格局、形态和文化表达方式。

此外，2022年新修的《云南省大理白族自治州大理历史文化名城保护条例》强调：大理古城“城市功能以居住、文化、旅游、教育、卫生、商贸为主”，可在“符合相关保护要求的基础上，合理利用历史建筑进行文化遗产展示，开展特色商业、休闲体验、民宿等经营活动”，鼓励“传统工艺和传统技艺加工制作、文化创意等与传统文化相协调的经营活动”，这些措施为古城的活化利用、文化和旅游融合新业态的发展提供了政策导向。

二、名城保护下的商铺格局与形态

1982年，大理古城的商铺依然以各类商业机构为主，共有商业机构482个、从业人员1677人，其中包括商业零售机构364个、从业人数901人，饮食业机构44个、从业人数212人，服务业机构45个、从业人数151人，社

① 叶传增：《艺术家，为何扎堆来这里？》，2023年9月，人民日报客户端。http: //m.people.cn/n4/2023/0920/c1420－20769924.html。

会商品零售总额4007万元[①]。通过三十多年的发展，古城的商业机构不断细化，自主经营权加大，各类商铺在市场需求与经济筛选中逐渐回归，古城主要街道的临街门面基本被商铺覆盖，先后形成不同的街区特色。

（一）“洋人街”的商铺

“洋人街”位于护国路上段，因外国游客的聚集而得名。“洋人街”为东西向街道，西起古城墙西的滇藏公路（214国道），东至复兴路口，中与博爱路相交，它是大理古城改革开放后发展最早的街区。1984年位于护国路上段的大理市第二招待所[②]经批准为大理州第一家涉外接待单位，它成为当时各国游客进入大理后唯一的住宿接待点。随着外国游客数量增多，各种旅游消费需求随之出现，饮食、服务、小商品经营等店铺以招待所为中心先后出现。20世纪90年代中期“洋人街”共有65个商业网点，2002年共有商铺75家，街道经过近40年的发展逐渐形成以咖啡馆、西餐厅、酒吧等各类西式餐饮，自行车出租、票务等旅游出行服务，扎染、刺绣等工艺品销售为主的特色街区。整个街区汇聚原生态的“大理元素”、异国风情和各种相互交融的中西文化，护国路上段300多米的路段因此由一条不起眼的小街成为大理古城著名的旅游街区。

① 大理市商业局编：《大理市商业志》（内部发行），昆明：云南省地质矿产局测绘队电排印装，1993年，第46页。

② “大理市第二招待所”后更名为“红山茶宾馆”，2003年被拆除，原址上建成“洋人街中心广场”。

1996年“洋人街”主要商业网点类型和2002年主要商铺类型统计表①

1996年		2002年	
商业网点类型	数量（个）	商铺主要类型	数量（家）
扎染、蜡染门市	15	扎染、蜡染店	2
餐厅、咖啡屋	10	西餐馆、酒吧、咖啡馆、书吧 白族餐厅、清真餐馆、韩国料理	28
旅游客车售票中心	6	票务、旅游信息服务	4
小工艺品、小商品门市	5	工艺品、工艺包店	7
珠宝玉器门市	3	珠宝玉石店	3
古董门市	3	古玩店	3
旅馆、宾馆	6	酒店、旅馆、客栈	4
副食商店	3	小卖店、商场	4
按摩门市	2	按摩店	1
医药门市	1	药店	1
银行	1	银行	1
美容发廊	1	民族服装、工艺服装	11
画廊	9	户外用品店	3
合计	65家	彩扩店	1
		面包、糕点店	1
		音像店	1
		合计：75家（未包含行政机构3个、公共厕所1个、律师服务所1家）	

如上表所示，1996年“洋人街”的65个商业网点中，销售商品的网点占总数的46%；2002年的商品店铺占店铺总数的48%，餐饮类的店铺比1996年增加近三倍，且餐饮经营类型朝多样化发展；扎染类店铺减少，

① 1996年数据来自李映德：《从大理“洋人街”的兴起看看思想解放和开放与发展》，《探索与思考》，昆明：云南民族出版社，2001年，第166页。2002年数据来自万寿山人制作：《云南大理洋人街（护国路）地图》，2002年2月，http：//trip.elong.com/yangrenjie/jianjie/attach–84368.html，2015年9月。

民族服装、工艺服饰增加为11家，扎染、蜡染织品被运用到更多的成衣加工中，突出设计、工艺中的民族元素；画廊经营迁出或只作为餐饮类店铺的附属经营项目；此外，服务类店铺的类型增加，“洋人街”的旅游服务功能更为完善。

2011年，“洋人街”的商铺又出现新的变化。杨德爱在博士毕业论文《旅游与被旅游——大理“洋人街”由来及变迁》中，对2011年的“洋人街”的商铺分布情况、主要经营类型、商铺名称等做过详细的调查记录。“洋人街”沿街两侧分布着104家门面和16个扎染、刺绣制品兼工艺品摊位，共120家。其中开店营业的商铺有15个主要类型，共90家。此外，还有其他如小卖铺、火柴、果脯、俄罗斯工艺品、泰国缅甸越南特产等店铺。将调查结果进一步归类，把当时的90家营业铺面按经营类型和项目分为商品类和非商品类型，其中，商品类细分为服饰类、工艺品类和其他商品类，非商品经营类型分为餐饮类、住宿类和其他服务类型。

2011年“洋人街”主要商铺概况表[①]

<table>
<tr><th colspan="2">商铺类型</th><th>数量（家）</th><th colspan="2">商铺类型</th><th>数量（家）</th></tr>
<tr><td rowspan="4">服饰类（36家）</td><td>扎染店</td><td>18</td><td rowspan="4">餐饮类（14家）</td><td>西餐馆兼咖啡馆</td><td>8</td></tr>
<tr><td>民族特色服装、服饰店</td><td>7</td><td>咖啡馆</td><td>2</td></tr>
<tr><td>围巾披肩店</td><td>6</td><td>披萨店</td><td>2</td></tr>
<tr><td>异域风格（珠绣）服饰店</td><td>5</td><td>酒吧</td><td>2</td></tr>
<tr><td rowspan="3">工艺品类（24家）</td><td>翡翠玉石珠宝店</td><td>11</td><td>住宿类</td><td>客栈</td><td>9</td></tr>
<tr><td>银器店</td><td>10</td><td rowspan="2">其他服务类</td><td rowspan="2">旅游集散中心（票务为主）</td><td rowspan="2">3</td></tr>
<tr><td>古玩店</td><td>3</td></tr>
<tr><td rowspan="2">其他商品类（4家）</td><td>唱片、碟片店</td><td>3</td><td rowspan="2">合计</td><td colspan="2" rowspan="2">90家</td></tr>
<tr><td>书店</td><td>1</td></tr>
</table>

① 杨德爱：《旅游与被旅游——大理“洋人街”由来及变迁》，博士学位论文，中央民族大学民族学与社会学学院，2012年，第44页。根据调查数据整理。

如上表所示，2011年“洋人街”店铺的主要经营类型及数量归类如下：服饰类店铺包括扎染、民族特色服饰、围巾披肩、珠绣服饰，共计36家。其中扎染店主要分布于“洋人街”上段；工艺品类店铺以经营翡翠、玉石珠宝、银器、古玩为主，共24家，主要于“洋人街”中段零散分布；其他商品类型店铺较少，经营唱片、碟片和图书，共4家；西餐馆、咖啡馆、酒吧、披萨店等餐饮类店铺，共计14家，主要集中于“洋人街”中段，以西式餐饮服务为主，其中“老木屋”“马丽咖啡”成立于“洋人街”对外开放初期，营业时间最长，见证街区的发展与变迁；以客栈为主的住宿类店铺共9家；其他服务类店铺为旅游集散中心或门市，以各种票务为主，位于“洋人街”与博爱路、复兴路的交叉口，共3家。从店铺类型的比例来看，商品类店铺的数量最多，共64家，占店铺总数的71%。在商品的经营类型上，以体现少数民族特色和泰国、缅甸、越南等东南亚风情的商品居多。店铺的店主1家外国人，两家香港人，其余7%－8%的为外省人、90%以上是大理人。

2014年，对“洋人街”营业中的铺面进行实地调查，共计98家店铺，主要有以下几种类型：服饰类店铺共35家；餐饮类店铺共14家；银器铺共12家；玉石店铺，含翡翠、玉、珠宝，少数兼营大理石，共11家；其他手工艺品店铺，含各类手工制品、东南亚手工艺品等共10家；特产店，含药材、零食、小粒咖啡、鲜花饼等共5家；客栈门面3家；唱片店2家；古玩店2家；港货（日用品、食品为主）1家；票务门面和房地产营销门面各1家。其中，商品店铺共79家，占店铺总数的81%。与2011年相比，店铺总数变化不大，服饰类、住宿类店铺数量减少，餐饮类店铺经营相对稳定，手工艺品和特产类店铺有所增加，商品类型除体现民族元素与大理特色外，增加药材、小粒咖啡和鲜花饼等云南特色旅游商品，以及贴有“纪念标签”的玩具、火柴等。

洋人街牌坊

此外，护国路下段700米的路段与300米“洋人街”相比，差异较大。根据2014年的调查结果，护国路下段分布着61家店铺，其中餐饮类店铺38家，基本为服务本地居民的小吃、饭馆等，以经营中餐为主；理发、美容店8家；副食小超市、小卖部5家，这些店铺的服务对象90%以上为本地居民。护国路与复兴路的十字路口成为“洋人街”与护国路下段的分界点，同一街道的两个不同路段在商铺特色和经营对象等方面形成鲜明的对比。

护国路下段的传统商铺铺台

（笔者摄于2016年1月）

广武路的传统商铺门面

（笔者摄于2016年1月）

（二）复兴路的商铺

受苍洱坝区南北狭长的地势影响，大理古城的南北向交通发达。连接古城南北城楼的复兴路，一直为古城的南北向正大街，是城内历史最久、最传统的街道，南北通衢的优势使复兴路的功能从交通集散通道发展为旅游通道。随着古城外围南北向的滇藏公路和大丽公路的修建，古城的东西向交通逐步发展，复兴路的交通优势逐步减弱。随着古城景区的建设，复兴路南段已被打造为步行街。

20世纪80年代以来，复兴路与“洋人街”相比发展和变化较慢，也不如“洋人街”备受关注。20世纪80年代初大理城内主要商业网点都集中在复兴路，从南到北依次有五华楼饭店、糖酒副食品公司、榆城饭店、百货大楼、第二五金公司、五味轩饭店、榆城旅馆、清真园和双鹤楼饭馆等。此后20年，小型商铺逐渐增多，百货、杂货、副食居多。随着旅游业的发展，针对旅游消费需求的旅游商品店铺出现并发展。

1	南门旅社	11	双鹤楼饭馆
2	糖酒副食品公司	12	原大理县商业局
3	百货商店	13	第二百货公司
4	土杂商店	14	水果商店
5	副食加工商店	15	第二五金公司
6	沐浴旅社	16	百货大楼
7	饮食商店	17	榆城饭店
8	五味轩饭店	18	五华楼饭店
9	榆城旅馆	19	杨家花园饭店
10	清真园	20	大理食品站

20世纪80年代大理古城商业网点分布图①

① 大理市商业局编：《大理市商业志》（内部发行），昆明：云南省地质矿产局测绘队电排印装，1993年。

2014年大理古城复兴路各段商铺情况统计表①

各段商铺数量 商铺类型	南门城楼至洋人街口商铺数量（家）	洋人街口至玉洱路口商铺数量（家）	玉洱路口至北门城楼商铺数量（家）
服装、饰品、织品铺	91	24	91
银器铺	59	2	0
玉石、珠宝店铺	55	4	0
土特产、茶叶、药材铺	34	9	0
工艺品铺	22	1	0
餐饮类店铺	11	4	21
住宿类门面	6	1	5
银行（含自助银行）	6	1	1
药房、诊所	5	1	5
乐器、音像铺	5	1	0
文具、书、眼镜铺	4	1	5
超市、副食部、小卖部	3	3	12
手机通信、钟表修理铺	3	8	9
文印、网吧、彩票销售等	1	1	4
理发、美容、足疗铺	1	0	11
相馆、装裱铺	1	0	2
古玩铺	1	0	0
合计	308	61	166

如今的复兴路是大理古城五条主要街道中商铺数量最多的街道，沿街的门面都被开设为商铺。2014年复兴路共有商铺535家，从商铺的经营类型和特点看形成了南段、北段和中间过渡路段三种不同的特色。南段为南门城楼至“洋人街”口，共有商铺308家，其中95%以上的商铺为旅游商品经营和旅游食宿接待，服务对象以游客为主，旅游商品类店铺占总数的87%；而北段（玉洱路口至北门城楼）的商铺166家，主要以满足本地人

① 数据来源于2014年1—3月的实地调研和整理。

的日常生活消费为主，经营对象主要为本地人；中间段（“洋人街”口至玉洱路口）共有61家商铺，兼顾本地消费与旅游消费，随着古城旅游的纵深化发展，旅游者活动空间扩大，中间段的旅游商品店铺逐渐增多，占该路段商铺总数的66%，商品类型逐渐与南段商铺的经营类型相似。

复兴路南段手工制糖店铺

复兴路南段银器经营者打制银器

复兴路南段和北段大部分商铺在经营类型方面差异较大，同一类型商铺的数量和经营对象不尽相同。复兴路南段和北段分别有91家服饰类商铺，在服饰类型上南段以民族服饰、工艺服饰、披肩、工艺包、工艺鞋为主，而北段以现代服装为主，经营对象为不同的消费群体；两段服饰店的店名风格差异较大，南段服饰店名汇集“大理”“南诏”“金花”等大理文化元素，与“民族”“工艺”“手工”等词汇结合使用，部分店铺设有织机等，展示织制过程，而北段的服饰类商铺店名朴实、直白，多以品牌名称或店名加经营类型为主，如“××服装店”“××饰品店”等，除打折或特价信息外无其他销售信息。南段和北段的餐饮类店铺各有特色，南段以美食、饮品为主，销售方便携带的饮食；而北段的餐饮店铺数量多于南段，主要以接待本地消费的小吃、餐馆为主。

此外，北段的商铺经营较为稳定，店面及经营项目更新较慢，而南段的店铺门面除银行、药房、书店之外，其余均为旅游商铺，部分店铺能根据旅游市场需求的变化及时调整经营内容。

复兴路南段银器铺

2015年12月对复兴路的商铺进行二次调查，发现复兴路中段商铺，经营本地消费品的店铺减少，旅游商品店铺占比已超过该路段店铺总数的80%，商铺经营过渡路段的特征消失，玉洱路口成为复兴路南段和北段新的分界点。从调查结果来看，复兴路南段餐饮店铺增加到45家，其中鲜花饼类店铺从2011年的4家增加到23家，各类型的饮品铺增加到10家；工艺品店铺增加到39家；土特产、茶叶店增加到45家。而银器店铺由61家减少到47家、玉石珠宝店铺由59家减少到26家，缩减的比例较大；服饰类店铺数量变化不大，经营民族服饰、鞋、包等，但在原有的“民族”“工艺”特色中，各类服饰品的设计和款式均出现不同程度的流行元素。

巷道里的扎染摊铺

复兴路南段扎染服饰店铺

2023年7月再次对复兴路南段的商铺进行调查。商铺除经营传统旅游商品外，出现了新的类型——旅拍店。数量较多的店铺类型分别是：服饰店铺（61家）、银器店铺（34家）、特色小吃（32

家）、鲜花饼类店铺（27家）、饮品店（23家）、手工艺品（21家）、旅拍店（14家）、茶叶店（14家）。其中，服饰、银器、工艺品类店铺数量较之前均有减少，服饰店中有6家店铺将白族非物质文化遗产工艺——扎染运用到现代服装、装饰品和布偶等的制作中，特色小吃和饮品店更加注重本地文化氛围的营造，手工艺品中文创内容增多，不少店名、店铺装饰可识别度高，商家在文化创意中更加注重突出地域特色。

（三）其他主街的商铺概况

在大理古城的十三条街道中，主要街道有五条，南北向的复兴路、博爱路，东西向的护国路、人民路、玉洱路，除复兴路和“洋人街”（护国路上段）外，其余街道近年来发展较快，新设的店铺较多，店铺数量增加较快。

博爱路出现与复兴路相似的发展特征，南段的商铺中古玩、旅游商品与服务本地的商铺交错分布，与人民路、“洋人街”的相交路口处集中了票务、旅游集散中心等旅游服务机构，而北段主要有小卖部、百货店、小超市、五金店、建材店、电器店等经营商品的店铺，餐饮和除客栈外的其他服务类店铺都以服务本地人为主。玉洱路大部分路段的商铺都以本地人为销售对象。人民路的餐饮店铺最为集中，从餐饮经营类型上看人民路上段主要为酒吧、咖啡吧、糕饼屋等，下段聚集本地餐饮店与各地特色餐饮店铺，人民路的餐饮类店铺占五大主街餐饮店总数的43%（详见下表）。

2014年大理古城主要街道店铺经营类型统计表①

店铺及经营商品类型 \ 数量 \ 主要街道		复兴路	人民路	护国路	博爱路	玉洱路	各类店铺合计
商品类	服装、饰品、织品	202	66	35	28	37	368
	超市、小卖部、日用品、化妆品	17	14	8	38	27	104
	玉石珠宝	59	5	11	4	7	86
	银器	61	10	12	0	0	83
	土特产、茶、药材	43	14	5	8	10	80
	工艺品	23	18	10	5	6	62
商品类	五金、建材、电器	0	0	0	31	29	60
	古玩	1	0	2	19	20	42
	文具、书、眼镜	10	6	2	0	0	18
	家具	0	0	0	0	10	10
	乐器、音像	6	0	2	0	1	9
	农资、祭品	0	0	0	7	1	8
	玩具、毛线	4	1	0	0	0	5
餐饮类	餐馆、小吃、糕饼	37	153	52	36	78	356
住宿类	客栈、酒店	12	19	8	13	18	70

① 来源于2014年1－3月实地调查、整理的数据。

续表

店铺及经营商品类型 \ 数量 \ 主要街道		复兴路	人民路	护国路	博爱路	玉洱路	各类店铺合计
其他服务类	理发、美容、养生	12	11	8	12	22	65
	文印、网吧、彩票、广告制作、房产中介	6	7	2	6	14	35
	租车、票务	0	9	1	12	10	32
	手机通信、钟表	20	0	0	2	8	30
	药店、诊所	11	3	0	7	8	29
	银行（含自助银行）	8	0	0	0	5	13
	相馆、装裱	3	0	0	1	4	8
	燃气、干洗、快递	0	0	0	3	5	8
商铺总数合计		535	336	158	232	320	1581

总的来看，从商铺和经营商品类型来看，五大主街都出现游客与居民消费活动空间或分离或相交的现象，随着旅游活动空间扩大，不同活动空间分离的现象越明显。本地人的消费活动空间主要集中于古城的北部，旅游者的消费活动空间主要集中于南部，这两个区域都属于消费类型完全分离的区域，此外的古城西部、东部和中部为两种消费活动并存的区域。

2014年，五大主街的商铺总数为1581家，从主街商铺数量的变化来看，五大主街中复兴路的商铺门面数量最为稳定，除商铺经营类型变化外，商铺总户数变化不大，仅为门面分隔或合并引起的户数变化，而古城商铺数量变化主要来源于其余各街新开设的铺面。同时，随着城市管理的加强，店铺的形态更加稳定，流动摊点逐渐减少，流动摊位在古城特定区域规范摆设。

从店铺类型来看，五大主街销售实物商品店铺共935家，约占店铺总数的60%。其中，销售银器、玉石珠宝、手工艺品、土特产等旅游商品的店铺共730家，占商品类店铺总数的78%，主要集中于复兴路南段和“洋人街”。同时，古城主街的服务业店铺减少。以住宿业为例，2013年，大理镇共有旅游住宿业户数473户，占大理市的35.3%，从业人数2636人，占大理市的26.3%[①]，主要分布于古城周边、古城的各入口处和各条巷里。五大主要街道只分布约70家客栈或宾馆门面，占全镇总数的15%，主要集中分布于人民路下段、玉洱路下段和博爱路南段，大部分以庭院式的小型住宿接待为主。到了2020年古城及周边的客栈数已超过4000家，古城内各个小巷均有分布。而餐饮业店铺主要集中于人民路、博爱路北段、玉洱路下段、复兴路北段，博爱路北段、复兴路北段的餐饮店铺主要以本地消费为主。

不同类型的商铺分布使主街形成不同的街区特色。复兴路作为传统街区形成了“购物”的特色，并以玉洱路口为分界，南段的旅游购物为主，并形成一定规模的旅游小商品市场，经营类型与北段差别较大。“洋人街”、人民路上段集中分布酒吧、咖啡吧等，以娱乐休闲和西式饮食接待为主，人民路下段汇集各地特色饮食餐饮店铺。除鲜明的经营特色外，本地参与经营的程度、店名等文化特色也体现出传统街区商铺与新兴街道的差异。同时，主要街道商铺的经营类型也反映大理古城在景区化发展中城市功能的转型与特色，商铺的分布和数量体现了城市经济的发展程度，在大理古城“遗产化”的进程中，旅游经济活动的影响逐渐增强。

（四）人民路的地摊

2013年前后在大理古城人民路摆摊成为从世界各地纷至沓来的手工艺人、文艺工作者、“文艺青年”、背包客的一种生活方式，摊位最多时超过800个，主要以出售手工制作的明信片、饰品、木器、服装等手工艺品，从世界各地带来的旅游纪念品，以及展示绘画、诗歌、音乐、杂技、

① 大理市旅游发展管理委员会:《大理市旅游统计》（征求意见稿），内部资料，2013年，第8页。

人民路下段摆摊

洱海门附近规范管理的地摊

脏辫编织、文身等技艺。70%左右的摊主自制自售旅游纪念品，30%的摊主出售的旅游纪念品来自各地的小商品批发市场，这其中的一小部分人会对批发来的产品进行再设计和加工，使得产品区别于同行的产品。地摊人员的摆摊既是一种谋生方式，更是一种文化的活态展示，人民路成为多元的艺术形态聚集地。

随着城市管理规范和淘宝商贩的加入，摆摊的经济秩序和文化生态被打破，大量的文艺青年离开大理，地摊也由古城中心地带、人民路等向“洋人街”下段和古城周边的果子园、东门村等边缘地区迁移。

三、古城“遗产化”道路上的旅游经营商铺

随着城市功能转型，大理古城的商铺为满足本地消费需求与旅游消费需求，出现同一街道面对不同服务对象分段发展的特点。在旅游经济活动的影响下，游客聚集的街区，商铺表现出“旅游化”“遗产化”的多样特征。

（一）商铺经营的旅游化发展

1. 商铺经营类型的变化

旅游需求的变化影响着大理古城传统街区商铺的经营类型，以游客为消费对象的商铺根据旅游需求不断调整经营项目，不同街区旅游商品店铺、旅游服务店铺出现不同程度的聚集。以复兴路南段为例，2014年经营服饰、特产、药材、茶叶、银器、珠宝玉石、小工艺品等的店铺共308家，旅游商品店铺占该路段商铺总数的83%，2015年末这一比例提高至87%；“洋人街”的旅游商品店铺由1996年的29家增加到2002年的36家、2011年的64家、2014年的79家，商品类店铺占总数的比例由1996年的46%增加到2014年的81%；其他主街的旅游商品类店铺占总数的比例也逐年上升，都存在向同一街道的其他路段扩散的趋势。从旅游经营商铺的

数量来看，复兴路南段和“洋人街”相对稳定，其他主街旅游经营类店铺的总数不断增加，但在不同的时间节点上，所有街道的某一类型店铺数量呈动态变化。从商铺的分布来看，游客聚集区、游客通道和古城内的景点周边成为旅游经营商铺集中分布的区域，“旅游化”发展的趋势增强。

旅游市场需求带来的旅游经营收益成为商铺经营类型选择的主要标准，同时，店铺租金、路段对商铺经营类型的影响较大。如旅游经营收益带动房租上涨，复兴路南段商铺租用的比例在95%以上，店铺的来源出现租用为主、自营为辅的特点；旅游通道的街区特性使该路段成为以旅游购物为主的旅游小商品市场，经营类型出现以旅游小商品零售为主、批发为辅，兼顾便捷式旅游餐饮的“旅游化”发展特点。

此外，“旅游化”的发展使得部分老店铺的传承面临着种种时代困境，大理古城内开设于民国时期的老店铺随着市场需求的变化与现代化的发展，数量逐渐减少，部分老店铺也根据旅游需求改变经营类型，如位于复兴路北段的爱斯照相馆被改造为爱斯花园客栈，玉洱路杨家花园改为庭院式餐饮接待单位，“旅游化”成为促进传统老店铺延续发展的外部因素。

2. 旅游商品的同质化倾向

大理古城旅游经营商铺的商品种类中，各街区的商铺存在经营项目雷同的现象。大部分同类商铺的商品差异减少，商品的同质化倾向严重，服饰、小手工艺品等类型的店铺表现得最为明显，这些商品工艺技术含量低、个性化元素少，全为批量化生产的产物。以服饰类商品为例，复兴路南段的服饰商品超过90%的比例来自批发，服装的款式、材质、构图、花色等细节相同，个性化的服饰元素较少。旅游商品的同质化现象不仅存在于大理古城内各个旅游街区，同时部分商品店铺也与国内著名古城镇传统街区的店铺雷同，如大理古城的服饰、小手工艺品与丽江古城的同类商品极其相似，手工制糖店铺、小工艺品店铺与凤凰古城、阳朔西街等地的同类店铺，在旅游商品的风格、类型、摆放布局等方面，甚至销售方式都如出一辙。

同质旅游商品的经营使得大理的部分本土特色旅游商品被边缘化，如白族扎染，复兴路南段专门使用店铺经营扎染的较少，多为各巷道口摆摊出售；“洋人街”上段的扎染店铺由专营发展为与其他服饰类兼营。而大理石制品也成为少数玉石店铺的兼营商品，专营也仅限于复兴路南段的旅游小商品批发市场摊点。

（二）商铺文化的“遗产化”发展

在大众旅游消费时代，大众旅游的发展和个性化需求这一双重矛盾一直体现在旅游商铺的经营中。为满足个性化的旅游消费需求，商户不断突破大众化的发展方式，与大理古城历史遗产和少数民族聚居地的特性相结合，通过多元的“遗产”符号表现商铺的个性化差异。

1. 民族文化符号的融入

民族文化是民族聚居地的符号和象征，也是大理古城游客聚集街区的特色元素之一，商户通过融入不同的民族文化符号强化商铺的经营特色。大理古城的旅游商品店铺主要分布于复兴路南段、“洋人街”、人民路，数量多，分布集中。从商品店铺的类型来看，服饰、玉石、土特产、小工艺品四类店铺数量最多，其中，复兴路南段的115家服饰类店铺，98%以上的服装、饰品、织品店铺都突出民族文化元素；“洋人街”的35家服饰类商铺都以民族风为主题，这些服饰在品牌创意和服饰类型上既体现白族、纳西族、藏族等民族的文化元素，也包含大量的民族工艺。此外，各种小手工艺品的设计、制作、风格等也存在以民族元素为主题的现象，玉石、土特产等店铺的设计和装饰、产品包装都有不同的民族文化符号，民族工艺与设计、创意、时尚元素相结合的民族文化体现方式在旅游经营中不断增多。在旅游商品同质化的过程中，一方面各类商品体现的民族文化差别逐渐模糊，在特色上某一民族的具体文化元素逐渐减少；另一方面在商品设计和制作细节上，各民族文化元素又被不断细化，通过多样的符号表现多元的民族元素。

2. 销售方式的“体验式”发展

大理古城传统手工业店铺的经营形式为“前店后坊”或“前店后厂”，手工产品制作和销售完全分离，店面是陈列、销售产品和使产品参与市场流通的重要场所。随着民众对非物质文化遗产的关注和体验经济的发展，各种手工产品的制作从店后被搬到门面，通过发掘手工技艺和制作历史，动态展示制作过程，非物质文化技艺在制作场景中体现到产品上，产品的内涵价值被提升。这样制作的商品被贴上“遗产”标签后更容易被大众认可和接受，产品制作的“体验式”过程成为一种促销方式，成为促进旅游商品销售的重要手段。

以银器店铺为例，大理白族的银器制作源于南诏时期，金银首饰、生活器皿的制作工艺主要在大理白族自治州鹤庆县新华村的白族村民中传承，“鹤川匠人”凭借着1000多年的手工艺制作历史，在日常生活用具、宗教用品、配饰、收藏品等产品制作上有一定的知名度。2014年初，大理古城五大主街共分布83家银器铺，其中复兴路南段61家、人民路上段10家、“洋人街”12家，98%以上的银器铺都在门面前展示银器制作的工艺、技法和制作过程。除银器铺外，糕饼铺展示制糖、制饼工艺过程，披肩铺摆设制作披肩的织机，玉石铺再现滇缅玉石打磨、加工的过程等，这些手工制作技艺都被搬到店铺门面，以增加产品的传统技艺内涵。

近年来，商户对新元素的发掘成为大理古城商铺新的文化特点，如将商铺的特色泛化到云南特色，突出云南资源特色和自然生态的旅游商品增多，2013年起复兴路南段出现销售鲜花饼的店铺，2015年增加到近30家，约占该路段店铺总数的10%，并扩散到人民路下段，直至2023年，复兴路南段的鲜花饼店铺依然有27家。又如人民路兴起文艺夜市，小手工制品、手绘明信片、原创音乐等的临时性摊点增多，文艺的文化特质出现在摊铺经营中。

在大理古城“旅游化”“遗产化”发展的过程中，旅游经营商户针对市场需求对商铺发展的主导作用增强，除店铺的建筑形态受《保护规划》等相关规定的限制外，商铺的经营类型与店铺的风格、布局都是商户自主选择的结果。普遍存在的各种“做遗产”现象，展示非物质文化遗产原真性的各种方式成为商业手段，在强化大理古城历史遗产特性的同时，折射出旅游商品同质化发展过程中商户积极寻求发展新途径的现实。

中华人民共和国成立到改革开放前，大理古城的商铺从私营商铺过渡到具有社会主义商业特征的商业机构、商业网点。受中华人民共和国经济恢复与调整、社会主义改造等政策的影响，各类商业机构的性质、传统的商品流通渠道被改变，并体现出高度集中的计划经济特征。20世纪80年代以来，随着商业企业自主权的加大，商铺的经营类型更加灵活。尤其在大理古城旅游知名度提高、旅游业快速发展后，本地居民的活动区域与游客聚集区的分界越来越明显，不同区域内集中分布针对不同消费群体的商铺，并出现不同类型的商铺根据不同的街区功能分布、同一街道不同路段商铺的主要经营对象和服务群体不同、各类商铺集中分布等特点。

大理古城的商铺分别以本地居民和游客两大不同消费群体为经营对象，前者主要提供日常商品和生活服务，满足本地居民生产、生活消费的日常需求；而后者以满足游客消费需求为主，集中分布在交通道口、游客聚集区，且不断向居民生活区扩散。两种类型商铺所体现的商业文化习俗，以经营收益为追求目标，在祭拜财神、供奉关公、重视早上开张生意等方面区别不大，但在招牌的设计、店铺风格、商品陈列、销售方式等方面，旅游经营商铺出现“旅游化”“遗产化”的发展趋势，在经营类型上更突出民族特色、地域特色，在数量和分布上体现大理古城城市功能转型的特点，并且在经营中存在的旅游商品同质化等现象也成为新时期古城镇发展的制约因素。

第六章　商业文化记忆的主体
——商人群体

商铺作为商业文化记忆的有形载体，它的发展与商业经济活动的主体——商人群体密切相关。商铺是商业活动发展到一定程度的产物，它的经营类型主要来自不同时代背景下商人对商业市场的判断与经营选择，它的发展受不同商业环境中商人的价值标准、经营理念的影响。大理早期的商业活动以外籍商人为主导，他们在带动商品流通的同时推动商业市场的发展。随着城市经济的发展，以铺户为主体的商人群体形成，并影响着商铺的发展。

第一节　历史时期的商人群体

中国古代将商人称为“商贾”，“商贾”一词始于《汉书·食货志》[①]，为“通财鬻货”之人。商人依财富多寡有大小之分，“大者积贮倍息，小

① 中国历史大辞典编撰委员会编：《中国历史大辞典》，上海：上海辞书出版社，2000年，第2754页。

者坐列贩卖”，通过“操其奇赢，日游都市，乘上之急，所卖必倍”[①] 而获利。商人有行商与坐贾两种类型，“行卖曰商，坐贩曰贾”[②]，无论是行商还是坐贾都在商品流通中起到重要的作用。

一、外来商人群体

大理古城的商铺产生于明代，但在外籍商人的影响下，苍洱坝区在明以前就有不同发展程度的商品交换活动。明以后受大理“重仕轻商”等社会风气的影响，外籍商人的聚集对城市市场、城市商业和商铺的产生与发展起到巨大的推动作用。

（一）巴蜀商人

苍洱坝区早期的经济交换活动中，巴蜀商人的影响最大。“殷富”的巴蜀地区在汉初受“闭蜀故徼”国策的影响，巴蜀商人凭借内地经巴蜀再汇通云南的交通优势，以“窃出”的方式与云南各地互通有无，成为较早在苍洱坝区贩售、交易各类物资的行商群体。“窃出”带来丰厚的利润致使巴蜀商人利用一切手段，将“笮马”“僰僮”“髦牛”等从西南夷地区贩至巴蜀或内地，同时向西南夷各地输出丝织品、金属器具、食盐等物品，他们将商货带入各部族的同时，在云南各商品流通通道中实现部族与部族间的商货转移，使巴蜀与西南夷地区的商品交易具有了长距离、分区段的中转贸易特征。在这样的贸易特征中，苍洱坝区南北向交通区位特点使坝区成为贸易走廊，国内物资或向西流通，“得蜀贾人入市”，或在坝区内完成商货交易，带动商业市场的形成。

① [汉]班固撰，[唐]颜师古注：《汉书》卷二十四《食货志第四上》，北京：中华书局，1962年，第4册，第1132页。

② [汉]班固撰，[唐]颜师古注：《汉书》卷三十四《韩彭英卢吴传第四》，北京：中华书局，1962年，第7册，第1861页。

一方面，巴蜀商人在苍洱坝区西向的商贸联系中，将国内贸易扩大到与缅印商客进行的国际贸易。蜀商人出售蜀布、邛竹杖，换回各种奇珍异宝，使滇越乘象国出现“蜀贾奸出物者或至焉”的现象。吴兴南在2002年出版的《云南对外贸易史》中就强调了巴蜀商人将国内贸易与国际贸易相连接、在滇缅长距离中转贸易中的重要作用。

巴蜀商人带动云南的东向、南向的商品沟通。宋代，宋王朝与大理国经巴蜀地区的直接经济联系被中断，商品的流通因官道受阻而减缓，大部分的川滇贸易转变为由巴蜀经黔、桂地区再入滇的间接流通方式。元朝廷建立云南行省后，商品交易路线又随之改变。巴蜀商人在这种直接或间接商贸往来联系中，带动云南及周边地区形成“多元”的商贸通道和“多层次”的市场格局。

另一方面，巴蜀商人在某类商品的流通中起到主导作用。以枸酱为例，《史记·西南夷列传》中记载了这样的史料：建元六年（公元前135年），南越用“枸酱”款待唐蒙，唐蒙好奇“枸酱”的来源。他后来向长安的蜀贾人打听，才知“独蜀出枸酱，多持窃出市夜郎”，再经夜郎辗转售至南越。而在有关大理及云南的史料记载中从这一时期到明以前未出现关于“枸酱”的记载。直至明末，谢肇淛在《滇略·产略》中记述：枸酱“今临安、大理俱有之”。可见，巴蜀商人在长期的贸易交流中对各类商品的流通地点、流向等方面起到重要作用。

巴蜀商人开辟的贸易通道不仅加强了苍洱坝区对内、对外贸易活动的通达性，而且在他们带动下所形成的川滇地区商贸往来惯例，持续影响时间长，为清代中后期至民国初期大理本土商人参与的川滇贸易奠定了发展基础。

（二）明代及以后的外籍商人

明代，受移民屯田政策的影响大规模的外籍商人进入苍洱坝区，景泰《云南图经志书》卷一《云南府·风俗》中记载“夷汉杂处……四方之为商贾军旅移徙曰汉人者，杂处焉”，外籍商贾是迁入云南的汉族的重要组成部分。入迁的商贾成为明代至清前期苍洱坝区商人群体的主体，明清时以行商为主，清末以后坐商数量增多，与行商一起同时影响苍洱坝区的商业活动，具有影响范围大、时间长的特点，甚至外籍商人坐铺经营的影响一直延续至今。

明代的外籍商人进入云南后，当时的商人群体中，无论是边商还是内商对苍洱坝区的商贸活动都有影响。大理境内的商业市场大多出现“商业贸易之权操诸外籍”“山水之利率归客商”的现象，太和县及周边地区的居民或“多士类”，或“男安耕读惮经商”，不推崇经商。这些社会习气使外籍商人对本土经济的影响不断扩大，影响到坝区周边的县级地区。如农业发达的宾川县，嘉靖《大理府志》卷二《风俗》中记载“宾川……种田皆是百夷，百夷有信而懦弱，佃租之利皆为江右商人饵诱一空，故人无厚蓄”，当地的农产品交易基本被外籍商人掌控。

外籍客商逐渐掌控大理商业活动的同时，遵循本地“独贸易用贝而不用钱”的交易习俗，使用“海贝”为流通货币，并遵循“唐以后钱亦以索数之”的流通特点。据嘉靖《大理府志》卷二《风俗》中记载：当时无论商贾大小，“简易则资犯不过，盖用钱则有检选，用贝则枚数而已”，利用贝币“简易则资”“简易不欺”的特点形成“五尺童子，适市而不欺”的和谐商业环境。

明代以后，客商聚集现象一直持续。清初，外籍商人大规模聚集于大理及各县，如康熙《蒙化府志》中记载：“其民有五……一曰客籍，皆各省流寓之后。及乱后寄籍于蒙者。而豫章巴蜀之人居多，勤贸易。善生财。或居阛。或走外彝。”顺治九年（1652）地震，蒙化县（今巍山县）伤亡惨重，死亡的人员中“客商无名者不知其数”。

至清末民国初年，徐珂在《清稗类钞》的《农商类·大理商业》中仍有“其富人称贷权子母而不好贾，贾皆自他方来，贸易缯綵，以致厚蓄。故水土之利，多归客商”的记述。民国《大理县志稿》卷六《社交部》中亦记载：宋元至明以前，各方商贾集合于市，以“观音市”为代表；有明以降，“近之则川黔桂粤，远之则楚赣苏杭（之人），皆梯航而至”；光绪年间至民国初年“至若操商业之赢绌，前则江西昆明之人，近则鹤庆腾卫之人……”，商权执业至牛耳者为“江西、昆明之人”。

20世纪30年代，菲茨杰拉德在《五华楼——关于云南大理民家的研究》一书中，在大理城的商铺调查中关注到商人的籍贯。一方面，他通过调查发现当时大理城三分之一的商铺经营者为外籍，以广东人、江苏人、四川人为主；另一方面，在界定这部分人的籍贯时，他发现商业移民时间长、祖籍为外籍商人却将自己称为本地人；迁入时间在百年以内的商人依然保持原籍的现象。商户对自己籍贯的界定以入迁时间和在本地经营的时长为准。

总的来看，明代以后，商业移民推动大理商业市场和城市经济的发展，影响着本地人生计方式的改变、带动本土商人群体的形成。

二、本土商人群体

受地理位置、政治、经济等原因的影响，苍洱坝区明代以前的本土商人以行商为主，明代以后随着城市经济发展，城内逐步聚集一定数量坐铺经营的铺户。

（一）行商

1. 河赕商贾

有关大理本地商人群体的活动，最早出于《蛮书》的记载。《蛮书》中提到南诏时期，因骠国北部有市场，河赕商贾已到洱海以西的区域进行贸易。《蛮书》卷二《山川江源第二》中提到滇西地区的高黎贡山，左右的平川地属“穹赕”，从永昌西的“越赕”到“穹赕”，地势险峻，并且有“瘴气”，恶劣的自然条件致使“河赕贾客在寻传羁离未还者”，在河赕商贾间流传这样的歌谣：“冬时欲归来，高黎共上雪；秋夏欲归来，无那穹赕热；春时欲归来，平（囊）中络赂绝。”[①] 这成为他们历经艰难险阻，背井离乡经商国外的真实写照。此外，永昌西北的大雪山也是河赕人经商的一道屏障，河赕人要过雪山必须经过“地有瘴毒”的“大赕”，“河赕人至彼中瘴者，十有八九死”，只有通过险途的“赕货”才能与周边的藏民进行交易。

河赕商贾是大理地区最早的本土商人群体，他们的经商路线主要沿蜀身毒古道中苍洱坝区以西的路段，从坝区出发向西经永昌（今腾冲）到滇西的滇缅边境或西北的滇藏两省交界区域。当时，苍洱坝区的河赕市场成为诸多物资的汇集交易地，这里不仅聚集着大量的国内商人，而且吸引骠国“移信使”前来完成各种物资交易，发达的商贸市场带动了河赕商贾与骠国商人的边贸活动。

2. 大理国商人

大理国时期对外贸易发达，“四处都有大理国商人的市场”[②]，与内地的经济联系不断加强。为满足战事需求，南宋朝廷“开邕州道，招徕大理贾客”。1132年在邕州（今广西南宁）置市马场，招徕大理马及随之而至的商货，交易极为繁盛。宋代范成大在《桂海虞衡志》的“大理马”条目中记载“大理马为西南蕃之最”，“大理马”成为大理国商人与内地交易的畅销商品。1173年，大理人李观音等奉命到广西“横山议市马”，虽然言语不通，但“言音未会意相和，远隔江山万里多”[③]，他们换回大量汉文书籍，以及瓷器、琉璃等所需物品，语言差异并未成为大理国商人跨区域交易的障碍。

南宋朝廷设多个易马场，大理国商人主要聚集于邕州横山寨博易场。宋人周去非在《岭外代答·财计》中详细地介绍了大理马的交易过程：交

---

① [唐]樊绰：《蛮书》卷二《山川江源第二》，见向达校注：《蛮书校注》，北京：中华书局，1962年，第41页。

② 方国瑜：《大理国时期对外经济关系》，见方国瑜著，秦树才、林超民整理：《云南民族史讲义》，昆明：云南人民出版社，2013年，第574页。

③ [宋]范成大：《桂海虞衡志·志蛮》，见胡起望、覃光广校注：《桂海虞衡志辑佚校注》，成都：四川民族出版社，1986年，第258页。

易前，朝廷积极招徕大理商人，“买马司先遣招马官赍锦缯赐之，马将入境西提举出境招之，同巡检率甲士往境上护之”，东提举与“蛮首坐于庭上”商议交易细节，商队享有各种待遇，整个过程都有官员负责相应的事宜。交易时，博易的“大理马”具有高于一般等价物“银”的价值，“以马之高下视银之重轻”，“盐、锦、彩、缯以银定价”成为交易惯例；交易中需遵循一定的准则，或通过译官平价市马，或按官府定价与大理国商人交易，官府按规定抽取交易税。朝廷通过规范市场和轻税政策吸引大理国商人，他们在整个交易过程中受到较高的重视，同时“蛮马之来，他货亦至”，出现内地群商与大理国商人交易，各取所需的繁盛景象。

3. 清中后期的行商

明代大理本地居民“少工商而多士类”的现象一直持续到清代初期，康熙《大理府志》、雍正《云南通志》卷八《风俗·大理府》等均提到大理府“居人能农不能贾”，本土民众的经济生活封闭。受外籍商人的影响，清人王崧在《云南志钞·大理府》中记载：道光年间，大理府“商贾辐辏，甲于他都，亦滇中大都会也”。清后期，受移民客商的影响，太和县居民的生计方式逐渐改变。太和商人除经商本地外，“合群结队旅行四方”，活动足迹遍布苍洱坝区周边的赵州县、云南县、宾川县、邓川县，并延伸至滇西、滇西南地区；又或“走矿场”“走夷方”，各挟技能、资金，以工商业为主，按所到之处的需要随地经营。清末民国初期，李澡的《柳枝词》：“去年郎去未深冬，郎买茶时春正浓。一样陌头杨柳色，郎归获利胜封侯。”[①] 词中描述了行商贩货、取利而归的情形。

各大商帮兴起后，改变了大理本土商人“无巨商大贾”，“不足以执商权之牛耳”的现象。各商帮在滇藏贸易、川滇贸易和“洋货”进入后的川缅贸易中，遵循市场规律，准确把握市场需求，甚至掌握某些民生产品的销售，操控市场、垄断经营。其中的大理喜洲商帮在发展中形成了独特的经营理念和商帮文化，成为对大理本土商业影响最大的商业团体。

此外，大理行商群体中有一定数量的少数民族商人，以白族和回族

① 李群庆：《民国年间的梅花诗社》，见中国人民政治协商会议云南省大理市委员会文史资料委员会编：《大理市文史资料》第四辑（内部发行），1988年，第95页。

最多。据康熙《蒙化府志》记载："其民有五……一曰僰人。即白人也。有粮差者……此蒙诏时徙大理属民以实蒙化者，以耕种为业……无粮差者谓之寄住，纺织为业，转徙无常……一曰回回，多以染帛经商为业。"少数民族商人中有部分人选择在经商所到之处定居，与大理毗邻的临沧市凤庆县、楚雄彝族自治州等地都有在转徙经商中定居当地的白族，据光绪《顺宁府志》记载："白人，多从大理、剑川来者……或习梓匠，为杂工，凡作室制器，取利则来"；宣统《楚雄县志·风俗》中也有"僰人……多行商，熟厂务"的记载，这些史料从另一个角度佐证了大理行商群体中少数民族商人对周边地区的影响。

（二）坐商

大理古城的商铺在城市经济稳定发展后数量增多，在外籍商人的带动、本地居民经商的生计选择中，坐铺经营的本地商人比例不断增加。商铺经营者的来源较广，有行商转换经营方式后坐铺经营的，有兼具行商与坐商双重经营身份的，还有只具有坐商身份的商户，以及兼有两种以上生计方式的农兼商、工兼商等。经营对象主要为本城居民、过往人群和前来赶集的周边农村村民。商品店铺的货源供给来自行商、手工业者、农民等，不同的货源决定了不同的商品经营类型；而服务类店铺更强调店主持有的手艺或技能。

大理古城不同历史时期商铺的经营类型和分布特点，除政治、经济原因之外，与商户根据需求对经营类型和地点的选择有关。明代，商铺经营者选择居民聚居区开店经营，大多持有手工技能，以手工业产品经营为主。清代，坐商群体或利用古城南北向大街、东西向大街的交通优势和人流量大的特点，沿主街开店；或选择同行业聚集，形成行业街市或街区，店铺种类增加，经营对象更广泛。清后期至民国期间，商铺在古城的主街集中分布，并向各巷里扩散，经营类型朝多样化发展。尽管商品类店铺仍是商铺的主要类型，但随着时代发展和对外经济联系加强，服务型店铺增多，服务类型包括提供饮食、住宿等普通生活服务；包括通过押当，堆

放、存储商货等形式取利的特殊服务；还包括民国初至中华人民共和国成立前出现的照相、理发、沐浴等新型服务。

在大理古城清末以前的史料中，对本地籍商铺经营者的记载，多与外籍商人、本地籍行商的各种商业活动交织，难以区分。20世纪初，埃德加·斯诺有在大理城见到的行商通过马帮运输，向城内商铺供货的情形和对本地穆斯林商人的记述。人类学家菲茨杰拉德在大理城店铺调查中对本地籍经营者的标注，民家（白族）成为本地经营者的代表。菲茨杰拉德的调查结果中，由本地白族主营或兼营某类商品、项目的商铺，约占店铺总数的一半，涉及手工产品和日常生活用品等类型经营；还有少数由穆斯林商人经营的茶馆、餐馆等，从本地籍商户的数量不难看出他们在当时商铺经营中的影响。

行业管理中，本地籍商户的影响力不断增强，外籍商人对大理城市商业市场的主导作用减弱。清末，大理古城出现关注行业发展、维系群体利益的民间商业管理组织——同业公会，不同行业的同业公会在本行业商品的产销中具有较强的影响力。同业公会保护本地会员，外地人须入会、经认可才能在本地经营，否则会遭到同行业的联合抵制，这种对外籍商户的限制在某种程度上保护了本地籍商户的利益。民国初期，大理县商会成立，它具有半官方的行政管理职能，商会的历任会长都是大理本地人，各委员主要由本地籍商户担任，在各项决策上享有一定的话语权；对商品价格制定、调整，商业纠纷的调解，税收等方面有一定的权力。无论是同业公会还是商会，都体现了本地商人群体的商业主体地位、商业自我保护意识的提升。

本地籍商户对社会风气的影响较大，民国《大理县志稿》有本地商人"风气夙崇简朴，非庆典谳会，罕有衣帛者"的记载，商铺经营者延续大理当地"崇俭"社会风气。同时，在经营中注重传统文化的弘扬，推动商俗的形成、发展与传承。作为商业活动仪式的主体在趋利、营利的过程中，商户通过商联、商幌和商谚等体现经营特色与个性，促进经营的同时丰富了城市商业文化的内涵。

此外，据《大理市志》记载：1911年11月5日，大理全城铺户居民悬挂汉字旗，庆贺民国成立。《大理商业志》记载：1945年大理古城复兴路热闹地段接通电灯，照明器材的费用由“和兴昌”老板垫付，“宝福号”老板经办。商户在本地经营中参与、支持地方事业发展，地方归属感和社会责任感增强。

历史上，大理古城商铺的经营者与各籍行商的经济联系紧密，共同参与城市商业活动和商铺的经营发展。在研究商铺文化主体时，外籍行商在商铺出现之前对大理古城内外部商业环境的形成、商业市场的推动作用不容忽视；商铺产生之后，行商兼坐商、农兼商、工兼商等商户的多重身份成为货源保证，使商铺经营多样化发展。作为以商铺为活动载体的商业活动，不同类型的商人、不同籍贯的商户在商品供应链中发挥着不同的主体作用，使商铺经营这一普通的生计类型具有文化特性。

第二节 当代商户群体

1949年至今，大理古城的商户在不同政治经济政策下，出现不同的阶段特征，主要表现在商户人员结构、商户数量、经营中的自主性、经营对象等方面。改革开放成为商户经营的转折点，大理古城的“旅游化”“遗产化”发展，又为商户的经营选择提供了新的经营环境。

一、大理古城商户的当代特征

（一）不同政策背景下的商户人员结构不同

人员构成上，中华人民共和国成立后，大理古城内各类商业机构的性质随社会主义商业的发展而改变，私营商户经过对私改造后，个体商业人员在商业人员中的比例大大降低。大部分私营商铺经营性质发生变化，商户的家庭背景、思想觉悟、政治素养等成为衡量商户工作绩效的重要标准。而改革开放后，个体商户在商业人员中的占比逐年增加，在市场经济的发展过程中，国营、集体商业机构减少。目前，除银行、邮局等公共机构和少数企业外，大理古城的所有商户全都为自负盈亏的个体商户。在国家宏观政策的调控下，个体商户成为参与市场竞争的主体，经营收益为主的经济因素是衡量商户经营成败的依据。

数量上，大理州各类商业人员的总数在中华人民共和国成立后一直稳步持续增长，但改革开放后，商业人员总数的增长速度加快，个体商业人员增比最快。1979年起大理市恢复对个体商贩办证经营，据《大理市志》统计：1981年大理市共有个体商业、饮食服务业315户、315人；1990年增加到5501户、7294人；2005年个体工商户发展到14935户、27719人，大理古城的个体商户数量在这一阶段也随着经济大环境的变化而增长，尤其在2000年后增长最快。古城主要街道的商户数2000年前后约为850户，2014年前增加到1249户，2014年后实地统计为1581户。近年来，商户数量增长迅速的街区主要位于除“洋人街”、复兴路外的其他街道。

（二）经营自主能力不同

在改革开放前后，大理古城的店铺商户在国家经济发展中发挥的作用不一样。中华人民共和国成立后，国有、集体机构商业人员依照国家政策和计划调整经营类型、销售方式，对商品供给选择和销售的控制力较弱，国家统购统销、包销，行政计划代替了商业企业和商业人员的竞争活力；而私营商户作为国家经济的有益补充，在销售商品类型和数量上具有限制，自主性较差。改革开放后，商业企业、人员作为独立法人，商户成为市场的主体，对市场的掌控能力、判断能力、适应能力和抗风险能力大大加强，根据市场需求调整经营类型、销售量、销售方式等，国家的行政手段主要体现在市场监管中。

（三）经营对象不同

改革开放前，大理古城商户以本地人为主要经营对象，包括城内居民、街区聚集的周边村民及过往人群；改革开放后，外来人员逐渐增多，尤其是旅游业发展后，旅游者成为古城商户的主要经营对象。据大理古城保护管理局统计，2007年至2012年的六年间，到大理古城旅游的游客日均为2499.36人次，年平均到达416.56万人次；2013年，大理古城接待游客数为500.7万人次；到2023年春节期间，古城接待游客数达53.83万人次。大规模的旅游者涌入，使古城的传统街区成为旅游消费集中的空间。

（四）分类标准不同

对商业主体的划分，中华人民共和国成立初商业机构以企业性质为主要分类标准，经营项目成为次要分类依据。大理古城“旅游化”发展中，经营对象成为商户类型的划分标准，城中商铺经营者的类型按经营对象被划分为普通经营户和旅游经营户两大类型，普通经营户以本地居民的日常消费为主，旅游经营户主要面对旅游者，以旅游商品经营为主；随着近年来外籍商户数的增多，商户经营者的籍贯也成为商户类型的划分标准之一。

总体上，大理古城商户的特征在改革开放前与国内商业发展的特点相似，地区性不明显；20世纪80年代以来，随着经济体制改革，尤其是在旅游业发展背景下，商铺经营者的经营决策受旅游需求的影响，旅游经营商户增多，对旅游经济的依赖更强。

二、古城“遗产化”中的旅游经营商户

大理古城的旅游聚集功能使主街铺面的房屋商业价值不断提升，旅游核心区复兴路南段、“洋人街”的沿街铺面更是一“铺”难求，旅游经营

成本大大增加。加上激烈的竞争，商户在经营选择中更注重文化的表达和地方感的诠释，体现出新的商业伦理观。

（一）经济利益诉求下的文化选择

商铺成为出租户与商户的经济纽带，商户对旅游经济的依赖更强，对商户而言，经济筛选成为经营类型的选择标准。依据旅游需求，注入文化内涵、凸显文化层次的经营信息、经营文化成为降低旅游商品同质化、吸引旅游消费的手段。

1. 利用地方文化符号

在经营信息传播中，商户利用符号“为传播意识的一种意愿标志”① 的特性，将地方元素、民族元素，甚至反映地方文学作品中的经典元素、流行元素融入旅游经营信息中，有意识地打造一种新的旅游经营氛围。比如大理古城内各路段商铺，除统一使用木质招牌、门牌店匾等外，各路段的店名各具特色，复兴路南段的店名中使用“大理”“南诏”“金花”等地方识别度高的词汇较多，以强化游客进入古城的第一印象；“洋人街”的大部分店名则强调中西文化的汇集和西式特色；人民路的店铺形态最传统，店铺信息大多体现与之结合的复古风、文艺风等。这与居民聚集区商铺招牌的简单直白、直接反映销售内容的方式相比，有利于地方商业文化氛围的形成。此外，商品包装、店铺装饰、商品陈列等也存在大理元素符号化的发展。

2. 强化古城遗产特质

古城镇中建筑遗产、传统街区是有形的历史载体，直接体现遗产的价值和原真性。大理古城商户一方面利用老式楼铺、平铺的传统建筑形态，使用“老字号”“百年老店”等商业文化传承符号，用古城历史、建筑历史强化商铺经营的历史，甚至“老屋重建”“旧房改造”等都成为降价促销的手段。另一方面，商户将多项非物质文化技艺遗产呈现在古城的历史文化

---

① [法]皮埃尔·吉罗：《符号学概论》，怀宇译，成都：四川人民出版社，1988年，第24页。

空间中，利用无形的手工技艺，使商铺由商品陈列空间扩展为技艺展示空间。技艺展示成为吸引物和无形的广告，通过游客视觉、听觉、味觉等多感官的“体验”，商户将传统技艺的传承历史融入古城的历史环境感中。通过种种方式，利用古城遗产特质强化传统商铺、制作技艺的历史价值。

修复过的人民路下段商铺

修复过的人民路下段铺台

3. 文化的植入

商户在旅游经营文化中存在异文化的植入，甚至背离经典的文化引申、文化臆造现象，这种过度的植入现象在介绍商品、工艺起源、经营历史等方面普遍存在。在旅游发展中，传统商铺不再是普通的经营场所，而成为以建筑形态为载体、突出某类文化元素的旅游吸引物。商户在强化旅游归属感的经营中，在经营文化选择上存在选择过度、表达过度的现象，地方感被泛化、文化夸大、文化虚构现象比比皆是，刻意或曲意迎合某些旅游需求，以此引起共鸣，刺激购买需求，各种植入的商业文化成为经营中的资本。

（二）地方感下的商业文化认同

商户在将商业文化资本向经济资本转化的过程中，根植地方土壤，在旅游“凝视”中引起文化共鸣，在地方氛围中实现情感认同，地方归属感下的文化价值延续影响着他们的经营意识、经营方式的选择。

本地的经营者用“地方”凸显民族特色。大理古城主街的83家（2014年）银器店中，98%以上的店铺为大理鹤庆县新华村的白族村民开设。新华白族手工制作器具的历史悠久，工匠凭借手艺或游行走四方，或进行家庭作坊式生产。随着各类器具制作工艺知名度提高、名人带来的效应等，以周边国家和民族地区为主的传统销路被改变，坐店经营者增多。大理古城的银器店近十年来逐渐增多，并聚集在古城复兴路南段、人民路上段和“洋人街”，百分之七十五的银器店分布在复兴路南段，形成一定的分布业态。最早进入大理古城开银器店的店主，大多数都有在香格里拉、丽江开店的经历，“大理的生意更好做”是他们易地开店的主要原因。在银器店的经营文化中，一方面，店主在旅游同质的商品中强化地方感，将白族传统银器与大理古城、祖辈传承与地方特色相结合，将“白族”与“新华”“石寨子”等地名符号、将家族传承与“寸氏”“洪氏”等姓氏符号相结合，并在大理白族与鹤庆白族的服饰文化符号差异中突出地方产品特色；另一方面，银店门面改变大理“前店后坊”式的传统店铺格局，选择“坊店合一”的产销方式。店主用匠人与经营者的双重身份、用“坊”的生产更好地诠释产品的文化内涵，成为白族手工业文化在古城商业文化中最直接的反映。

外籍商户用地方特色、民族特色展示经营特色。近年来，大理古城的外籍商户逐渐增多，在复兴路南段尤为集中，外籍商户数占该路段总数的60%以上，江西籍、湖南籍、浙江籍的商人居多。外籍商户在经营类型上选择茶叶、土特产、鲜花饼、民族服饰等体现地方特色的商品；在店名上突出大理特色元素，如江西商人开的“大理段氏茶庄”、四川人经营的“南诏鲜花饼”等；在多样的民族风中选择大理白族的特色，如身着白族服装招徕游客购买，介绍商品时渲染白族民俗……通过种种方式，在寻求地方文化认同中表达经营特色。

（三）商户在“商业化”与“遗产化”中的博弈

商户期望在店铺经营中与古城“遗产化”发展共生，在旅游经营中与店铺“遗产化”共赢，但随着大理古城经营环境的“商业化”发展，二者存在矛盾，甚至存在相互博弈的现象。

一方面，同质商品的经营是“商业化”的主要表现。这来源于两种情况：一为某类商品的市场需求大，销售量倍增，大理古城内商铺出现同类商品的跟风经营，经营效益成为推动同类商铺无序发展主要因素；二为同一商户在大理古城经营多家同类商铺，这些商铺经营商品同质、店铺风格相同、吸引销售的经营方式相同，甚至根据经营收益转型经营的进程都同步，这些商户掌控着城内某类旅游商品的销售。同质旅游商品经营渲染的“商业化”环境与古城“遗产”的原真性背道而驰。

另一方面，传统商铺的界定多元化发展。大理古城内历史街区的店铺建筑、经营项目、经营方式等都成为体现商铺传统性的外在表现。面对传统经营项目的减少，房屋建筑通过装饰体现传统，经营方式中针对各类旅游消费建构各种文化、民俗再现传统，在浓浓的商业气息中过度强调商铺文化的传统，多元的“传统”不利于商铺传承遗产性的表达。

此外，对经营成本的关注导致商户的遗产责任意识不强。大理古城核心历史街区近年来呈几何倍上涨的房租直接影响旅游经营成本、商品价格，导致旅游消费偏高，进而影响本地消费，大理古城出现商品旅游化，消费旅游化的发展趋势。同时，多数商户对经营特色的认知较为模糊。对商户的调查中发现，80%的被调查者强调经营特色，特色类型的选择以白族特色、古风特色、本地特色最多，而对实现特色化经营的具体认知笼统、差异较小，这成为商业文化资本向经济资本转换中难以突破的瓶颈。

从严格意义上讲，大理古城历史时期的商户产生于明代以后，但明代以前的行商群体，无论是外籍商人还是本地籍商人都对苍洱坝区商业萌芽的产生、坝区经济空间的形成、城市经济的发展产生一定的影响。作为苍洱坝区较早的外籍行商群体，巴蜀商人通过“物物交换”，“以所多易其所鲜”，为大理对外商业路线的发展、大规模发展的川滇贸易，以及坝区商品的输入与输出、商品种类的多样化等奠定了商业往来基础，并带动本地商人群体的形成。南诏时的河赕商贾、宋代的大理国商人等本地籍行商，对改变当地“重仕轻商”的社会习气、促进民众形成经商意识有重要的影响。明代大规模的商业移民，从需求和供给上刺激城市经济的发展，无论是行商还是坐贾直接参与城市集市、行业街市等的发展，为坐商经营提供了稳定的经营环境和商业氛围。同时，行商对坐商的经营活动影响大，表现在货源提供、经营类型影响等方面。

大理古城历史时期的商户出现于明代以后，经营活动受不同时期政治经济政策、城市功能、交通、特殊历史因素等的影响。明代，受城市功能的限制，商户数量少且集中于居民聚居区，以提供技能服务、手工商品经营为主；清代，城市商户增多，商铺聚集于古城交通主干道，并逐渐形成经营上的差异，商品经营为主、生活服务为辅；到民国时期，商户数量激增，店铺经营类型增多，经营范围包括多类型的商品、饮食服务、住宿服务，商户的经营选择中对外商业联系不断加强。

坐铺经营作为生计方式类型之一，“趋利从商”是商户择业的初衷。历史上，商户在地区经济发展差异中，以民生为中心，以物质水平差异为基础，实现商品或技能服务的跨区域销售；改革开放后的商户，经营自主性强，按需经营为主，适应市场的能力强，尤其是旅游经营商户，以文化差异来满足多样的旅游需求。商户主观经营意识反映了经营主体对商业市场的判断，经营行为大多建立在对市场评估与预测的基础上。这种主体行为很大程度上决定了外界界定商户分类的标准，历史上，商户的分类主要以籍贯、经营类型、行业为主；当代商户的分类，除中华人民共和国成立后按商铺性质分类外，还有改革开放前后按经营商品类型分类，近年来以主要经营对象分类等。外界根据商户经营选择行为的共性形成不同的分类标准。

商人群体的主体作用还体现在经营中形成的商业文化。清代、民国时期的商俗，体现商户经营文化生活化的过程、经营的常态，在有限的供给中经营影响商户日常生活的方方面面；而当代，商户的经营主动性更强，经营、销售都以需求为导向，最典型的是旅游经营商户，他们迎合各种旅游需求，通过文化氛围营造、技艺遗产展示等，在经营中选择并注入商品之外的文化元素，以增加商品的文化内涵价值。在古城“遗产化”发展与环境“商业化”中，商业文化的建构、“旅游化”发展现象普遍存在。

结　语

传统商铺是城市经济发展、商业聚集的必然产物，是城市商品经济中最小的固定交易空间。商铺作为独特的空间单位，是各时期古城镇记忆中不可或缺的社会记忆载体，是古城镇的建筑形态、历史街区、商业文化、商业民俗等多重符号的集合。商铺数量、分布和聚集程度等所形成的商业氛围是古城镇商业活动发展程度的重要标志。大理古城由于其特殊的历史文化性，商铺随古城经济功能的增强、商业的发展而发展，随古城历史文化功能的凸显而进入新的发展阶段，置于大理古城发展背景下的商铺发展变迁研究具有一定的研究价值。

一、大理古城商铺的发展阶段

通过对大理古城商铺产生、发展脉络的梳理，商铺在不同时期内外部商业环境的影响下，经营形态、经营文化等表现出不同程度的变迁。商铺的发展经历了四个阶段，分别为萌芽期、产生期、发展繁盛期和新的发展时期，不同时期商铺的数量、分布、类型和交易习俗等表现出不同的阶段特点。

（一）第一阶段——萌芽期

萌芽期为明代大理府城建成以前。这一时期，苍洱坝区的城市体系建设为明代大理府城的选址、建设及具有的功能属性等奠定发展基础；南诏社会经济的发展、大理国时期对外经济联系的加强、元代末期苍洱坝区物资交流和集散中心的形成，促进苍洱坝区小商品经济的发展。巴蜀商人、河赕商贾等商人群体加强了苍洱坝区与外界的经济联系，在“以其所多易其所鲜”的物物交换中，丰富交易商品的类型，将贝币作为一般等价物并将之固定为交易货币，对苍洱坝区商品交易习俗的形成和发展影响较大。城市体系建设、社会经济和商业的发展、交通的发展和民族文化的交流使苍洱坝区形成商业往来惯例和商品交易习俗，促进集市的发展，加快手工业发展及手工业对本地交易商品类型的影响。街边、集市的地摊等临时交易点和元末羊苴咩城北部出现的店铺成为苍洱坝区商铺的最初形态。

（二）第二阶段——产生期

明代为大理古城商铺的产生期。明代大理府城建成后，集大理府治、太和县治和大理卫三大政治统治机构于一城，府城的政治军事功能突出。行政统治机构主要分布于府城南部和西部，行政活动区与居民活动区分异明显，导致城市商业活动的发展受限，商业活动区域仅限于府城北部和东部的居民活动区。受商业移民等政策的影响，市集和固定交易点出现，府城内摊点与商铺同时发展，临时摊点还表现出随人流聚集而聚集、随岁时节令及宗教文化等交流盛会地点移动的特点。从商铺的发展程度来看，商品交易类型有限，商铺的数量、规模和居民的参与程度等都属于商铺发展的初级阶段。而“重农轻商”的国策和城市功能，以及门摊税、街税等商税政策不利于古城商业和商铺的发展。这一时期的坐商群体在当地“重仕轻商”社会习俗的影响下，主要来自行商群体的内部分化、迁入的外籍商人和城市手工业者，行商群体尤其是外籍商人仍然发挥着一定的影响。

（三）第三阶段——发展繁盛期与衰落

清代至民国时期为大理古城商铺的发展繁盛期。清代，大理府城沿袭明制继续发展，随着古城军事功能减弱、经济功能增强，市集和商铺的分布突破了居民生活区的限制，向主要街道扩散和集聚。同时，手工行业在各街道的聚集发展中产生行业街市，并形成“坊店合一”的商铺经营形态。

清末到民国时期，大理古城商铺发展已达到一定程度，具体表现在三个方面：

一为商铺分布广和类型多样。商铺的分布出现以南北正大街、东西向大街为主，其他街巷分散发展的特点，行业街市发展到一定规模。商铺类型包括经营传统商品店铺、“洋货”商铺和堆店等，商品类店铺增多的同时服务消费型店铺出现，商铺出现商品经营与服务并重，满足不同的民生需求和生活消费需求的特点。抗日战争期间激增的市场需求加快各类商铺的发展，使之经历了短暂的繁荣。

二为本地商户数量和比例的增加。受各大商帮的带动和影响，经商成为本地人生计方式的选择类型之一。20世纪30年代本地民家（白族）在古城商户中的比例接近百分之五十，外籍商人对大理当地商业市场的影响减弱。

三为受特殊历史事件冲击、自然灾害破坏的恢复能力强。清末清政府对杜文秀回民起义的镇压、1925年大地震使大理古城的建筑大面积坍塌，商铺损毁严重。而到20世纪30年代大理古城商铺已恢复至近七百家，商铺的这种短期复苏能力是城市商业发展水平较为发达的表现。

这一时期，商铺的规模化发展和较快的发展程度，体现在商幌、商联、商谚和其他商业仪式上的传统商俗，出现规范行业发展的同业公会、商会等管理组织，这些表征及其文化内涵使这一阶段成为大理古城商铺发展的重要时期。中华人民共和国成立前夕，国内外商业市场濒于崩溃，受多种外界因素的影响，大理古城的商铺逐渐衰落。

（四）第四阶段——发展新时期

第四阶段为中华人民共和国成立以来，大理古城商铺进入新的发展阶段。在国家完成对私改造后，商铺的性质发生改变，国有制下的各类商业机构和商业网点是这一时期的商业经营形态，国家对商业的调控和行政手段的介入，体现了高度集中的计划经济体制特征。改革开放后，古城商铺的经营自主性增强，个体经营逐渐活跃。在旅游发展背景下，商铺的商品集散功能对本土社会的影响减弱，而旅游商品、旅游信息集散等旅游服务功能不断增强。经营对象——本地人和旅游者，成为商铺类型的划分标准，两类商铺的主要分布区域不同、经营类型不同。商铺出现“旅游化”“遗产化”特征，旅游经营商铺尤为明显。

大理古城的商铺经历了萌芽、产生、发展繁盛和再发展四个阶段，不同时期表现出不同的发展变迁特点。

二、大理古城商铺的变迁发展

大理古城商铺在国家与地方社会的变迁中，经历了一种经济行为社会化的发展过程，体现在经营空间的社会化发展、经营行为的社会影响增强、经营类型多样化和经营群体地方化的发展等方面。

（一）商铺经营中的社会化特点

1. 经营空间的社会化发展

大理古城商铺的最初形态为“置货、售物、求利”的场所，随着经营类型的变化，“营利、交易”的功能被逐渐强化，储存、陈列货物以供销售的单一属性被打破。“店面”的空间形态，经历了摊铺、店铺的形式，从栏柜、柜台到开放式经营，商铺打开“通交易”的方便之门。门面布局的改变、交易空间的扩大，商铺交易以商户为主体向以经营对象为主体的

过渡，交易空间的社会属性增强。同时，反映商铺经营文化的各个元素也经历了社会化的发展过程。如清代，商联、招牌所反映的行业属性，有助于大众对商铺、商品和服务类型的识别，某些行业标志经社会民众认可，在促进行业发展的同时对本土社会的影响明显；民国时，商铺名称体现的人文情怀、经营中形成的商业文化习俗成为本土社会传统文化的组成部分；当代的商铺面对不同的经营对象选择不同的店名表达方式，根据不同社会需求营造不同的经营空间氛围。

商铺在大理古城的分布也表现出社会化的过程。商铺最初零星分布于居民聚集区、居民通道口，数量少、分布散；清代开始到民国时期，商铺集中于古城的主要交通干道，同类商铺聚集形成的行业街市也随着居民的生活空间而分布；当代，根据居民和游客的活动聚集区域的不同选择分布空间，形成针对不同社会需求的商业业态。

2. 经营行为的社会性特点

商铺经营行为的社会化过程是一个由卖方市场向买方市场转变过程。大理古城的商铺经营，最初经营的商品具有根据地域之间的差异互通有无的特点。受大理经济发展水平的影响，外来珍奇鲜少之物在经营中的比例较高，交易商品的类型有限，交易范围存在一定的局限性。但随着对外经济联系加强和当地社会经济水平的发展，社会需求在商铺经营中的导向作用增强，满足民生需求的经营包括有形的商品与无形的服务，经营类型朝多样化发展。同时，随着社会消费水平和购买力的提高，商铺经营对象的范围扩大，按需经营的特点将更多的社会群体纳为潜在的消费群体。

历史时期古城商铺的经营时间，受传统“日中为市”“午过则散”的交易习俗影响，固定的营业时间有限，形成限时交易的地方商业惯例。当代，随着市场的开放，经营惯例随人流聚集、流动的时间而调整，营业时间更加灵活，在地方社会消费空间中形成以商铺经营为主的早市、夜市等，商铺经营的社会影响加强。

（二）经营类型的多样化

大理古城商铺经营类型主要有商品类、饮食类、服务类等。商铺的经营类型最初为“物”的形式，以民族迁徙中的物物交换、行商“以其所多易其所鲜”中携带的商品为基础，商品类型不断丰富，逐渐包括本土商品、外来入境商品和过境商品，其中本土商品涵盖手工产品、农产品、渔产品和自然物产等；外来商品在各时期的对外经济联系中类型不同，在商铺发展繁盛时期，商铺经营中聚集川滇贸易、滇缅贸易以及云南与内地、与沿海城市交流过程中的多种物资，还包括近代以来涌入的“洋货”等，商品类店铺的经营种类不断增加。近代以来，饮食类、服务类店铺出现，对本土社会生活消费需求的影响逐渐增强。当代，经营对象为本地人的商铺，受现代化、信息化的影响，经营类型包括民生产品和生活服务；旅游经营商铺包括旅游商品销售、信息服务、餐饮服务、客栈服务等。商铺经营类型的多样化发展中，结合了有形商品与无形服务，并与相关行业发展的联系加强，如经营的商品类型成为手工业等相关行业发展的标志，当代的旅游经营商铺成为旅游业发展程度的表现，而相关行业的发展也促进了商铺经营类型的多样化发展，使商铺与当地社会的联系更紧密。

（三）经营群体的地方化

大理城市经济起步晚，在城市经济产生发展之初，外籍商人群体的进入，刺激本土社会经商意识的产生，带动本地居民传统生计方式和当地社会习气的改变。明代，商业移民大规模涌入大理后，遵从以海贝为钱币的交易习俗，融入地方经济发展中。清末到民国时期，本地商人群体经历了从商到崇商的发展历程：商俗的发展强化普通生计方式的文化特征；民间行业组织——同业公会、半官方商业管理机构——大理县商会，汇集地方商业精英，维护本地商人群体利益，打造有利本地商户发展的经营氛围；部分商户在择业经商的过程中，结合原有生计方式，或为农兼商或为工兼商，积极在本土社会中寻求发展空间，或将本地的商业文化影响通过产品、技能服务传播到异地。而当代以本地籍为主的商户群体，随着经营对象的变化，不断转变观念，参与旅游经营，寻求地方经营特色，并保持着一定的经营规模和数量。在历史街区，商铺成为本地经营群体与外来商户实现利益共享的空间。

三、商铺发展变迁是客观环境与主体因素共同作用的结果

大理古城商铺的产生、发展与不同时期不同的政治经济背景密切相关，除自然因素、宏观的政治经济因素影响外，商铺发展变迁与经济地理环境、城市环境和经营者的主观选择有很大关系。

1. 苍洱坝区的地缘结构及城市空间的影响

苍洱坝区的地缘结构使坝区由商业通道发展成为物资集散中心、文化交流中心。这一特殊的经济活动空间，为坝区的商业文化萌芽产生、商品经济的发展提供了空间基础，同时，商业空间集聚效应影响着城市经济空间特性的形成与发展。大理的古代城市空间在坝区几经变迁，明代的城市选址突出政治军事功能，外部的经济空间特性逐渐体现在大理古城的经济活动中：古城南北向主要交通发达，具有南北通衢之势，在此基础上形成的主街成为商品流通的主要场所，这种经济空间属性一直影响到现在，古城南部成为旅游廊道和旅游活动的主要空间。坝区的经济空间和城市空间对古城的街巷格局、建筑布局、商铺分布有着较大的影响。

2. 城市功能与人口流动的影响

城市具有人口聚集、商业聚集的功能，从某种意义来讲，商铺的分布特征是城市功能的反映。大理古城商铺不同时期的空间分布特点反映不同时期的城市功能。明代，商铺分散于古城东部与北部，商铺在居民生活区小规模发展，体现了古城政治权力区域与居民生活区相对独立、古城“南重北轻”“西重东轻”的政治军事格局；清代，商铺由分散逐渐集中于主要交通干道，商铺、市集与行政权力机构交错分布，古城的军事城镇功能减弱，城市经济发展速度加快；民国时期，商铺在主街的分布更为集中，沿

街的服务型店铺增加，城市跨区域经济交流活动增强；中华人民共和国成立后各大商业机构与行政机构、公共服务机构集中于主街，体现古城经济发展中较强的行政指导作用；改革开放后，除少量的公共服务机构外，主要行政机构迁出古城，各大主街均有商铺分布，各街巷商铺也出现不同程度的集中，城市经济发展活跃，尤其是旅游经济影响着整座古城的发展。从清代至今，商铺逐渐集中于主街，主街商铺的数量分布、规模、经营类型都能反映城市经济发展的程度、速度和城市商业活动发展的特点。

不同城市功能背景下的人口流动也影响着商铺的发展。大理古城非农人口的聚集、外来移民的进入，为商铺发展提供需求基础。同时，在供给方面新的经营理念和商品类型也随之进入。古城商铺发展中出现三个外来人口进入的重要时期，明代的移民、抗战期间涌入的内地人口、改革开放后逐渐增多的旅游者，商铺数量在急剧增加的市场需求中出现不同程度的发展。尤其是近年来，古城景区化的发展中，旅游流的进入，旅游经营商铺聚集于旅游者的活动区域，与古城满足现代社会需求的商铺分区域发展。

3. 商人群体的文化选择

商户的经营动机以谋生营利为主，在经营选择中，经济筛选为主要标准。商户的经营选择行为经历了半自觉到自觉的过程，选择的能动作用不断加强。商户最初的经营选择来自外籍商人群体的带动，在经营中突出地域差异，通过互通有无，实现利润最大化。随着市场需求的影响，卖方市场向买方市场转换，根据当地需求的经营选择成为商户经营的主要选择行为。随着“旅游化”发展，商铺针对旅游需求的经营行为出现文化选择的特征，并通过店名、技艺等各种符号渲染本土文化、民族文化的特点，积极营造商品消费的文化氛围，而以营利为目的的文化选择中部分传统商品被边缘化。商户群体在不同的街区代表了一定的商业场所精神，并在一定文化认同的基础上通过商铺空间实践一一体现。

此外，大理古城的近代化进程、现代化发展对商铺的发展也产生一定影响。古城在近代化进程中，“洋货”充斥市场，改变传统观念的服务技术出现在服务型的商铺中；古城的现代化特征，使非旅游经营商铺针对本土消费群体的特点更突出。

四、商铺变迁发展中几种关系的内在逻辑

（一）传统商铺与地方社会的联系

历史上，古城镇商铺是商人与地方社会的联系纽带；当代，商铺成为旅游者“凝视”地方社会的场所，是外来商户与本地居民形成经济依赖关系的媒介，也是民族文化从“文化他觉”到“文化自觉”的表达空间和延展空间，更是商业文化遗产争取“话语权”的表达途径。商户在选择经营文化时，在商业利益与文化表达方式的一致中寻求文化认同，选择地方化、本土化、民族化的发展方式，使商铺与地方社会的联系更为紧密，由此产生经济依赖，这种依赖关系越深越容易导致地方文化的嬗变。商铺的某些经营特质的涵化发展，表现在店面形态、销售商品、销售方式及其体现的商业文化中，存在于商品、服务供给产生的经济联系和文化联系中，也体现在地方与遗产之间复杂的内在关系中。此外，与商铺发展有关的市集、商业人口的空间分布、地方商业活动的联系和商业交往的流动都与地方社会存在一定的互动关系。

（二）古城镇遗产与商铺文化的互动关系

1. 古城镇遗产的“去商业化”发展

古城镇“遗产运动”中，传统商铺的建筑形态及所处的历史文化街区是古城镇遗产的物质形态，也是古城遗产特质的直观体现。当代语境中，传统商铺文化所体现的商业价值决定历史文化街区的空间文化特征，商铺变迁发展带来的过度商业化，不利于古城镇遗产真实性的表达。而忽略城镇遗产的经济空间、商业空间特征会削弱古城镇发展的生命力，营造适度的商业文化氛围、正视商业文化传承的作用有助于形成文化认同下经营意识。

2. 古城镇商铺文化的“遗产化”表达

传统商铺形态、传统经营项目、非物质遗产的“体验”式经营等都是

商铺在历史文化街区中的“遗产化”表达方式。传统意义上商业文化的传承不仅能强化古城镇的遗产属性，更能在历史感和地方感中促进商铺发展。强调地方特色是商铺经营中的主要文化选择方式，特色文化在商铺“遗产化”发展中主要体现在三个方面：一为经营主体积极倡导，推动某类传统商业文化的发展或恢复；二为以促进经营为目的，源于商业文化记忆的文化重构；三为商铺遗产特质的臆造行为。商铺文化变迁对古城镇“遗产化”发展的影响中，过度的重构或臆造都会使地方场所感模糊，甚至消失。所以，在商户遗产表达方式的选择中，遗产责任意识尤为重要。

综上所述，大理古城商铺的形态、经营类型、商品类型、经营文化等都反映出不同时期社会经济的特点，所体现的文化形态不尽相同。随着城市集聚功能的增强，商铺出现；随着城市商业的发展，商铺出现规模化、类型多样化的发展；随着古城旅游功能的增强，商铺出现“旅游化”“遗产化”发展。在城市历史记忆中，商铺具有的时代经济特征是城市功能的反映，商铺文化记忆由商户个人情感与商业环境共同组成，所形成的记忆共享在城市历史记忆和街区记忆中起着重要的作用。

参考文献

一、中文文献

（一）古籍史料

[1][汉]司马迁:《史记》，北京：中华书局，1982年。

[2][汉]班固撰，[唐]颜师古注:《汉书》，北京：中华书局，1962年。

[3][东晋]常璩:《华阳国志》(1—3册)，北京：中华书局，1985年。

[4][南朝·宋]范晔:《后汉书》，见景印《文渊阁四库全书》，台北：台湾商务印书馆，1983年。

[5][唐]樊绰撰，向达校注:《蛮书校注》，北京：中华书局，1962年点校本。

[6][唐]杜佑:《通典》，见景印《文渊阁四库全书》，台北：台湾商务印书馆，1983年。

[7][唐]封演撰，赵贞信校注:《封氏闻见记校注》，北京：中华书局，1958年。

[8][唐]长孙无忌等:《唐律疏议》，北京：中华书局，1983年。

[9][后唐]马缟集:《中华古今注》，北京：中华书局，1985年。

[10][后晋]刘昫等:《旧唐书》，长春：吉林人民出版社，1995年。

[11][宋]范成大撰，胡起望、覃光广校注:《桂海虞衡志辑佚校注》，

成都：四川民族出版社，1986年。

[12][宋]乐史撰，王文楚注：《太平寰宇记》，北京：中华书局，2007年。

[13][宋]欧阳修等：《新唐书》，北京：中华书局，1975年。

[14][宋]司马光：《资治通鉴》，北京：中华书局，2007年。

[15][宋]周去非：《岭外代答》，北京：中华书局，1985年。

[16][元]郭松年撰，王叔武校注、辑校本：《大理行记》，昆明：云南民族出版社，1986年。

[17][元]李京撰，王叔武校注、辑校本：《云南志略》，昆明：云南民族出版社，1986年。

[18][元]刘应李：《大元混一方舆胜览》，詹友琼改编，郭声波整理，成都：四川大学出版社，2003年，上册。

[19][元]张道宗：《纪古滇说集》，见方国瑜主编，徐文德、木芹纂录校订：《云南史料丛刊》第二卷，昆明：云南大学出版社，1998年。

[20][元]脱脱等：《宋史》，北京：中华书局，1985年。

[21][明]宋濂等：《元史》，北京：中华书局，1976年。

[22][明]顾起元：《客座赘语》，北京：中华书局，1987年。

[23][明]王士性撰，吕景琳点校：《广志绎》，北京：中华书局，1981年。

[24][明]徐弘祖撰，褚绍唐、吴应寿整理：《徐霞客游记》，上海：上海古籍出版社，2011年。

[25]《明太祖实录》，台湾中央研究院历史语言研究所校印：《明实录》，北平图书馆红格钞本缩微卷影印，1962年校印本。

[26][明]杨慎：《南诏野史》，台北：成文出版社，1968年据乾隆四十年石印本影印。

[27][明]杨慎：《滇程记》，济南：山东齐鲁书社，1997年影印本。

[28][明]杨慎撰，王文才辑校：《杨慎词曲集》，成都：四川人民出版社，1984年。

[29][明]章潢：《图书编》(二)，见景印《文渊阁四库全书》，台北：

台湾商务印书馆，1983年，子部，类书类，第969册。

[30] [明]张志淳:《南园漫录》，见景印《文渊阁四库全书》，台北：台湾商务印书馆，1983年，子部，杂家类，第867册。

[31] [明]蒋彬:《南诏源流纪要》，见方国瑜主编，徐文德、木芹纂录校订:《云南史料丛刊》第四卷，昆明：云南人民出版社，1998年。

[32] [明]谢肇淛:《滇略》，见景印《文渊阁四库全书》，台北：台湾商务印书馆，1983年，史部，地理类，第494册。

[33]景泰《云南图经志书》，见《续修四库全书》编纂委员会编:《续修四库全书》，上海：上海古籍出版社，2013年。

[34]正德《云南志》，见方国瑜主编，徐文德、木芹、郑志惠纂录校订:《云南史料丛刊》第六卷，昆明：云南大学出版社，2000年。

[35]嘉靖《大理府志》，大理白族自治州文化局翻印，录自云南省图书馆藏抄本，1983年。

[36]天启《滇志》，昆明：云南教育出版社，1991年点校本。

[37]万历《云南通志》，见杨世钰、赵寅松主编:《大理丛书·方志篇》(卷一)，北京：民族出版社，2007年影印本。

[38]康熙《大理府志》，见杨世钰、赵寅松主编:《大理丛书·方志篇》(卷四)，北京：民族出版社，2007年影印本。

[39]康熙《蒙化府志》，大理白族自治州文化局翻印，录自清光绪七年重刻康熙三十七年本，1983年。

[40] [清]张廷玉等:《明史》，见景印《文渊阁四库全书》，台北：台湾商务印书馆，1983年。

[41] [清]桂馥著，赵智海校:《札朴》，北京：中华书局，2006年。

[42] [清]胡蔚著，木芹会证:《增订南诏野史》，昆明：云南人民出版社，1990年。

[43] [清]蒋旭纂修:《蒙化府志》，清康熙三十七年刻本。

[44] [清]姚之骃:《元明事类钞》，见景印《文渊阁四库全书》，台北：台湾商务印书馆，1983年，子部，杂家类，第884册。

[45] [清]顾廷璋、陆孝曾著，曹树翘辑:《滇南杂志》，申报馆，清光

绪铅印本。

[46][清]张毓碧修:《云南府志》,民国(1912—1949)重印本。

[47][清]李光庭:《乡言解颐》,北京:中华书局,1982年。

[48][清]黄六鸿:《福惠全书》,[日本]小畑行简译,诗山堂藏本,1850年。

[49][清]陈鼎:《滇游记》,见王云五主编:《业书集成初编》,台北:台湾商务印书馆,1935年。

[50][清]刘慰三:《滇南志略》,见方国瑜主编,徐文德、木芹、郑志惠纂录校订:《云南史料丛刊》第十三卷,昆明:云南大学出版社,2001年。

[51][清]吴大勋:《滇南闻见录》,见方国瑜主编,徐文德、木芹、郑志惠纂录校订:《云南史料丛刊》第十二卷,昆明:云南大学出版社,2001年。

[52][清]张泓:《滇南新语》,见王云五主编:《业书集成初编》,台北:台湾商务印书馆,1935年。

[53]宣统《楚雄县志》,见黄成助主编:《中国方志业书》第三十九号,台北:成文出版社,据清宣统二年抄本影印,1967年。

[54][清]徐珂编撰:《清稗类钞》,北京:中华书局,1984年。

[55]民国《大理县志稿》,见《中国地方志集成·云南府县志辑》,凤凰出版社、上海书店、巴蜀书社,2009年影印本。

[56][民国]童振藻:《云南大理、凤仪等属地震区域图说》,大理:云南大理等属震灾筹备事务所印,1925年。

[57][民国]宋炳文:《中国民族史》,北京:中华书局,1935年。

[58][民国]刘敦桢:《西南古建筑调查概况(1940年7月—1941年12月)》,见《刘敦桢文集3》,北京:中国建筑工业出版社,1987年。

[59][民国]龙云、卢汉修:《新纂云南通志》,1949年铅印本。

[60][民国]赵清:《辩冤解冤录》,见白寿彝主编:《回民起义》,上海:神州国光社,1952年。

[61][民国]蒋君章编著:《西南经济地理纲要》,南京:正中书局,

1943年。

[62]李洵:《明史食货志校注》，北京：中华书局，1982年。

[63]王忠:《〈新唐书·南诏传〉笺注》，北京：中华书局，1963年。

[64]赵守正:《管子注译》上册，南宁：广西人民出版社，1982年。

（二）现代文献

1.新修地方志书、年鉴类

[1]大理市商业局编:《大理市商业志》(内部发行)，昆明：云南省地质矿产局测绘队电排印装，1993年。

[2]大理州商业局商志办公室编:《大理白族自治州商业志》(内部发行)，大理：大理新华印刷厂印刷，1989年。

[3]大理市史志编纂委员会编:《大理市志》，北京：中华书局，1998年。

[4]大理市旅游发展管理委员会:《大理市旅游统计》(征求意见稿)，内部资料，2013年。

[5]大理市史志编纂委员办公室、大理市年鉴编辑部编:《大理市年鉴》(2000年)，昆明：云南民族出版社，2001年。

[6]大理市史志编纂委员办公室、大理市年鉴编辑部编:《大理市年鉴》(2001年)，昆明：云南科技出版社，2001年。

[7]大理市志编纂委员会编:《大理市志》(1978—2005)，昆明：云南人民出版社，2015年。

[8]大理市地方志编纂委员办公室、大理市年鉴编辑部编:《大理市年鉴》(2014年)，昆明：云南民族出版社，2014年。

[9]云南省志编纂委员会办公室编:《续云南通志长编》，昆明：云南省科学技术情报研究所印刷厂，1986年。

[10]云南省地方志编纂委员会总纂:《云南省志》卷十四《商业志》，昆明：云南人民出版社，1994年。

[11]云南省地方志编纂委员会总纂:《云南省志》卷十三《金融志》，

昆明：云南人民出版社，1994年。

2.著作类

[1]《白族简史》编写组：《白族简史》，昆明：云南人民出版社，1988年。

[2]车文博主编：《弗洛伊德主义原著选辑（上卷）》，沈阳：辽宁人民出版社，1988年。

[3]陈庆江：《明代云南政区治所研究》，北京：民族出版社，2002年。

[4]方国瑜：《云南史料概说》，北京：中华书局，1984年。

[5]方国瑜：《中国西南历史地理考释》上册，北京：中华书局，1987年。

[6]方国瑜主编，木芹编写：《云南地方史讲义》，昆明：云南广播电视大学出版社，1993年。

[7]方国瑜著，秦树才、林超民整理：《云南民族史讲义》，昆明：云南人民出版社，2013年。

[8]冯骥才：《抢救老街》，北京：西苑出版社，2000年。

[9]龚坚：《喧嚣的新村：遗产运动与村落政治》，北京：北京大学出版社，2013年。

[10]管彦波：《中国西南民族社会生活史》，哈尔滨：黑龙江人民出版社，2005年。

[11]李光荣、杨政业主编：《古籍中的大理》，北京：云南民族出版社，2003年。

[12]李建国、李泰来选注：《情系大理·历代白族作家丛书·李燮羲卷》，北京：民族出版社，2006年。

[13]李昆声：《大理城史话》，昆明：云南人民出版社，1980年。

[14]李正华：《乡村集市与近代社会——20世纪前半期华北乡村集市研究》，北京：当代中国出版社，1998年。

[15]连瑞枝：《隐藏的祖先——妙香国的传说和历史》，北京：生活·读书·新知三联书店，2007年。

[16]林超民编：《方国瑜文集》，昆明：云南教育出版社，2001年。

[17]林超民主编:《滇云文化》，呼和浩特：内蒙古教育出版社，2006年。

[18]刘云明:《清代云南市场研究》，昆明：云南大学出版社，1996年。

[19]龙建民:《市场起源论》，昆明：云南人民出版社，1988年。

[20]罗群:《近代云南商人与商人资本》，昆明：云南大学出版社，2004年。

[21]《马克思恩格斯选集》第4卷，北京：人民出版社，2012年。

[22]马国盛主编:《大理回族史》，昆明：云南民族出版社，2009年。

[23]马曜主编:《云南简史》(第2版)，昆明：云南人民出版社，1991年。

[24]牛鸿斌、王文成:《云南集镇》，昆明：云南民族出版社，2001年。

[25]汪宁生:《文化人类学调查——正确认识社会的方法》，北京：文物出版社，2002年。

[26]汪宁生:《云南考古》(增订本)，昆明：云南人民出版社，1992年。

[27]王铭铭:《村落视野中的文化与权利——闽台三村五论》，北京：生活·读书·新知三联书店，1997年。

[28]王铭铭:《逝去的繁荣——一座老城的历史人类学考察》，杭州：浙江人民出版社，1999年。

[29]王铭铭:《社会人类学与中国研究》，南宁：广西师范大学出版社，2005年。

[30]吴惠:《中国古代商业》，北京：商务印书馆，1998年。

[31]吴晓亮:《大理史话》，昆明：云南人民出版社，2001年。

[32]吴晓亮:《洱海区域古代城市体系研究》，昆明：云南人民出版社，2004年。

[33]吴兴南:《云南对外贸易史》，昆明：云南大学出版社，2002年。

[34]谢本书、李江主编:《近代昆明城市史》，昆明：云南大学出版社，1997年。

[35]徐嘉瑞:《大理古代文化史》，昆明：云南人民出版社，2005年。

[36]杨聪编著:《大理经济发展史稿》，昆明：云南民族出版社，1986年。

[37]杨念群主编:《空间·记忆·社会转型——“新社会史”研究论文精选集》，上海：上海人民出版社，2001年。

[38]杨义华、尹明举主编:《大理名乡古镇》，昆明：云南民族出版社，2003年。

[39]张崇礼、尚榆民编著:《大理民族文化遗产》，昆明：云南民族出版社，2007年。

[40]张松:《历史城市保护学导论——文化遗产和历史环境保护的一种整体性方法》，上海：上海科学技术出版社，2001年。

[41]张增祺:《云南建筑史》，昆明：云南美术出版社，1999年。

[42]赵怀仁等:《大理上下四千年》，北京：民族出版社，2006年。

[43]郑晓云:《文化认同与文化变迁》，北京：中国社会科学出版社，1992年。

[44]中国历史大辞典编撰委员会编:《中国历史大辞典》，上海：上海辞书出版社，2000年。

[45]中国人民政治协商会议大理白族自治州委员会文史和学习委员会编:《大理文史资料选编》第五辑《手工业·工业》，昆明：云南民族出版社，2009年。

3.翻译著作

[1][德]阿斯特莉特·埃尔、冯亚琳主编:《文化记忆理论读本》，余传玲等译，北京：北京大学出版社，2012年。

[2][美]埃德加·斯诺:《南行漫记》，潘敬思、李希文、马澜译，北京：国际文化出版公司，1993年。

[3][美]保罗·康纳顿:《社会如何记忆》，纳日碧力戈译，上海：上海人民出版社，2000年。

[4][美]C.恩伯、M.恩伯:《文化的变异——现代人类学通论》，杜杉杉译，沈阳：辽宁人民出版社，1988年。

[5][澳]C.P.费茨杰拉德:《五华楼——关于云南大理民家的研究》，

刘晓峰译，大理州白族文化研究所编，北京：民族出版社，2006年。

[6] [美]杜赞奇：《文化、权利与国家：1900—1942年的华北农村》，王福明译，南京：江苏人民出版社，2008年。

[7] [英]弗雷德里克.C.巴特莱特：《记忆：一个实验的与社会的心理学研究》，黎炜译，杭州：浙江教育出版社，1998年。

[8] [英]H.R.戴维斯：《云南：联接印度和扬子江的锁链——19世纪一个英国人眼中的云南社会状况及民族风情》，李安泰等译，昆明：云南教育出版社，2000年。

[9] [法]亨利·奥尔良：《云南游记：从东京湾到印度》，龙云译，昆明：云南人民出版社，2001年。

[10] [美]凯文·林奇：《城市的印象》，项秉仁译，北京：中国建筑工业出版社，1990年。

[11] [美]克莱德·M·伍兹：《文化变迁》，何瑞福译，石家庄：河北人民出版社，1989年。

[12] [日]栗本慎一郎：《经济人类学》，王名等译，北京：商务印书馆，1997年。

[13] [美]刘易斯·芒福德：《城市发展史——起源、演变和前景》，宋俊岭、倪文彦译，北京：中国建筑工业出版社，1989年。

[14] [英]马林诺夫斯基：《文化论》，费孝通译，北京：华夏出版社，2002年。

[15] [意]马可波罗：《马可波罗行纪》，[法]沙海昂注，冯承钧译，北京：商务印书馆，2012年。

[16] [法]米歇尔·福柯：《知识考古学》，谢强等译，北京：生活·读书·新知三联书店，2003年。

[17] [法]莫里斯·哈布瓦赫：《论集体记忆》，毕然、郭金华译，上海：上海人民出版社，2002年。

[18] [法]皮埃尔·吉罗：《符号学概论》，怀宇译，成都：四川人民出版社，1988年。

[19] [美]P. K.博克：《多元文化与社会进步》，余兴安等译，陈纪遥审

校，沈阳：辽宁人民出版社，1988年。

[20][美]乔纳森·特纳：《社会学理论的结构》(上、下)，邱泽奇等译，北京：华夏出版社，2001年。

[21][美]施坚雅主编：《中华帝国晚期的城市》，叶光庭等译，北京：中华书局，2000年。

[22][美]威廉·麦独孤：《社会心理学导论》，俞国良等译，杭州：浙江教育出版社，1997年。

[23][美]朱利安·史徒华：《文化变迁的理论》，张恭启译，台北：台湾远流出版事业股份有限公司，1989年。

4.期刊学术论文

[1]保继刚、苏晓波：《历史城镇的旅游商业化研究》，《地理学报》2004年第3期。

[2]蔡世剑：《1925年云南大理地震赈务研究》，《思想战线》2010年第S1期。

[3]苍铭：《试析广西黄姚古镇形成历史》，中国西南民族地区古村、古镇、古道保护与发展学术研讨会论文，北京，2015年6月。

[4]曹洪刚：《明代大理山城空间格局研究》，《原生态民族文化学刊》2013年第4期。

[5]陈兴贵、王美：《文化生态适应与人类社会文化的演进——人类学家斯图尔德的文化变迁理论述评》，《怀化学院学报》2012年第9期。

[6]陈有君：《旅游发展与大理古城景观保护》，《旅游纵览》2019年第1期。

[7]陈子量：《云南商会史略》，《昆明文史资料选辑》第二辑，1982年8月。

[8]程远、王坤茜、陈奕宇：《国家级非物质文化遗产大理白族扎染在大理古城文化创意产业中的应用》，《名作欣赏》2018年第32期。

[9]大理市古城保护局：《名城依旧，活力焕发——大理历史文化名城40年保护和发展概览》，《城乡建设》2022年第12期。

[10]戴凡、保继刚：《旅游社会影响研究——以大理古城居民学英语

态度为例》，《人文地理》1996年第2期。

[11]邓钰：《大理城中品风物》，《海南日报》2023年2月27日，第B14版

[12]董秀团：《论明清时期白族文化的转型》，《云南民族大学学报》2004年第4期。

[13]杜春燕等：《旅游区劳工移民的文化适应问题研究——以大理古城为例》，《大理学院学报》2010年第5期。

[14]杜海莉：《文化认同——大理古城和西方文化的对话》，《河北职业技术学院学报》2008年第3期。

[15]杜舒惠：《大理古城保护活化策略研究》，《中国民族博览》2021年第6期。

[16]范金民：《明代嘉靖年间江南的门摊税问题——关于一条材料的标点理解》，《中国经济史研究》2002年第1期。

[17]范可：《关于当下文化变迁的理论反思》，《民族研究》2022年第3期。

[18]方国瑜：《试论“大理图志”诸问题》，《中国社会科学》1980年第1期。

[19]方雅丽、包蓉：《多元文化融合影响下的大理古城景观探析》，《西南林业大学学报》（社会科学版）2018年第5期。

[20]傅安辉、余达忠：《文化变迁理论透视》，《黔东南民族师专学报》1996年第3期。

[21]傅衣凌：《明成弘间江西社会经济史料摘抄——读〈皇明条法事类纂〉札记之一》，《江西社会科学》1983年第3期。

[22]高萍：《社会记忆理论研究综述》，《西北民族大学学报》（哲学社会科学版）2011年第3期。

[23]高瑜：《临界空间的转变——云南大理古城的个案研究》，《西北民族研究》2017年第4期。

[24]龚关：《明清至民国时期华北集市的比较分析——与江南、华南等地的比较》，《中国社会经济史研究》2000年第3期。

[25]龚关:《官府、牙行与集市——明清至民国时期华北集市的市场制度分析》,《天津商学院学报》2001年第1期。

[26]桂慕梅:《从静态观到动态论:百年来人类学的文化变迁研究》,《内蒙古大学艺术学院学报》2016年第3期。

[27]郭前进:《基于城市记忆的旅游开发研究——以厦门畲族民俗村为例》,《经济师》2009年第11期。

[28]郭于华:《口述历史——有关记忆与忘却》,《读书》2003年第10期。

[29]和六花:《略论郭松年〈大理行记〉及其史料价值》,《楚雄师范学院学报》2006年第11期。

[30]何银春、梁越、曾斌丹:《遗产化进程中遗产认同的内涵及形成路径——以世界遗产永顺老司城为例》,《热带地理》2019年第5期。

[31]胡环、戎丽、桂姣等:《基于VISSIM的优先保护的历史文化城区内外道路交通组织优化研究——以大理古城为例》,《上海公路》2022年第1期。

[32]胡晓燕:《旅游城镇化进程中大理古城白族民居文化的传承与保护策略》,《中国民族博览》2017年第2期。

[33]加小双、徐拥军:《中国"城市记忆"理论与实践述评》,《档案学研究》2014年第1期。

[34]江从延:《明代的卫所与大理古城》,《大理文化》2012年第4期。

[35]姜永志、白晓丽:《文化变迁中的价值观发展:概念、结构与方法》,《心理科学进展》2015年第5期。

[36]克里斯托弗·布鲁曼、吴秀杰:《文化遗产与"遗产化"的批判性观照》,《民族艺术》2017年第1期。

[37]黎海霞:《追寻城市本真记忆——从"城市现象学""场域精神"论成都宽窄巷子改造工程的得与失》,《福建建筑》2013年第4期。

[38]李爱云、吴海涛:《古城改造中城市记忆保留方法初探》,《广西社会科学》2010年第8期。

[39]李春霞、彭兆荣:《从滇越铁路看遗产的"遗产化"》,《云南民族

大学学报》(哲学社会科学版)2009年第1期。

[40]李冬玲:《大理古城旅游规划资源综合评价》,《商》2015年第47期。

[41]李昆声:《历史文化名城——大理》,《云南日报》1982年4月5日。

[42]李倩、吴小根、汤澍:《古镇旅游开发及其商业化现象初探》,《旅游学刊》2006年第12期。

[43]]李群庆:《民国年间的梅花诗社》,见中国人民政治协商会议云南省大理市委员会文史资料委员会编:《大理市文史资料》第四辑(内部发行),1988年。

[44]李天雪:《民族过程:文化变迁研究的新视角》,《广西民族研究》2005年第4期。

[45]李天雪:《民族过程——文化变迁研究的新视角》,《黑龙江民族丛刊》2006年第1期。

[46]李显正、赵振斌、刘阳等:《基于街景图像的古镇旅游地商业同质化空间测度——以大理古城为例》,《地理科学进展》2023年第1期。

[47]李映德:《从大理“洋人街”的兴起看看思想解放和开放与发展》,见《探索与思考》,昆明:云南民族出版社,2001年。

[48]历柏旭:《论白族传统建筑对当地度假酒店设计的影响——以大理古城兰林阁设计为例》,《建材与装饰》2019年第10期。

[49]梁冠凡整理:《大理手工业调查报告》,见云南省编辑组,《中国少数民族社会历史调查资料丛刊》修订编辑委员会:《白族社会历史调查》(一),北京:民族出版社,2009年。

[50]梁永佳:《海外人类学者对大理的研究》,《大理学院学报》2005年第6期。

[51]林轶、田茂露:《历史文化名城旅游的游客感知价值及开发对策——以大理古城为例》,《扬州大学学报》(人文社会科学版)2018年第2期。

[52]刘丽:《浅析大理古代方志的旅游地理学价值》,《大理民族文化

研究论丛》第五辑，2011年12月。

[53]刘光曙:《大理名城的保护在云南旅游业中的意义》,《云南民族学院学报》1996年第1期。

[54]刘盛和:《我国周期性集市与乡村发展研究》,《经济地理》1991年第1期。

[55]马少吟、徐红罡:《从消费到生产：大理古城生活方式型旅游企业主移民的生存特征》,《旅游学刊》2016年第5期。

[56]马志宏:《大理清真餐饮业调查》，见杨怀中:《中国回商文化》（第二辑），银川：黄河出版传媒集团、宁夏人民出版社，2010年。

[57]潘淑君、徐勇:《河南省农村集市历史演变规律的探讨》,《河南大学学报》(自然科学版)1999年第4期。

[58]钱镜帆、陈亚颦:《浅析大理古城夜旅游产品创新开发》,《边疆经济与文化》2022年第6期。

[59]秦娟:《基于旅游影响下的历史文化名镇去商业化研究》,《全国商情·经济理论研究》2014年第4期。

[60]秦蒙琳:《大理州接待游客逾400万人次》,《云南日报》2023年1月29日，第3版。

[61]沈明洁、崔之久、易朝路:《洱海环境演变与大理城市发展的关系研究》,《云南地理环境研究》2005年第6期。

[62]石峰:《“文化变迁”研究状况概述》,《贵州民族研究》1998年第4期。

[63]唐文基:《明代的铺户及其买办制度》,《历史研究》1983年第5期。

[64]唐香姐、徐红罡:《大理打工旅游者的流动力研究》,《旅游学刊》2019年第10期。

[65]田怀清:《从大理出土文物看蜀身毒道的开发》，见段渝主编:《南方丝绸之路研究论集》，成都：巴蜀书社，2008年。

[66]王大道:《云南出土货币概述》,《四川文物》1988年第5期。

[67]王明珂:《历史事实、历史记忆与历史心性》,《历史研究》2001

年第5期。

[68]王宁：《略论休闲经济》，《中山大学学报》（社会科学版）2000年第3期。

[69]魏子谦、徐云川：《滇西北古城的整体性发展策略分析——基于大理、丽江和香格里拉的发展模式对比》，《小城镇建设》2019年第6期。

[70]吴朝宁、李仁杰、郭风华：《基于圈层结构的游客活动空间边界提取新方法》，《地理学报》2021年第6期

[71]吴德群：《文化变迁：理论与反思》，《百色学院学报》2015年第1期。

[72]吴刚、罗宏：《“归隐”与“前卫”之间的别样人生》，《重庆日报》2015年11月20日，第4版。

[73]吴棠：《蛮书中有关大理的记载》，《大理文化》1984年第3期。

[74]吴棠：《民国时期的大理街道风貌》，《大理文化》2002年第5期。

[75]吴晓亮：《古代云南城镇人口探析——以洱海区域城镇人口为例》，《云南民族大学学报》（哲学社会科学版）2003年第6期。

[76]吴忠军、代猛、吴思睿：《少数民族村寨文化变迁与空间重构——基于平等侗寨旅游特色小镇规划设计研究》，《广西民族研究》2017年第3期。

[77]肖坤冰：《遗产化生活中的自主力量——一个苗族村寨的文化遗产保护与发展历程研究》，《贵州民族研究》2015年第1期。

[78]谢道辛、李学龙：《二十世纪大理考古回眸》，《大理民族文化研究论丛》第二辑，2006年11月。

[79]谢立中：《结构－制度分析，还是过程－事件分析？——从多元话语分析的视角看》，《中国农业大学学报》（社会科学版）2007年第4期。

[80]行龙、张万寿：《近代山西集市数量、分布及其变迁》，《中国经济史研究》2004年第2期。

[81]熊礼明、李映辉：《古镇旅游商业化探讨——以凤凰古镇为例》，《资源开发与市场》2012年第3期。

[82]徐赣丽、黄洁:《资源化与遗产化：当代民间文化的变迁趋势》,《民俗研究》2013年第5期。

[83]徐红罡:《文化遗产旅游商业化的路径依赖理论模型》,《旅游科学》2005年第3期。

[84]徐红罡、马少吟、姜辽:《生活方式型旅游企业主移民社会交往研究》,《旅游学刊》2017年第7期。

[85]徐红罡、唐香姐:《流动性视角下打工旅游者行为特征研究——以大理古城为例》,《人文地理》2015年第4期。

[86]许婵:《基于文化生态学的历史文化名城保护研究——以大理古城为例》,《安徽农业科学》2008年第28期。

[87]许檀:《明清时期农村集市的发展》,《中国经济史研究》1997年第2期。

[88]许檀:《明清时期城乡市场网络体系的形成及意义》,《中国社会科学》2000年第3期。

[89]燕海鸣:《“遗产化”中的话语与记忆》,《中国社会科学报》2011年8月16日，第12版。

[90]燕海鸣:《从社会学视角思考“遗产化”问题》,《中国文物报》2011年8月26日，第6版。

[91]颜家智:《历史文化城区中旧工业建筑更新策略研究——以大理床单厂艺术园区为例》,《建筑与文化》2017年第7期。

[92]杨可大:《大理古城的变迁》,《云南文史丛刊》1995年第3期。

[93]杨隆杰:《大理古城道路指示系统现状调查与设计研究》,《大众文艺》2016年第18期。

[94]杨民、杨召桢:《试谈历史文化名城大理的保护和建设》,《大理文化》1983年第2期。

[95]杨嗣藩:《从大理名城规划谈大理的保护建设》,《大理建设》1987年第1期。

[96]杨荣彬、杨大禹:《传统聚落环境生态系统智慧探析——以大理古城为例》,《新建筑》2020年第2期。

[97]杨延福:《谈大理古城的创建与遗迹方位》,《大理民族研究》1989年第2期。

[98]杨延福:《大理古城历代名称歧义求证》,《大理学院学报》2002年第2期。

[99]杨阳:《从遗产化到资本化:反思六枝特区“三线建设”产业经济的开发》,《江苏商论》2022年第3期。

[100]杨颖:《大理州城镇居民消费问题思考》,《中共云南省委党校学报》2009年第5期。

[101]殷群:《大理古城旅游发展对当地居民生活方式的影响》,《中国市场》2014年第51期。

[102]俞国良、谢天:《文化变迁研究的进展与前瞻》,《黑龙江社会科学》2014年第4期。

[103]余宏刚、樊凯:《大理古城旅游纪念品流动商贩现状分析》,《旅游纵览》2014年第2期。

[104]云青:《解放前大理市集的概况》,见大理市文史资料研究委员会编:《大理市文史资料选辑》(第二辑),内部发行,1988年。

[105]张大钊、李显正、赵振斌等:《基于LDA制图分析的古镇旅游地游客商业化体验及空间结构——以大理古城为例》,《经济地理》2023年第8期。

[106]张慧:《中产阶层逆城镇化生活方式研究——以大理现象为例》,《湖南师范大学社会科学学报》2018年第2期。

[107]张楠:《古老神奇的大理城》,《文物天地》1982年第5期。

[108]张腾:《从文物修复视角看大理古城特色小镇建设》,《文化产业》2020年第20期。

[109]张跃、王明东:《大理历史文化名城价值体系分析》,《云南师范大学学报》(哲学社会科学版)2001年第3期。

[110]张原、曾穷石、覃慧宁等:《反思历史与关怀现实的学者——历史学家王明珂专访》,《西南民族大学学报》(人文社科版)2008年第1期。

[111]张增祺:《洱海区域的古代民族与文化》,《云南民族学院学报》(哲学社会科学版)1987年第4期。

[112]赵桅:《从“遗产化”看遗产的生产与再生产——以老司城为例》,《中央民族大学学报》(哲学社会科学版)2019年第1期。

[113]周玮、黄震方、唐文跃等:《基于城市记忆的文化旅游地游后感知维度分异——以南京夫子庙秦淮风光带为例》,《旅游学刊》2014年第3期。

[114]周小凤、张朝枝:《元阳哈尼梯田遗产化与旅游化的关系演变与互动机制》,《人文地理》2019年第3期。

[115]周小凤、张朝枝、蒋钦宇:《遗产化与旅游化对地方文化记忆系统的影响——以元阳哈尼梯田为例》,《人文地理》2022年第4期。

[116]周小凤、张朝枝、蒋钦宇等:《搬,还是不搬?——遗产化与旅游化情境下的社区居民搬迁研究》,《旅游学刊》2022年第3期。

[117]庄孔韶:《文化遗产保护的观念与实践的保护》,《浙江大学学报》(人文社会科学版)2009年第5期。

[118]朱蓉:《城市与记忆:心理学视维中的城市历史延续与发展》,《南方建筑》2004年第4期。

[119]朱蓉:《城市记忆与城市形态——从心理学、社会学角度探讨城市历史文化的延续》,《南方建筑》2006年第11期。

[120]朱晓艺:《大理:从嬉皮异想国到当代艺术中心》,《今日民族》2016年第10期。

5.学位论文

[1]陈蓓蓓:《西化与儒化:新加坡现代化进程中的文化变迁研究》,硕士学位论文,上海师范大学,2018年。

[2]陈蕾:《基于城市记忆的近代产业遗产的保护和再利用》,硕士学位论文,华中科技大学,2005年。

[3]崔颖:《大理古城风景营造的历史经验研究》,硕士学位论文,西安建筑科技大学,2014年。

[4]付娅:《旅游涉入、地方依恋与旅游幸福感的影响关系研究——

以大理古城游客为例》，硕士学位论文，云南师范大学，2018年。

[5]郝飞：《“家与无家”：大理旅居者的文化认同与地方依恋》，硕士学位论文，华侨大学，2015年。

[6]华文杰：《1987—1999澳门报刊广告中店铺的历史地理研究》，硕士学位论文，暨南大学，2013年。

[7]蒋枝偶：《云南民众消费问题研究（1911—1949）》，博士学位论文，云南大学，2012年。

[8]乐楠：《大理古城文化空间与创意产业的互动发展》，硕士学位论文，云南大学，2016年。

[9]李宪钧：《大理白族经济发展研究》，硕士学位论文，中央民族大学，2004年。

[10]李相五：《中国餐饮业老字号的民族文化研究》，博士学位论文，中央民族大学，2006年。

[11]李艳林：《重构与变迁——近代云南城市发展研究（1856—1945年）》，博士学位论文，厦门大学，2008年。

[12]李贞：《基于共生理论的大理古城文化旅游影响因子研究》，硕士学位论文，西南林业大学，2017年。

[13]刘佳欣：《白族图案再设计在大理古城文创上的应用》，硕士学位论文，四川美术学院，2021年。

[14]祁春艳：《面向民族旅游城镇商户信息需求的信息保障策略研究——以大理古城为例》，硕士学位论文，云南大学，2012年。

[15]王晓彦：《店铺认同与店铺印象的一致性研究——基于营销沟通的视角》，博士学位论文，吉林大学，2011年。

[16]杨德爱：《旅游与被旅游——大理“洋人街”由来及变迁》，博士学位论文，中央民族大学，2012年。

[17]张宁：《大理古城洋人街的白族饮食文化研究》，硕士学位论文，云南大学，2015年。

[18]张钰桢：《大理古城游客亲环境行为影响因素研究》，硕士学位论文，云南大学，2020年。

[19]郑雅婷:《基于社会距离测度的旅游目的地形象塑造研究》,硕士学位论文,云南师范大学,2015年。

二、外文文献

(一)著作类

[1] Amareswar Galla, *World Heritage Benefits Beyond Borders*, New York: Cambridge Univ. Press, 2012.

[2] Peter L. Berger, *Invitation to Sociology: A Humanistic Perspective*, New York: Anchor Books Doubleday & Company, 1963.

[3] Connerton P. , *How Social Remember*, New York: Cambridge Univ. Press, 1989.

[4] Dallen J. Timothy, *Cultural Heritage and Tourism in the Developing World: A Regional Perspective*, Oxon: Routledge, 2009.

[5] Deepak Chhabra, *Sustainable Marketing of Cultural and Heritage Tourism*, Oxon: Routledge, 2010.

[6] Erik H. Erikson, *Identity and Life Cycle*, New York: Norton, 1959.

[7] C. P. Fitzgerald, *The Tower of Five Glories: A Study of the Min China of Ta Li, Yunnan*, London: The Cresset Press, 1941.

[8] Kevin Lynch, *The Image of the City*, Cambridge, Mass: The MIT Press, 1960.

[9] M. Christine Boyer, *the City of Collective Memory: Its Historical Imagery and Architectural Entertainments*, Cambridge, Mass: The MIT Press, 1989.

[10] Pierre Nora, *Between Memory and History*, Les Lieux de Mémoire, Representations, 1989.

[11] John R. Short and Yeong H. Kim, *Globalization and the City*, New

York: Longman, 1999.

[12] Sherry B. Ortner, *Anthropology and Social Theory: Culture, Power, and the Acting Subject*, Durham: Duke University Press, 2006.

[13] Spiro Kostof, *The City Shaped: Urban Patterns and Meanings through History*, London: Thames & Hudson Ltd., 1991.

[14] Spiro Kostof, *The City Assembled: the Elements of Urban Form through History*, London: Thames & Hudson Ltd., 1992.

[15] Wang Ning, *Tourism and Modernity: A Social Analysis*. Oxford: Pergamon Press, 2000.

[16] William J. V. Neill, *Urban Planning and Cultural Identity*, London: Routledge, 2004.

[17] Alister Mathieson and Geoffrey Wall, *Tourism: Economic, Physical and Social Impacts*, Longman Group Limited, Longman House, 1982.

[18] Beth E. Notar, *Displacing Desire: Travel and Popular Culture in China*, Honolulu: University of Hawai'i Press, 2006.

（二）论文类

[1] Antonio Paolo Russo, The "Vicious Circle" of Tourism Development in Heritage Cities, *Annals of Tourism Research*, Vol. 29, No.1, 1999.

[2] Beth Ellen Notar, Wild Histories: Popular Culture, Place and the Past in Southwest China, Ph.D. Diss., The University of Michigan., 1999.

[3] Beth E. Notar, *Producing Cosmopolitanism at the Borderlands: Lonely Planeteers and "Local" Cosmopolitans in Southwest China*, *Anthropological Quarterly*, Vol. 81, No.3, 2008.

[4] Camilo Lopez, Condition / Recondition: Reconstruction of the City and Its Collective Memory, USF Graduate school study paper, 2009.

[5] A. Ghosh, A Model of Periodic Marketing, *Geographical Analysis*, Vol. 14, No.2, 1982.

[6] Jan Assmann and John Czaplicka, Collective Memory and Cultural Identity, *New German Critique*, Vol. 65, 1995.

[7] Labrador and Angela M., Shared Heritage: An Anthropological Theory and Methodology for Assessing, Enhancing, and Communicating a Future-oriented Social Ethic of Heritage Protection, Ph.D. Diss., University of Massachusetts Amherst, 2013.

[8] Maiershofer and Erik Christian, The City Restored: Memory, Civic Identity, and Reconstruction in Augsburg, 1944 — 1955, Ph.D. Diss., University of California, 2004.

[9] Maha J. Malaika and Layla L.Raswol, Activating Heritage Tourism in Akre City by Applying Sustainable Ecotourism Approaches, *European Scientific Journal*, 2014.

[10] Pascale Marcotte and Laurent Bourdeau, Tourists' Knowledge of the UNESCO Designation of World Heritage Sites: The Case of Visitors to Quebec City, *International Journal of Arts Management*, Vol. 8, No. 2, 2006.

[11] Mary Rachel Gould and Rachel E. Silverman, Stumbling upon History: Collective Memory and the Urban Landscape, *Geography Journal*, Vol. 78, No. 5, 2013.

[12] Nadia Sorokina, Tourists, Signs, and the City: The Semiotics of Culture in an Urban Environment, *Annals of Tourism Research*, Vol. 39, No. 3, 2012.

[13] Krishna and Ashima, The Urban Heritage Management Paradigm: Challenges from Lucknow, an Emerging Indian City, Ph.D. Diss., Cornell University, 2014.

[14] Musa and Siti Noraishah, Construction of Virtual Heritage Application: Between Theory and Practice, M.Sc. Diss., Multimedia University（Malaysia）, 2011.

[15] Jeffrey K. Olick and Joyce Robbins, Social Memory Studies: from "Collective Memory" to the Historical Sociology of Mnemonic Practices,

Annual Review of Sociology, Vol. 24, 1998.

[16] Siyoung Park, Rural Development in Korea: the Role of Periodic Markets, *Eeonomic Geography*, Vol.57, No.2, 2016.

[17] Terry McGee, The Disappearing "Asian" City: Protecting Asia's Urban Heritage in a Globalizing World, *Annals of the Association of American Geographers*, Vol.94, No.1, 2004.

[18] P. Joan Poor and Jamie M. Smith, Travel Cost Analysis of a Cultural Heritage Site: The Case of Historic St. Mary's City of Maryland, *Journal of Cultural Economics*, Vol.28, No.3, 2004.

[19] Shu-Yi Wang, Tradition, Memory and the Culture of Place: Continuity and Change in the Ancient City of Pingyao, Ph.D. Diss., University of Colorado, 2008.

[20] UNESCO, Convention for the Protection of the World Cultural and Natural Heritage, Paris, 1972.

三、网络资源

[1]大理市人民政府办公室:《大理市2015年政府工作报告》,2015年2月,http: //www.yndali.gov.cn/dlszf/c103329/201502/abb7f4ae01504e22b5f393c51ab6e7e1.shtml。

[2]大理市人民政府办公室:《大理市2016年政府工作报告》,2016年2月,http: //www.yndali.gov.cn/dlszf/c103329/201602/9d54f72581284c549388645d32a29985.shtml。

[3]大理市人民政府办公室:《大理市2017年政府工作报告》,2017年2月,http: //www.yndali.gov.cn/dlszf/c103329/202308/71bfd134d33a4d6b8b40190d12300bb0.shtml。

[4]大理市统计局:《大理市2017年国民经济和社会发展统计公报》,2018年7月,http: //www.yndali.gov.cn/dlszf/c106688/201807/17ecc67700b

245b796360f332ebf1a44.shtml。

[5]大理市统计局：《大理市2018年国民经济和社会发展统计公报》，2019年10月，http：//www.yndali.gov.cn/dlszf/c106688/201910/a4a2c81a1bdd4f2f907d3c0fc54bae50.shtml。

[6]大理市统计局：《大理市2019年国民经济和社会发展统计公报》，2020年12月，http：//www.yndali.gov.cn/dlszf/c106688/202012/46a97d518d014aa1a0c3959bbe3c8ed9.shtml。

[7]大理市人民政府办公室：《大理市2021年政府工作报告》，2021年3月，http：//www.yndali.gov.cn/dlszf/c103329/202105/2076f9641aed4a2490e3efa5879e19f7.shtml。

[8]大理市统计局：《大理市2021年经济运行情况》，2022年1月，http：//www.yndali.gov.cn/dlszf/c106688/202201/0aa76261b114423182c2d3e0b1ca681c.shtml。

[9]大理市统计局：《大理市2022年主要经济指标完成情况》，2023年1月，http：//www.yndali.gov.cn/dlszf/c106688/202301/91d66ba30a084ffc92704633e115f9be.shtml。

附　录

附录1　云南省大理白族自治州大理历史文化名城保护条例（修订）

（2022年2月18日云南省大理白族自治州第十五届人民代表大会第一次会议审议通过2022年3月25日云南省第十三届人民代表大会常务委员会第二十九次会议批准）

第一章　总则

第一条　为了加强大理历史文化名城的保护，传承优秀历史文化遗产，促进历史文化保护传承与城乡建设融合发展，根据《中华人民共和国城乡规划法》《中华人民共和国文物保护法》和国务院《历史文化名城名镇名村保护条例》等法律法规，结合大理白族自治州（以下简称自治州）实际，制定本条例。

第二条　大理历史文化名城（以下简称名城）的规划、保护、管理、利用等活动适用本条例。

名城保护涉及文物的，应当执行文物保护法律法规的规定；涉及风景名胜区、自然保护区、苍山、洱海、洱海海西、非物质文化遗产等的，还应当执行有关法律法规的规定。

第三条 名城保护范围主要包括：

（一）大理古城；

（二）喜洲古镇、龙尾关历史文化街区；

（三）双廊历史文化名镇、周城历史文化名村；

（四）崇圣寺三塔、太和城遗址（含南诏德化碑）、元世祖平云南碑等市级以上文物保护单位以及历史建筑的保护范围和建设控制地带；

（五）大理风景名胜区中苍山洱海风景区在大理市（以下简称市）行政区域内的范围。

第四条 名城保护遵循科学规划、严格保护、合理利用、公众参与、社会监督的原则，保持和延续名城传统格局和历史风貌，维护历史文化遗产的真实性和完整性，保留公众对名城的情感记忆。

第五条 自治州人民政府应当加强对名城保护工作的领导，建立联席会议制度，研究名城保护的重大事项。

市人民政府负责名城保护管理工作，将其纳入国民经济和社会发展规划，所需保护经费列入财政预算，并成立名城保护管理委员会，统筹协调名城保护工作。

乡（镇）人民政府（街道办事处）负责辖区内名城保护的日常管理工作。

村（居）民委员会协助乡（镇）人民政府（街道办事处）做好名城保护相关工作。

第六条 市人民政府住房和城乡建设行政主管部门会同文化和旅游行政主管部门负责名城保护管理和监督工作。

市人民政府自然资源行政主管部门负责名城保护涉及的规划管理等工作。

市人民政府发展和改革、财政、应急管理、公安、卫生健康、城市管理、农业农村、生态环境、林业和草原、苍山管理、洱海管理、交通运输、水务、商务、市场监督管理、民族宗教、民政等有关部门，应当按照各自职责做好名城保护的相关工作。

第七条 市人民政府大理古城保护管理机构具体负责大理古城墙遗址四至范围内的名城保护工作，具体履行下列职责：

（一）宣传贯彻执行有关法律法规及本条例；

（二）组织实施古城保护相关规划及措施；

（三）负责古城的园林绿化、环境卫生及市容市貌管理；

（四）修建、维护古城公共基础设施；

（五）对古城建设项目提出审查意见；

（六）督促检查消防安全工作，落实消防安全责任；

（七）按照批准的权限相对集中行使部分行政处罚权；

（八）其他与古城保护有关的工作。

第八条 任何单位和个人都有保护名城的义务，有权对保护工作提出意见建议，对破坏名城的行为进行劝阻、举报和控告。

自治州、市人民政府对在名城保护中有突出贡献的单位和个人，按照国家和省的有关规定给予表彰和奖励。

第九条 自治州、市、乡（镇）人民政府（街道办事处）应当加强名城保护的宣传教育，普及保护知识，增强公众保护意识。

广播、电视、报刊、网络等各类媒体应当积极开展名城保护的公益宣传。

第二章 保护规划

第十条 市人民政府应当组织编制名城保护规划，经自治州人民政府审定后报省人民政府审批。

名城保护规划应当符合市国土空间规划。涉及名城保护的专项规划应当与名城保护规划相衔接。

第十一条 市人民政府应当根据经依法批准的名城保护规划组织编制历史文化街区、名镇、名村的保护规划，经自治州人民政府审定后报省人民政府审批。

第十二条 名城保护规划和历史文化街区、名镇、名村的保护规划报送审批前，市人民政府应当向社会公示，征求相关部门、专家和公众的意见。公示时间不得少于三十日。

经依法批准的名城保护规划和历史文化街区、名镇、名村的保护规划应当自批准之日起十五日内向社会公布。

经依法批准的名城保护规划和历史文化街区、名镇、名村的保护规划，不得擅自修改；确需修改的，应当按照原审批程序报送审批。

第十三条 市人民政府应当根据经依法批准的名城保护规划划定名城的核心保护范围和建设控制地带，并在核心保护范围的主要出入口设置标志牌。

第十四条 名城保护对象包括：

（一）新石器时代以来各个历史时期有价值的历史遗迹；

（二）历史文化街区、名镇、名村和传统村落；

（三）文物；

（四）历史建筑、名人故居；

（五）革命纪念遗址；

（六）历史街巷、传统地名；

（七）古道、古桥、古井、古树名木；

（八）非物质文化遗产；

（九）苍山洱海风景区自然景观环境；

（十）法律、法规规定的其他保护对象。

第十五条 名城保护实行保护名录制度。市人民政府住房和城乡建设、文化和旅游行政主管部门应当会同有关部门组织专家论证，依据有关认定标准，提出保护名录初选名单，并向社会公示后报市人民政府审定。公示时间不得少于三十日。

国家、省、自治州、市人民政府已经批准公布的保护对象，直接纳入保护名录。

保护名录应当向社会公布。列入名录的保护对象应当在主要出入口设置保护标志。

第十六条 市人民政府住房和城乡建设、文化和旅游行政主管部门应当会同有关部门建立列入保护名录的保护对象档案。

第十七条 市人民政府对保护名录进行动态管理，及时更新调整并向社会公布。

纳入保护名录的保护对象严重损毁或者灭失，或者保护层级和类型发生变化的，市人民政府住房和城乡建设行政主管部门应当会同文化和旅游行政主管部门及时提出保护名录调整方案，报送市人民政府审批。

第十八条 市人民政府住房和城乡建设、文化和旅游行政主管部门应当定期开展历史文化资源普查工作，对符合历史建筑条件的建筑物、构筑物，提出申报意见，报市人民政府批准；对具有保护价值尚未列入历史建筑的建筑物、构筑物予以先行保护。

第三章 保护措施

第十九条 在名城保护范围内开展建设活动的，应当符合名城保护规划的要求，体现当地建筑特色，尽可能采用传统工艺、传统材料，不得损害历史文化遗产的真实性和完整性，不得对名城的历史格局、街巷肌理和传统风貌构成破坏性影响。

第二十条 在名城核心保护范围内，除必要的基础设施和公共服务设施外，不得进行新建、扩建活动。

在名城核心保护范围内不符合名城保护规划，影响历史格局、街巷肌理和传统风貌的建筑物、构筑物应当逐步进行改造或者拆除。符合法定补偿条件的，由市人民政府依法予以补偿。

第二十一条 在名城建设控制地带内新建、改建、扩建建筑物、构筑物的，应当符合名城保护规划确定的建设控制要求，其形态、高度、体量、色彩等与核心保护范围风貌相协调，临街、临巷的墙面、门窗使用传统建筑材料。

第二十二条 大理古城墙遗址应当进行保护和修缮。古城墙遗址内侧13.5米、外侧20米以内禁止新建、改建、扩建建筑物、构筑物，原有建筑物、构筑物应当逐步拆除，符合法定补偿条件的，由市人民政府依法予以补偿。

第二十三条 在名城核心保护范围和大理古城墙遗址四至范围内设置户外广告，安装、建造太阳能、水箱、水塔、排烟管道、通信设备、安防设施，因建设需要开挖街道，开办临时性经营摊点等的，应当符合名城风貌管控和公共安全的要求。依法需要进行审批的，有关行政主管部门在批准前应当征求名城保护管理机构或者历史文化街区、名镇、名村所在地的乡（镇）人民政府（街道办事处）的意见。

第二十四条 名城核心保护范围和大理古城墙遗址四至范围内的城市功能以居住、文化、旅游、教育、卫生、商贸为主，与其功能不符的，应当逐步迁出。

第二十五条 市人民政府应当按照名城保护规划改善名城基础设施、公共服务设施和人居环境。

第二十六条 市人民政府应当加强名城应急能力建设，制定应急处置预案，提高名城防灾减灾救灾能力。

名城保护范围内的消防设施、消防通道应当按照有关消防技术标准和规范配置。确因保护需要，无法按照标准和规范设置的，由消防救援机构会同相关行政主管部门制订相应的防火安全保障方案。

名城保护范围内的单位和个人应当落实消防安全责任制，履行维护消防安全、保护消防设施、预防火灾、报告火警的义务。

名城保护范围内严格限制或者禁止燃放烟花爆竹，限制或者禁止燃放的时间和地段由市人民政府依法确定。

第二十七条 市人民政府应当建设名城保护数字化系统，对名城保护范围内重点保护区域、重点保护对象等设置智能监控系统。

第二十八条 历史建筑保护实行保护责任人制度。历史建筑的所有权人为保护责任人，所有权人下落不明或者权属不明的，使用人为保护责任人，所有权人、使用人均不明确的，市人民政府住房和城乡建设行政主管部门为保护责任人。

历史建筑保护责任人应当履行下列保护责任：

（一）保障历史建筑安全，确保防灾、消防设施设备的正常使用，发现安全隐患或者险情，及时报告并采取排除措施；

（二）合理使用历史建筑，对历史建筑进行日常维护和修缮应当按照市人民政府住房和城乡建设行政主管部门会同文化和旅游行政主管部门审定的具体保护方案实施，保持原有建筑的风貌特征和院落的独有元素；

（三）转让、出租、出借历史建筑的，应当与受让人、承租人、使用人书面约定双方的保护责任。

历史建筑有损毁危险，保护责任人不具备保护和修缮能力的，市人民政府可以采取经费补助等措施进行保护。

第二十九条 在名城保护范围内进行下列活动，应当保护其传统格局、历史风貌和历史建筑，制订保护方案，并依照有关法律、法规的规定办理相关手续：

（一）改变园林绿地、河湖水系等自然状态的活动；

（二）在核心保护范围内进行影视摄制、举办大型群众性活动；

（三）其他影响传统格局、历史风貌或者历史建筑的活动。

第三十条 在名城保护范围内禁止进行下列活动：

（一）开山、采石、开矿等破坏传统格局和历史风貌的活动；

（二）占用名城保护规划确定保留的园林绿地、河湖水系、道路等；

（三）修建生产、储存爆炸性、易燃性、放射性、毒害性、腐蚀性物品的工厂、仓库等；

（四）损坏或者擅自迁移、拆除历史建筑；

（五）拆卸、转让历史建筑的构件；

（六）在历史建筑上刻划、涂污；

（七）擅自设置、移动、涂改或者损毁保护标志；

（八）向公共区域和水体倾倒、排放污水或者扔弃垃圾、粪便、丢弃动物尸体及其他废弃物；

（九）损毁路灯、宣传栏等市政公共设施，毁坏绿地，砍伐行道树；

（十）法律、法规禁止的其他行为。

第三十一条 市人民政府应当建立名城保护评估机制，定期对名城保护规划实施情况进行监督检查和监测评估，对发现的问题及时进行纠正、处理。

第四章 保护利用

第三十二条 名城保护利用应当与其历史价值、艺术价值、科学价值、社会价值和文化价值相适应，实现保护利用相协调。

鼓励和支持古城、历史文化街区、名镇、名村和历史建筑等名城保护对象的合理利用，但不得破坏自然景观、人文景观和历史文化资源。

第三十三条 名城的保护利用应当保障当地居民、村民的合法权益，调动其参与保护的积极性。鼓励当地居民、村民从事地方特色产业的生产经营等相关活动，促进名城原有形态、生活方式的延续传承。

第三十四条 市人民政府应当通过政策支持、资金扶持等方式，提升大理古城、崇圣寺三塔等景区景点的内涵和品质。支持单位和个人开展传统工艺和传统技艺加工制作、文化创意等与传统文化相协调的经营活动，推进活化利用，培育文化和旅游融合发展新业态。

第三十五条 鼓励单位和个人通过出资、捐资、捐赠、设立基金等方式，建立博物馆、陈列馆、纪念馆、非物质文化遗产传承中心，开展民风民俗文化活动，展示当地传统生产生活方式，挖掘名城历史故事、文化价值、精神内涵。

第三十六条 鼓励市场主体依法通过产权置换、协议收购等方式，收储利用名城老旧闲置房屋，发展文化旅游产业。

鼓励当地居民、村民和房屋所有权人、使用人，通过资金、传统技艺入股和房屋置换、转让、出租等多种形式，参与名城保护利用。

第三十七条 鼓励、支持单位和个人在符合相关保护要求的基础上，合理利用历史建筑进行文化遗产展示，开展特色商业、休闲体验、民宿等经营活动。

对历史建筑的合理利用应当与其历史价值、内部结构相适应，不得擅自改变建筑主体结构、主要平面布局和外观，不得危害建筑主体及附属设施的安全。

第三十八条 市人民政府及其相关部门、历史建筑保护责任人应当支持教育等部门和学校组织学生定期参观博物馆、展览馆、艺术馆，开展社会实践等活动，学习传承优秀传统文化。

第五章　法律责任

第三十九条 国家机关及其工作人员在名城保护工作中不履行监督管理职责，发现违法行为不予查处或者有其他玩忽职守、滥用职权、徇私舞弊行为，构成犯罪的，依法追究刑事责任；尚不构成犯罪的，依法给予处分。

第四十条 违反本条例规定，有下列行为之一的，由相关行政主管部门按照下列规定给予处罚，构成犯罪的，依法追究刑事责任：

（一）违反第二十六条第四款规定，在禁止燃放烟花爆竹的时间、地点燃放烟花爆竹的，由公安机关责令停止燃放，处100元以上500元以下的罚款；构成违反治安管理行为的，依法给予治安管理处罚；

（二）违反第三十条第一至第三项规定之一的，由市人民政府自然资源行政主管部门责令停止违法行为、限期恢复原状或者采取其他补救措施；有违法所得的，没收违法所得；逾期不恢复原状或者不采取其他补救措施的，可以指定有能力的单位代为恢复原状或者采取其他补救措施，所需费用由违法者承担；造成严重后果的，对单位并处50万元以上100万元以下的罚款，对个人并处5万元以上10万元以下的罚款；造成损失的，依法承担赔偿责任；

（三）违反第三十条第四项规定的，由市人民政府住房和城乡建设行政主管部门责令停止违法行为、限期恢复原状或者采取其他补救措施；有违法所得的，没收违法所得；逾期不恢复原状或者不采取其他补救措施的，可以指定有能力的单位代为恢复原状或者采取其他补救措施，所需费用由违法者承担；造成严重后果的，对单位并处20万元以上50万元以下的罚款，对个人并处10万元以上20万元以下的罚款；造成损失的，依法承担赔偿责任；

（四）违反第三十条第五项规定的，由市人民政府住房和城乡建设行政主管部门或者大理古城保护管理机构责令停止违法行为、限期恢复原状或者采取其他补救措施；有违法所得的，没收违法所得；造成严重后果的，对单位并处5万元以上10万元以下的罚款，对个人并处1万元以上5万元以下的罚款；

（五）违反第三十条第六项规定的，由市人民政府住房和城乡建设行政主管部门或者大理古城保护管理机构责令恢复原状或者采取其他补救措施，处50元的罚款；

（六）违反第三十条第七项规定的，由市人民政府住房和城乡建设行政主管部门或者大理古城保护管理机构责令限期改正；逾期不改正的，对单位处1万元以上5万元以下的罚款，对个人处1000元以上1万元以下的罚款。

第四十一条　违反本条例规定的行为，本条例未作处罚规定的，依照相关法律法规处罚。

第六章　附则

第四十二条　大理古城是名城的历史城区，其范围与大理古城历史文化街区一致。喜洲古镇包含喜洲历史文化街区。

大理古城墙遗址四至范围，是指以大理古城为中心，北至中和路，南至一塔路，西至大凤路，东至洪武路的范围。

历史建筑，是指经市人民政府确定公布的具有一定保护价值，能够反映历史风貌和地方特色，未公布为文物保护单位，也未登记为不可移动文物的建筑物、构筑物。

第四十三条 本条例经自治州人民代表大会审议通过，报云南省人民代表大会常务委员会批准，由自治州人民代表大会常务委员会公布施行。

自治州人民政府应当根据本条例制定实施办法。

第四十四条 本条例由自治州人民代表大会常务委员会负责解释。

附录2 大理古城商户访谈提纲

1.店主的籍贯是省内还是省外？是什么民族？

2.商铺的开业时间是哪年？

3.商铺铺面的来源为出租还是自有，或其他？如果租，租期大概是多长时间？

4.商铺是否有聘用人员？经营人员有几人、籍贯和民族分别是？

5.（外籍店主）选择到大理开店的原因是什么？

6.商铺的经营类型是什么？

7.商铺的主营商品是什么？有无兼营商品，分别是什么？

8.商铺是否有工艺制作？如果有工艺制作，工艺制作历史大概是多久？经营中是否有工艺制作展示？

9.铺面的经营特点是什么？如何在同类经营商铺中突出自己的优势？

10.商铺经营中最吸引游客的是什么？

11.旅游经营的销售对象中是否有本地人？如果有比例是多少？

12.在经营中的铺面设计想法是什么？

13.理想的铺面设计是什么？（突出自己的特色？按政府规划来？维持

现状？其他？）

14. 商铺经营中是否有必须遵从的商业习俗和禁忌？如有，具体是什么？

15. 本地人的生活习俗对您的经营有哪些影响？

16.（外籍商户）本地的哪些经营习俗对您的经营有影响？

17. 不利于商铺发展的自身经营方面存在什么问题？外部条件有哪些？

18. 您认为沿街设施哪些需要改造？

19. 大理古城的旅游发展对您的经营选择有何影响？

20. 大理古城的历史文化价值对您的经营选择有何影响？

21. 对目前商铺发展最不满意的是什么？

22. 对大理古城街区的看法，您认为是否需要再规划，如何规划？是否应保持白族特色还是其他？

后　记

作为一个土生土长的大理人，我热爱从小生活和学习的环境，儿时放学后走街串巷的欢乐记忆经常在脑海中闪现。从20世纪80年代初大理的旅游业起步至今，面对保护和开发双重矛盾，大理古城如同国内诸多知名古城镇一样，无法摆脱旅游商业化的问题。但又与很多知名古城镇不一样，大理古城仍然是本地人居住、生活、学习和工作的地方，城内的大部分区域都散发着本土生活的气息。我希望大理古城被越来越多的人青睐，但又不愿看到它被贴上过度商业化的标签。

2013年，我在工作10余年之后，怀揣着学习梦想进入中央民族大学，在专业学习中，一直想利用所学，探讨现实问题的解决方法。大理古城历史时期的商业文化是什么样的？能否从历史发展的脉络去探讨古城的商业变迁？旅游商业化发展中“适度”判断标准是什么？正是出于这些思考，本书在博士毕业论文的基础上修改完善，如今书稿成型，还有很多不足和改进空间。

回首过往，思绪万千，唯有感恩。

感谢我的导师张瑛教授能收我为开门弟子，我资质一般、年纪大、精力不足，与老师期望的学习状态有很大差距。学习中张老师给了慢热型的我以宽松的学习氛围，让我去除浮躁静心读书，让我在读书之余兼顾家庭，感激之情无以言表，授之以鱼更授之以渔的方式也让我受益匪浅。

感谢苍铭教授、陈楠教授、向红茄教授，老师们做学问、做人、做事的人生态度，深深感染着我，也感谢老师们在写作思路上的点拨和生活中的关心；感谢杨筑慧教授、杨胜勇教授、徐永志教授、付广华研究员给的建议和意见，让我在书稿的完善中突破了思维的局限。

感谢大理大学民族文化研究院党委书记殷群教授像姐姐般的关心和在个人发展上的无私帮助；感谢同事朱香、段银河在一起学习、进步道路上的相互支持、鼓励和宽慰；感谢好友张兰云为我在北京学习生活期间提供的各种方便，感谢好友马艳蓉在我每次途经昆明时的盛情接待，二人与我20多年的友情未因距离而疏远，反而在不同的人生经历中更为亲密；感谢同学严赛、师妹刘露、师弟盘霄远和李文龙，感谢他们越过年龄差距，在学习和人生交流中给我带来的快乐；感谢马艳芬大姐在我搜集资料中的支持与帮助；感谢大理大学的学生张明珠、杨彩珠、杨慧、邓光娟、高莉、黎春彩和李雅娟在我实地调研及资料搜集中的协助。

感谢父母的养育，为了支持我的学业和工作，母亲已过古稀之年，依然主动承担各种力所能及的家务事，父亲已入耄耋之年，不计回报的付出让女儿汗颜与愧疚，唯有不辜负你们的期望，在顺境和逆境中坚持不懈，用接下来的陪伴好好尽孝，希望你们永远健康快乐；感谢丈夫做我坚强的后盾，兼顾工作、家庭和孩子，解决我的后顾之忧，作为人生伴侣我备感珍惜；感谢儿子和女儿对妈妈的支持和理解，孩子们的成长与进步让我备感欣慰，今后会多些陪伴，和你们一起成长、快乐生活；感谢二叔、二孃、段叔一直以来对我的各种关心和在我人生关键时刻的种种帮助。

本书的出版特别要感谢大理大学民族文化研究院院长寸云激研究员提供的帮助，感谢“大理大学民族学重点建设学科”的资助。

彭　凤

2023年8月23日于大理大学